Désirée Nick

ALTE WEISSE FRAU

**Warum Falten kein Knick
im Lebenslauf sind**

Das Anti-Ageism-Buch

PENGUIN VERLAG

Sollte diese Publikation Links auf Webseiten Dritter enthalten,
so übernehmen wir für deren Inhalte keine Haftung,
da wir uns diese nicht zu eigen machen, sondern lediglich
auf deren Stand zum Zeitpunkt der Erstveröffentlichung verweisen.

Der folgende Text arbeitet mit den Bezeichnungen »Alte weiße Frau« (AWF),
»Alter weißer Mann« (AWM), »Junge weiße Frau« (JWF) und »Junger
weißer Mann« (JWM). Diese beziehen sich jedoch, wenn nicht explizit
anders angegeben, nicht exklusiv auf die Zuschreibung als »weißer« Mensch,
sondern stehen hier im Kontext der breit geführten Diskussion um Political
Correctness sinnbildlich für Menschen aller Hautfarben.

MIX
Papier | Fördert
gute Waldnutzung
FSC® C014496
FSC
www.fsc.org

Penguin Random House Verlagsgruppe FSC® N001967

1. Auflage 2023
Copyright ©2023 by Penguin Verlag
in der Penguin Random House Verlagsgruppe GmbH,
Neumarkter Straße 28, 81673 München
Lektorat: Nina Schnackenbeck
Umschlaggestaltung: Favoritbuero, München
Umschlagabbildung: © Peter Rigaud
Satz: Uhl + Massopust, Aalen
Druck und Bindung: GGP Media GmbH, Pößneck
Printed in Germany
ISBN 978-3-328-11039-2

www.penguin-verlag.de

Inhalt

»Ich glaube, dass zur Klärung der Situation der Frau immer noch Frauen am besten in der Lage sind.«

Simone de Beauvoir
Mutter aller Frauenrechtlerinnen

»Wenn in einem Saal mit 2000 Menschen kein einziger an mir Anstoß nimmt, mich verklagt oder sich von mir beleidigt fühlt, dann bin ich als Entertainer und Künstler gescheitert.«

Jimmy Fallon

»Gott erschuf den Mann, das war sein erster Entwurf. Dann verbesserte er all seine Fehler und er schuf die Frau!«

Désirée Nick

Ich widme dieses Buch einer alten, weißen Frau,
die es hervorragend verstand,
mich nicht nur als junge, starke Frau
sondern als außerordentliche Künstlerin zu erziehen!

In Liebe, deine Desi.

Für meine Mutter Ulla,
geb. 26.8.1936

1 Was ist eine Cis-Frau?

Beginnen wir mir damit, dass ich als Reality-Ikone und Trash-Legende, als eine Pionierin der gesamten LGBTQ+-Bewegung und Aktivistin seit 1974 sowie studierte Religionslehrerin eine komplizierte philosophische Frage stelle, an der sich Sozialwissenschaftler die Zähne ausbeißen werden.

Eine Frage, die sehr schwierig zu beantworten ist und deren endgültige Definition den Genderexperten, der sie beantworten kann, zu einer dieser seltsamen Kreaturen machen würde, deren Kopf man in den Gläsern der naturwissenschaftlichen Labore, eingelegt in Formaldehyd, ausgestellt findet.

Hier ist die prekäre Frage: Was ist eine Frau?

Inzwischen ist diese Frage komplizierter geworden, als man je erwartet hätte. Die Antwort sorgt nämlich für Verwirrung an allen Fronten.

Über die Definition eines alten weißen Mannes hingegen herrscht offenbar Einigkeit.

Noch schwieriger wäre dann ja wohl die Antwort auf die Frage: Wo steckt eigentlich die alte Frau (jeglicher Hautfarbe)?

Das Weiß kommt mir bei der Kategorisierung der »alten Frau« ehrlicherweise nur schwer über die Lippen, aber um hier aufzuklären, habe ich schließlich dieses ganze Buch geschrieben.

Wird sie bei all der Stigmatisierung übergangen, ignoriert, vergessen? Und warum? Weil sie alt ist, weiß ist oder eine Frau?

Was haben Frauen diesmal wieder verbrochen?

Und ab wann ist eine Frau eigentlich alt?

»Ein ganzer Kerl« zu sein, ist zu einem Riesenkompliment für eine gleichberechtigte Frau geworden.

Doch ist »ganz Frau zu sein« eine Klassifizierung, die auf äußerlichen oder inneren Eigenschaften beruht? Vielleicht ist es heutzutage gar eine Beleidigung?

Wenn eine Frau »ihren Mann steht«, dürfte doch wohl zu erwarten sein, dass Männer sich inzwischen im Gegenzug die Fähigkeiten einer Frau angeeignet haben.

Ist eine Frau nur eine biologische Geschlechtsbezeichnung oder ist es eine Möglichkeit, sich selbst zu identifizieren?

Ist es nur eine grobe Einteilung für andere, um uns amtlich zu registrieren und dem neuen Lebewesen 24 Stunden nach der Geburt eine Steuernummer zu verpassen?

Männlichkeit und Weiblichkeit sind die Gegenpole, welche die biologische Voraussetzung sind, damit Leben reproduziert werden kann.

Mittlerweile ist eine Frau eine Geschlechtsidentität, die eher dem Sein eines Mannes ähnelt: Wir ackern, bis wir umfallen, tragen die Verantwortung für alles, sind unabhängig, selbstbestimmt und gebildet, können Holz hacken, Brot backen, fahren einen Lkw und sollen uns dann noch supersexy inszenieren und in der Kiste aufgestrapst die große Show abziehen.

Das Ergebnis unterm Strich: Laut einer Studie wäre die Mehrheit aller Männer begeistert, wenn Frauen im Restaurant gelegentlich die Rechnung übernähmen.

Dieselbe Studie hat ergeben, dass die Mehrheit aller Frauen begeistert wäre, wenn sie für ihre Arbeit gelegentlich genauso bezahlt werden würden wie ein Mann.

Nicht nur, dass der Feminismus seitens der Männer zu deren Gunsten ausgelegt wird, nein, es ist inzwischen nicht einmal mehr klar, was überhaupt eine Frau ist und wer amtlich als Typ durchgeht. Zumal viele beides leben.

Nur eines scheint festzustehen: überall alte weiße Männer! Und wo sind nun die alten Frauen?

Politisch gesehen ist das alles sehr dünnes Eis, auf dem wir uns bewegen, und deshalb gibt es dringend Klärungsbedarf.

Warum verstummen rund 20 Millionen Menschen 50+ in dieser ach so liberalen und diversen, zudem überalterten deutschen Gesellschaft? Wir lassen #ageism und Diskriminierung über uns ergehen, ohne die Stimme zu erheben.

Die Männer in diesem Alter werden noch als Gruppe »alter weißer Männer« zusammengefasst und an den Pranger gestellt, während die Frau als solche in der homogenen Masse von »Fifty Shades of Beige« untergeht.

Wir dürfen erleben, dass Geschlecht nicht nur ein biologischer Fakt ist, sondern eine soziale Konstruktion: In der Mitte des Lebens werden uns gesellschaftliche Zuschreibungen und Normen übergestülpt, indem wir uns ab 50 gefälligst ALT zu verhalten haben.

Wir sollen schweigen und uns beschimpfen lassen. Hauptsächlich sogar von jungen weißen Frauen!

Und das heute, wo die Definition, wer überhaupt Mann oder Frau, wer bigender, demisexuell, Dragking, Dyke, Fag, gender binary, heteronormativ oder pansexuell ist, noch mehr Verwirrung stiftet.

Jungen Menschen wird quasi wie im Restaurant ein À-la-carte-Menü sexueller Orientierungen präsentiert, was erst mal zum Nachdenken anregt.

Da kommt ein Teenie auf der Suche nach seinem Ich schnell in Schwulitäten.

Ich selbst bin zum Beispiel mehr als eine Frau. Ich bin auf

jeden Fall queerer als so manch biedere, bürgerliche Schwulette.

Jede Dragqueen dieser Welt kopiert mich in ihren Bemühungen, ein Damenimitator zu sein. Wenn sie mich nicht kopiert, inspiriere ich sie wenigstens.

In meine Haut zu schlüpfen, wird dennoch nie gelingen, denn in mir steckt ein ganzer Kerl.

Da ich nicht lesbisch und auch kein Transgender bin, gelte ich jedoch als Cis-Frau.

Wer hat sich all das bloß ausgedacht? Die Vielfalt sexueller Identitäten wird inzwischen in den Amtsstuben verwaltet.

Ja, man kann sich in einer diversen Gesellschaft schnell vergaloppieren, verirren, aber jederzeit auch ganz legal mehrfach umentscheiden.

Wenn es für das Geschäft förderlich ist, rennt so manche Hete heutzutage in Frauenklamotten herum, geradewegs so, als wäre es die Dienstkleidung des Pflegepersonals. Was dem einen sein Kittel, ist dem anderen seine ausgestopfte Corsage.

Inzwischen, so scheint es, kann jeder eine Frau sein, der eine werden möchte. Es hängt nicht davon ab, ob eine Person mit oder ohne Gebärmutter geboren worden ist.

Ja, die Emanzipation treibt ihre pittoresken Stilblüten und sie steckt dennoch erst in den Kinderschuhen.

Und diese ganze Generation, die dafür gesorgt hat, dass solche Freiheiten und gesellschaftlichen Umbrüche möglich geworden sind, wird jetzt alt.

Da wir aber nicht einmal mehr wissen, was überhaupt weiblich, was männlich oder was als eine Art Frau gilt, wird es umso komplizierter, wenn wir dazu noch die Sache mit dem Alter ins Visier nehmen.

Was bedeutet altern und wie zeigt es sich? Eine 18-jährige

Eiskunstläuferin ist definitiv alt. Eine 30-jährige Balletttänzerin ebenso. Als Modell bist du zu alt, wenn du volljährig bist. Mit 30 ist man in vielen Berufen und Sportarten eine Seniorin. Eine Amazone soll das beherrschen, was in der Menschheitsgeschichte stets dem Manne zugeschrieben wurde: auf die Jagd gehen, Beute heimholen und das Feuer kontrollieren. Und sie hat bei alldem gefälligst jung zu sein.

Warum schaffen eigentlich die Kerle nicht das Pensum, das wir absolvieren? Wenn die Frau über 50 Macht und Intelligenz besitzt, zudem noch attraktiv ist, wird dies Neid und Missgunst provozieren und sie wird als »alte Schachtel« deklariert. Hier tut sich eine große gesellschaftliche Kluft auf.

Wir als Kinder der 60er-Jahre sind definitiv aufgerufen, die kommenden 50 Jahre, also die zweite Hälfte unseres Lebens, neu zu gestalten. Jedoch: Schon mit 40 resignieren viele meiner Schwestern im Geiste, und sie fühlen sich nicht mehr taufrisch, bezeichnen sich selbst als »altes Eisen«.

Keiner tritt für uns ein. Weder die alten weißen Männer springen uns zur Seite noch die Mediengesellschaft. Offiziell müssen wir uns entschuldigen und uns rechtfertigen, warum wir überhaupt noch mitmischen.

Ich frage mich oft, welchen Plan die Herrschaften haben, die sich für eine Geschlechtsumwandlung entscheiden. Haben sie daran gedacht, spätestens ab 50 zu uns als Golden Girls, sprich, den alten weißen Frauen zu gehören und per se diskriminiert zu werden?

Personen, die von Mutter Natur aus weiblichen Geschlechts sind, wird übrigens empfohlen, ab 20 Jahren mit der Früherkennung von Gebärmutterhalskrebs zu beginnen. Mit 30 mit der von Brustkrebs.

Prophylaxe sind wir ja bereits oral gewohnt. Und zur Darmspiegelung sollen wir jetzt auch! Es ist nicht witzig.

Vieles, was Lebewesen mit dem X-Chromosom im Laufe ihres Lebens zu erleiden haben, ist mit unvorstellbaren, die Sinne betäubenden Schmerzen verbunden: Denken wir an die von da Vinci so formvollendet und berührend dargestellte Mater dolorosa. Sie wusste, warum sie als die Schmerzensreiche vergöttert und angebetet wurde.

Nicht nur erleiden wir Arbeitstage in elf Zentimeter Stilettos, Corsagen und Bleistiftröcken, in denen man dem ICE hinterherrennt, wir erdulden monatlich das prämenstruelle Syndrom, Blähbäuche, Blutungen, die im Laufe der Jahre immer stärker werden, Unterleibsschmerzen, Migräneanfälle, Wassereinlagerungen in den Beinen, Schwangerschaftsstreifen, Brustspannungen, Milchstau, Hängebusen, Wehen, Fehlgeburten, Entbindungen, Abtreibungen, Sterilisation, Ausschabungen und Dammrisse bei vollem Bewusstsein. Welches Schicksal hat Mutter Natur für die Frauen also geplant? Seit Jahrzehnten schwanger, Mutter von acht Kindern oder bei einer der vielen Geburten verstorben?

Es folgen Abstriche, Mammografien und Anti-Aging-Cremes, mit denen man uns das Geld aus der Tasche zieht, schließlich die Wechseljahre. Sind die Hitzewellen von 500 Millionen Frauen etwa der Grund für die drastische Erderwärmung?

Und dann die Pillen, die Hormone. Wo wären wir ohne sie?

Das alles hinterlässt seine Spuren am Wunderwerk des Körpers einer Frau. Oftmals lächeln wir es sogar noch weg. Weil wir damit niemandem zur Last fallen wollen, schon gar nicht dem alten weißen Mann.

Sind wir als Frauen überhaupt noch gesellschaftspolitisch von Interesse, wenn wir nicht mehr reproduzieren können?

Warum scheint also für Männer so verlockend, per Kostüm-wechsel in unsere Haut zu schlüpfen? Wissen sie eigentlich, was wir durchzustehen haben?

Wir müssen Karrierefrau, Mutter, Krankenschwester, Kö-chin, Putzfrau, Geliebte, Heilige und Hure zugleich sein und haben zusätzlich noch ein Leben lang, tagein, tagaus, den Ärger mit unserer Frisur. Spliss, kaputte Dauerwellen, Haarausfall nach Entbindungen, Bad-Hair-Days, ach, es ist ein endloses Dilemma.

Warum werden die seelischen Erfahrungen, Bedürfnisse und Realitäten von Frauen allzu oft übersehen und auf bunte Kla-motten und hohe Hacken reduziert? Es ist offensichtlich, nicht wahr? Ist der Feminismus, neu ver-packt, gar eine kapitalistische Errungenschaft? Genauso zu einem Geschäftsmodell verkommen wie ein riesiger runder Arsch?

Diese Gegenreaktion auf den Feminismus in radikaler Form ist nicht erst seit den Kardashians da. Mit Schlüsselreizen aus der Steinzeit bedienen sie Impulse, welche Weiblichkeit tat-sächlich zum kapitalistischen Geschäftsmodell erhoben haben.

In vielen Fällen entspricht Weiblichkeit einer Ideologie, die sich über die vielfältigen Bedürfnisse und Lebenswirklichkeiten von Frauen hinwegsetzt.

Müssen wir den Männern überlassen, zu beschreiben, wie Weiblichkeit aussieht?

Kann Geschlecht eine Ideologie sein?

Nach dem Klimakterium müssen wir uns neu erfinden, ste-hen Scheidungen durch, sitzen Ehen aus, werden vielleicht Schwiegermutter, Großmutter und möglicherweise Witwe – erlangen gleichzeitig aber auch immense Freiräume. Zeitliche Kapazitäten, von denen wir früher nur geträumt haben.

Jetzt beginnt unsere Zeit! Während sich in anderen Generationen am Horizont ein beschaulicher Lebensabend abzeichnete, legen wir erst so richtig los. Wir haben Informationen, Interessen, genießen Unabhängigkeit, sind reich an Erfahrungen, haben vielfältige Sachkenntnisse und geheime Konten.

Wir haben Adressen von Ärzten, Chirurgen und Beziehungen. Wir sind vernetzt und verschwenden keine Zeit mehr mit Arschlöchern. Proportional zum Älterwerden verkürzt sich der Zeitraum, den wir benötigen, um falsches Spiel und Betrüger zu entlarven.

Wir sind hochversichert. Das kann ich jeder nur als Tipp geben: immer überversichern! Es wird sich früher oder später auszahlen, und du wirst hofiert, weil du eine gute Kundin bist.

Jetzt haben wir Zeit, uns zu engagieren und unsere Stimme zu erheben!

Schon unter dem Aspekt der Gleichberechtigung wäre es doch an der Zeit, endlich den Fokus auf die stillschweigend erduldete Diskriminierung der alten weißen Frau zu richten.

Aber selbst Alice Schwarzer hat andere Dinge im Sinn.

Laut Statistik ist bereits jeder fünfte Mensch in Deutschland ein alter weißer Mann.

Der sonore Macho wird uns alle überrollen, ob im Holzfällerhemd oder im Sakko, er ist bald in der Überzahl und hat obendrein nun ein etabliertes Marketinglabel (AWM).

Er wird immer pünktlich dort angeprangert, wo alteingesessener Starrsinn herrscht, wo die Meinungen und Ansichten rückwärtswandern und stagnieren.

Und unter diesem Deckmantel ist der alte weiße Mann zu einem Synonym geworden, was letztendlich die Herabwürdigung des Alters sogar legitim erscheinen lässt.

Wird der AWM explizit benannt, ist die gesamte Altersdiskriminierung auf einmal salonfähig.

Ageism hat eine Formel gefunden, die Verachtung legitimiert. Im Sinne der Gleichberechtigung müsste doch inzwischen auch von der alten weißen Frau (AWF) die Rede sein. Ist sie etwa nicht existent? Wie kann man rund 20 Millionen Frauen einfach übersehen? Frauen leben länger als Männer, ihr Durchschnittsalter liegt in Deutschland derzeit bei 83,4 Jahren. Von daher müsste es schon mal viel mehr alte weiße Frauen als alte weiße Männer geben. Liegt es nicht nahe, endlich auch die Damen unter diesem Aspekt ins Visier zu nehmen? Kann es sein, dass wir als AWF vielleicht zu gut abschneiden und gar nicht zur Diskriminierung taugen? Oder bleiben wir nur deshalb von Kritik verschont, weil man uns generell nicht wahrnimmt? Ist es Akzeptanz oder Ignoranz? Die Zeit ist wahrlich reif, das Label der »alten weißen Frau« zu etablieren. Aber wie will man eine alte weiße Frau heute definieren? Männer müssen sich niemals auf den Besitz einer Prostata oder als Eigentümer ihrer Kronjuwelen, in Form von Penis und Hoden, reduzieren lassen.

Niemals habe ich eine Definition von »cis« gelesen, mit der ich mich identifizieren könnte! Es gibt Frauen ohne Brüste, Frauen ohne Kinder und sie sind eine Bereicherung für unsere Gesellschaft. Sie sind nicht weniger Frau, weil sie keine Familie gegründet haben. Oder flach sind wie ein Bügelbrett.

Der AWM wird sie wahrscheinlich gar nicht wahrnehmen, denn in seinem Kosmos gibt es nur begehrenswerte Frauen als Dekoration und Statussymbol, Partnerinnen, die zu ihm aufschauen.

Daher fordere ich Gleichberechtigung, auch hinsichtlich der Stigmatisierung.

Würde sich der Begriff der »alten weißen Frau« als neues Feindbild durchsetzen, dann wären wir den Männern ebenbürtig und emanzipatorisch schon mal einen Schritt weiter. Aber ich glaube, man kann uns einfach nicht so viel vorwerfen wie den alten weißen Männern.

Und solange wir noch nicht einmal definieren können, was eine Frau ist oder diese Erfahrung benennen können, können wir uns nicht als alte weiße Frauen politisch organisieren. In unserer Bewegung gegen Altersdiskriminierung sind übrigens Menschen aller Hautfarben willkommen. Ich habe nie verstanden, warum der Begriff des alten weißen Mannes Männer anderer ethnischer Abstimmung ausschließt.

Ich umarme mit meinem Pamphlet auch alte schwarze Frauen, das gleich mal vorneweg.

Die Benennung der Dinge geht seit jeher von Männern aus: Unsere Gesetzgebung und unsere Werte wurden jahrhundertelang von Männern formuliert. Warum? Natürlich, um unsere Wahrnehmung zu kontrollieren.

Ich glaube, dass zur Klärung der Situation der Frau immer noch Frauen am besten in der Lage sind.

Geschlechterfragen hören nicht bei den Debatten um Toiletten oder Umkleidekabinen auf. Es geht um das Recht der Frauen, sich in einem System neu zu definieren, das befürchtet, dass wir genau das tun könnten: als alte weiße Frauen eine geschlossene Front, eine Einheit bilden! Gegen rund 20 Millionen Menschen kommt keiner an!

Auch hier wieder: *Every color, any sister is welcome!*

Ich halte mich für eine Frau. Ich fühle mich wohl in meiner Haut. Ich hoffe, das ist politisch korrekt.

Tatsache ist, dass ich, wenn es um mein Aussehen geht, mich nicht mit den Klischees einer alten weißen Frau identifizieren kann.

Soll ich in lila Latzhosen on Tour gehen, weil ich mich für Frauenrechte starkmache, der Altersdiskriminierung die Stirn biete, oder muss ich als AWF auf Kittelschürze, Nickelbrille und Omadutt zurückgreifen? Selbst im strengen Business-Nadelstreifenanzug sehe ich aus wie Marlene Dietrich. Eigentlich bin ich der absolute Burner im Hosenanzug. Geschlechtsspezifische Nichtkonformität war immer ein wesentlicher Bestandteil meines Lebens. Wir alle sind eine Kombination aus Biologie und persönlicher Geschichte.

Innerlich jedoch sind wir die Kinder unseres kollektiven Unterbewusstseins und tragen eine DNA in uns, welche die Prägung unserer Vorfahren enthält. Vieles klärt sich, wenn man in die eigene Familiengeschichte blickt und Ahnenforschung betreibt. Und dennoch ist es bei jedem von uns anders. Wir haben immer die Wahl, selbst zu entscheiden, in welche Richtung wir unsere Leben steuern wollen.

Frauen sind wesentlich mehr als eine Zusammenstellung von körperlichen Attributen. Darf ich gefälligst über mein eigenes Leben und meine Erfahrungen sprechen? Also, ich weiß ganz genau, wohin ich gehöre, denn ich bin ein Vollweib! Egal, wie man mich nennt!

Und wer mich diskriminieren will, muss mit einer Reaktion rechnen. Im Falle der Altersdiskriminierung spreche ich für über 20 Millionen andere AWF!

Also: Was ist eine Frau? Ich stelle fest, dass es einfach jemand ist, der nicht damit einverstanden ist, frauenfeindliche Männer für sich sprechen zu lassen. Deshalb ergreife ich das Wort! Als Reality-Queen und Theologin!

Nicht mal diese Bandbreite haben die Kerle zur Kenntnis genommen, weil es bequemer wäre, wenn ich eine Schlampe wäre. Oder Karriere über die Besetzungscouch gemacht hätte. Aber die Typen, die mir in den Chefetagen begegnet sind, waren alle nichts für mich. Die waren so notgeil, dass sie auch einen Ständer bekommen hätten, wenn ein Schaf durch die Tür gekommen wäre.

Eins steht für mich fest: Wäre Gott eine Frau, dann hätte sie das ganze Schlamassel auf dem Planeten Erde niemals so weit kommen lassen!

Merke: Feminismus ist nicht Buddhismus!

2 Jung sterben oder alt werden?

Eine Zeit, in der die *DIVERSITY* dank mannigfacher politischer Bewegungen mitten in der Gesellschaft angekommen ist, braucht für pittoreske Diskriminierungen aller Art ein neues Ziel.

Wohin mit dem Frust, den Erniedrigungen und rassistischen Kommentaren, wenn Political Correctness der kleinste gemeinsame Nenner sein soll, um innerhalb der eigenen Peergroup nicht selbst zum Opfer zu werden?

Doch bei all den Bemühungen, die Welt zu verändern, ist das zwischenmenschliche Klima kein bisschen besser geworden. Ganz im Gegenteil, allseits droht statt Debatte Eskalation.

Viele Menschen wollen gar nicht mehr rausgehen, weil allerorts das Klima vergiftet ist.

Existenzangst, Energiekrise, Inflation, Unsicherheiten, Seuchen, Pandemien, Attentate, Reizüberflutung, Fake News … Es bedarf der Reflexion, um von der Informationsflut und der negativen Stimmung nicht überrollt zu werden.

Gott sei Dank hat die AWF schon viele Bewegungen kommen und gehen sehen.

Die Kinder der 60er-Jahre sind faktisch als »Babyboomer« die bevölkerungsstärkste Gruppe unseres Landes. Über 20 Millionen Frauen sind über 50 Jahre alt, und dennoch tauchen sie ab, ducken sich weg und erheben nicht die Stimme, um sich als Best Ager neu zu positionieren.

Warum?

Würden wir uns mit erschlafften Brüsten am Sozialministerium festkleben, wir würden schnell die Aufmerksamkeit erlangen, die uns gebührt.

Stattdessen bieten wir schweigend eine Plattform für *#ageism* in allen Varianten. Political Correctness gilt offenbar nicht für die Kinder der 60er-Jahre. Diskriminierungen, die für jede Randgruppe längst ein No-Go sind, finden in der Generation 50+ ihre neue Zielscheibe.

Hast du heute keinen #, gehst du unter in *Fifty Shades of Beige.*

Gehandelt wird maßgeblich aus Angst! Und unsere Angst besteht darin, alt zu sein. Wir haben Angst, diskriminiert zu werden, Angst, den Job zu verlieren, Angst, isoliert zu werden, unbeliebt zu sein, Angst vor Shitstorms, Angst, aufs Abstellgleis gestellt zu werden. Vor Verlust von Attraktivität, Gesundheit, Agilität – und Angst vor Altersarmut.

Doch Obacht: Angst macht krank! Altern macht Angst! Und was kommt unterm Strich dabei heraus? Altern ist eine Krankheit! So wird es zumindest betrachtet. Man soll gefälligst hinfällig sein, wenn man nicht mehr jung ist.

Vielleicht lässt sich dieser Missstand vermeiden, indem man jung stirbt?

Was für eine dramatische Schieflage!

Weil alle Diskriminierungen, welche gegenüber der LGBTQ-Community oder in Bezug auf *#Sexismus* und *#Rassismus* ausgesprochen werden, heute den Job kosten können, bleiben nur die Alten als Gruppe, über die eine geballte Ladung an Hate, Verachtung und Ausgrenzung ausgekübelt werden darf.

Weil, von denen sagt ja keiner was.

Von den Alten geht keiner auf die Straße, formiert sich, klebt sich fest, seilt sich ab, randaliert, gründet #-Bewegungen oder vermarktet sich als Greta Thunberg.

Man hat schließlich Besseres zu tun: die Weltreisen, das Haus auf Mallorca, die Kreuzfahrten, die Immobilien, die Aktien, die Gartenarbeit, die Enkel, die Coutureschauen, die Open University, das Lifting, die Bücher, die man noch schreiben will, die neuen Datingportale, die Weiterbildung, das Erbe, die Extensions und der Tanzkurs.

Von 84 Millionen Deutschen sind zwei Drittel nicht jung. Also die massive Mehrheit.

Doch warum tritt keiner für uns ein? Wo ist unsere Lobby?

So viel Häme also von genau den Leuten, die meinen, die Welt zu verbessern? So viel Missachtung jener, die glauben, mit ihren radikalen Maßnahmen in Sachen Klima und Gendersprech die Welt zum Positiven zu verändern?

Verschwörungstheoretiker, Zipfelmützen, Aluhüte, Rechtsradikale und scheiß auf die Generation 50+.

Die Ollen springen ja eh bald von der Klippe. Sollen sich einen Rollator besorgen und die Schnauze halten.

Wenig glaubwürdig, dass es bei all den Aktionen um das große Ganze geht.

Ja, man kann heutzutage aufgrund politisch inkorrekter Beleidigungen von Angehörigen der LGBTQ-Community, von Behinderten oder nicht weißen Staatsbürgern seine Arbeit verlieren. Ich finde das gut. Es hätte schon immer so sein sollen.

Diskriminierungen, Beleidigungen, Erniedrigungen und die Ausgrenzung und Isolation der 50+-Bürger sind hingegen ein sicheres Terrain, auf dem jeder seinen Frust abladen darf. Hier gibt es keine Fürsprecher, keinen Safe Space, der dem Einhalt gebietet.

Während der Flirt in der Kaffeeküche und ein Klaps auf den

Po die Karriere kosten kann, ein falscher Blick zur falschen Zeit in eine Strafanzeige mündet, muss schließlich eine Zielgruppe herhalten, auf die all das projiziert wird, was man sich woanders nun verkneifen muss.

Und diese Gruppe, die es trifft, sind ganz, ganz viele, es sind die allermeisten von uns ... nämlich die Alten. Manchmal nennt man uns nicht alt, sondern retro. Das ist eine freundliche Umschreibung von gaga.

Logisch, dass schon rein statistisch eine gigantische Freifläche zur Verfügung steht, um Hass und Isolation erblühen zu lassen. Denn rund 35 Millionen Menschen Ü50 stehen schutzlos zur Verfügung für *#freeBeleidigungen, #freeErniedrigungen, #freeDiskriminierungen,* ohne dass es irgendwelche Folgen nach sich ziehen würde.

Wer nicht dem festzementierten Bild einer Gaga-Oma ab 50 entspricht, der muss sich übrigens gefallen lassen, dass Seitenhiebe wie »GILF« oder der Stempel »attraktiv für dein Alter« jedes Kompliment trüben.

Muss man tatsächlich erst eine kleinwüchsige, blinde, lesbische Korbflechterin aus Down Under sein, um amtlichen Beistand zu genießen? Siehst du ab 50 gesund, fit und attraktiv aus und bist du nicht hinfällig, wird dir prinzipiell jeglicher Beistand verwehrt. Siehst du gut aus ab 50, heißt es, »Die hat was machen lassen«, siehst du schlecht aus, heißt es, »Sie sieht scheiße aus, ist halt alt!«.

Du musst fiese Kommentare einstecken, nur weil du noch existierst.

Wo bleibt nun also angesichts des Schutzes sämtlicher Randgruppen die längst überfällige Anti-*#ageism*-Bewegung?

Soll ich das jetzt auch noch für die Brüder und Schwestern der Babyboomer-Generation erledigen? Ich habe doch selbst schon genug mit Neid und Häme zu kämpfen, weil ich nicht verfalle, verfette, verbittere und stattdessen mit jedem Lebensjahr immer mehr im eigenen Glanze erstrahle.

Klar, ab 30 ist sowieso keiner mehr jung, ab 40 sind wir alle alt, und ab 50 gilt der Mensch aus der Perspektive Jugendlicher als verwest, scheintot und zum Abschuss freigegeben. Sex mit Ü60-Jährigen gilt gar als pervers. Leider geht CRINGE rasend schnell vorbei und ignoriert komplett, dass Alter nur eine Nummer ist. Nicht mal eine Zahl. Es ist eine Maßeinheit aus einer Zeit, in der die Leute mit 40 aus den Latschen gekippt sind. Weil: 80 wurde gar keiner! Heute haben wir in der Mitte des Lebens neue Sorgen: alternde Eltern, Verluste von ans Herz gewachsenen Wegbegleitern, Teenager im Haushalt, einen dicken Hintern, Verantwortung auf allen Ebenen, schwabbelige Oberarme, Zuständigkeiten an allen Fronten.

Wir sollten als die Kinder der 60er-Jahre gefeiert werden, denn es sind diese Frauen, die dafür sorgen, dass die Welt sich weiterdreht.

Und also noch einmal: Warum wehrt sich diese bevölkerungsstärkste Gruppe nicht gegen Hate, Häme, Niedertracht und Diskriminierung?

So wie andere Communitys es vorgemacht haben?

Showbusiness ist nun mal ein dreckiges Geschäft! Und Humor ist die Gleitcreme des Lebens. Also betrete ICH an dieser Stelle die Bühne.

Im Entertainment auf Political Correctness zu setzen, ist, als würde man beim Rodeo auf Sicherheit und Gesundheit hoffen. Doch viele tun genau das, wenngleich es völlig absurd ist. Kennen sich nicht die Bohne aus mit deutscher Sprache, Kunst und Kultur, aber wollen den Koryphäen und Meistern ihres Fachs

Kontrolle und Verbote auferlegen. Ja, das Dümmste ist neuerdings sogar *the new normal* geworden.

Die längste Zeit unseres Daseins werden wir als reife Menschen verbringen müssen – wenn wir mit einem langen Leben gesegnet sind.

Es gibt zum Altwerden wirklich nur eine einzige Alternative: jung zu sterben! Und eigentlich muss man heute jeden beglückwünschen, der die 30 erreicht, ist der Zyklus des Lebens doch für viele auf der Überholspur schon ausgereizt, bevor sie überhaupt 40 werden. Wer heute jung ist, wird übermorgen schon alt sein. Nach Ausbildung oder absolviertem Studium bleiben gerade noch fünf bis sechs Jahre Jugend übrig.

Entscheidet euch. Fest steht: Generation Z ist schon übermorgen alt.

Ich lebe eigentlich immer mit dem Gefühl, gerade erst die Weihnachtsdekoration abgenommen zu haben, da baue ich sie schon wieder auf. Dazwischen rast die Zeit!

3 Hot Girl Shit

Schnell wird die Frau als Kompliment zu hören bekommen: »Du siehst ja immer noch sehr gut aus – für dein Alter!« Mit drei habe ich auch gut ausgesehen – für mein Alter. Wofür sonst? Und ich sage euch eins: 60 ist genauso wie 30 – nur mit mehr Geld! Proportional zum Älterwerden haben sich meine Erfolge, Latifundien, Pfründe, Aktien, Besitztümer, Couture-Outfits, Schuhschränke und Handtaschen potenziert. Als ich jung war, hatte ich gar nix.

Auch meine Brüste sind besser geworden. Ich habe nicht abgenommen, aber umgeschichtet.

Älterwerden bedeutet für mich Fortschritt. Oh, ich war früher so viel älter als heute! Ich bringe die Generation Z, die sich an mir orientiert, schon ganz durcheinander, da sie mit meiner Attraktivität, meinem Charme, meiner Energie und meinem prickelnden Spirit nicht gerechnet hat.

Ganz zu schweigen von meiner Eleganz, Grazie und Anmut. Die besitzen viele ja nicht mal in der Blüte ihrer Jahre.

Nicht auszudenken, was für ein Schrotthaufen zurückbleibt, wenn man betrachtet, wie viele Ersatzteile junge Kolleginnen benötigen, um sich überhaupt in die Öffentlichkeit zu wagen. Ich habe Kolleginnen, die tragen ab 40 ihre Kaiserschnittnarbe als Halskrause.

Ja, das ist erlaubt. Aber erlaubt ist doch wohl auch, den Babyboomern einzugestehen, dass sie *fucking hot girl shit* sind und eine Generation repräsentieren, mit der niemand gerechnet hat.

Klar, dass es auf Widerstand stößt, wenn man mit 65 im Nacktshooting besser und erotischer aussieht, als es den meisten mit Mitte 20 gelingt.

Seien wir ehrlich: Nicht jeder ist knackig und attraktiv, nur weil er unter 30 ist. Auch wenn Heidi K. sich bemüht, dies aller Welt zu vermitteln. Muss sie ja, weil sonst ihre TV-Show nicht mehr existieren würde. Woher sollen sonst auch all die massenhaften Topmodels kommen, die das absolute Ideal von Silhouette und Ästhetik transportieren?

Begehrenswert zu sein, wenn man bereits die Wechseljahre hinter sich gelassen hat, das war in der Evolution nicht vorgesehen. Im TV auch nicht.

Die Werbung dichtet uns als konsumfreudige Gruppe stattdessen einen Blähbauch, Krampfadern und Hühneraugen an.

Wir sollen Klosterfrau Melissengeist trinken, um unsere Nerven zu beruhigen, und uns Plantur 39 gegen Haarausfall auf den Kopf schmieren.

Infolge eines Lebens in gepolsterten Turnschuhen ist heutzutage hingegen das Skelett junger Menschen schon so deformiert, dass sie mit Mitte 20 bereits Rheuma und Arthrose haben. Nicht zu erwähnen all die Schäden, die 30-Jährige durch falsches Training im Gym erleiden.

Und dies sind messbare Fakten, für jedermann lokalisierbar und nachgewiesen.

Dem gegenüber stehen die nicht sichtbaren Beschädigungen an Hirn, Geist und Seele. Sie brechen sich Bahn in überraschenden Diagnosen, psychischen Störungen, Affekthandlungen, Depressionen, Burn-out, bipolaren Störungen, Suchtverhalten – wenn sie überhaupt behandelt werden. Millionen Menschen betäuben sich lieber, anstatt sich in Therapie zu begeben oder zu akzeptieren, dass sie Hilfe brauchen.

Und bis so mancher junge Mensch sich heute in der *Diversity* integriert hat, schwupps, ist er schon 30 und für die letzte Generation bereits ein altes Eisen.

Man sollte sich in jeder Lebensphase selbst feiern und schwere Zeiten als Episode, als Übergang, als Metamorphose betrachten.

Gott sei Dank gibt es noch andere Ziele im Leben als ein *hot shot* zu sein oder als *fucking hot girl shit* zu gelten. Das sind alles Momentaufnahmen, Inszenierungen, die zwar Erinnerungen schaffen, aber verfliegen und keinen Bestand haben.

Was unsere Lebenswirklichkeit und Stabilität ausmacht, das ist doch, wie wir den grauen Alltag bewältigen und mit uns selbst im Reinen sind.

Erotische Bilder, eine zweiwöchige Kreuzfahrt, der Urlaub auf den Malediven – das alles ist doch wirklich nur eine klitzekleine Facette in der Gesamtheit unseres Lebens.

Auch die Kämpfe, die Enttäuschungen, die Schicksalsschläge gehören zum Gesamtkonzept einer schillernden Persönlichkeit. Und man kann verdammt glücklich, erfolgreich, entspannt und zufrieden sein, ohne äußerliche Attribute in den Mittelpunkt zu rücken. Nur leider haben all die Menschen, denen dies gelingt, keine Lobby, weil sie nicht das geringste Interesse daran haben, öffentlich in Erscheinung zu treten.

Was uns jedoch nicht tagtäglich serviert wird, erlangt Bedeutungslosigkeit.

Deshalb müssen wir die Stimme erheben. Und meine ist verdammt laut!

Ab jetzt definieren wir das Älterwerden neu. Wenn man mit 30 Jahren steif und verspannt ist, dann ist man alt.

Ist man mit 60 flexibel, gelenkig und biegsam, lebensfroh und aktiv, dann ist man jung!

Ich persönlich plane bis 105 – danach sehen wir weiter.

Wenn man die Menschen nicht überzeugen kann, dann sollte man sie wenigstens verwirren. Erst recht als AWF!

4 Die AWF: Hexe oder Ikone?

Allein die Optik und das Präsentieren von Statussymbolen scheint heutzutage der Indikator für ein gelungenes Leben zu sein.

Niemand betrachtet das fitte, gesunde, entspannte, glückliche 60+-Pärchen, das zwischen Langlauf, Saunagang, Wandern und Kaminfeuer noch Jahrzehnten entgegenschreitet, welche vom gemeinsamen Glück an der Freud und stiller Zufriedenheit bestimmt sein werden.

Ob da nun eine Warze an der Fußsohle oder eine Falte mehr auf der Stirn ist – das hat keinerlei Gewicht. Das Glück besteht darin, mit dem Enkel Hausaufgaben zu machen, Kuchen zu backen, einen Garten zu kultivieren, Freundschaften und Kontakte zu pflegen, Haustiere, Kunst und Kultur zu zelebrieren und endlich all das genießen zu können, zu dem man bislang nicht gekommen ist.

Das Unglück beginnt damit, dass wir uns vergleichen. Insbesondere mit Science-Fiction. Denn schon 20-Jährige nutzen Bodyfilter und tunen online ihren Körper.

Wenn man derweil als Rentnerin nicht einmal einen Bodyfilter braucht, um die Silhouette zu korrigieren, ist das der Jugend suspekt. Sie selbst hadert ja mit sich, weil sie sich an unnatürlichen Maßstäben orientiert und sich nur noch über die Optik einordnet.

Natürlich trägt das zur Verunsicherung bei. Und so werden

aus reinem Selbstschutz wie eine Mauer Hashtags errichtet: Mit *#bodyshaming* nach vorn preschen, aber kreischen und sich sklavisch an den Victoria's-Secret-Models berauschen – das ist nur ein Beispiel für die gesamte Kontroverse. Ist es Scheinheiligkeit, mit der nur die eigenen Interessen vorangetrieben werden?

Wenn es um die Interessen anderer Gruppierungen geht, verstummt leider Gottes die Stimme derer, die letztlich selbst ans Ruder wollen und nur im Dienste von sich selbst ein soziales Gewissen suggerieren.

Es wird mir leider nicht gelingen, generell vorgestanzte Altersklischees zu bedienen. Als Golden Girl zu reüssieren ist aber in unserer Gesellschaft überhaupt nicht vorgesehen.

Schade, dass Hexenverbrennung illegal geworden ist, denn wer einfach nicht verfällt, muss doch eine Hexe sein, oder?

Hexe oder Ikone?

Mein Hexen-Elixier ist der richtige Mindset – und die Kraft der Gedanken gibt es gratis.

Vielleicht ist dies aber auch der Nachteil, denn wo es nicht ums Kommerzielle geht, lässt sich eben kein schneller Euro machen, und das gesamte ideologische Projekt erscheint wertlos.

Man muss in Sachen Attitude ja nicht mal einen Vertrag unterschreiben, mental gehst du keinerlei Verpflichtung ein und obendrein ist das gesamte Konzept mehrwertsteuerbefreit.

Da müsste ich schon die gute Laune in Flaschen abfüllen können, um sie millionenfach per App in die Haushalte liefern zu lassen.

Weltweit existieren glückliche, reife, gesunde, beneidenswerte Menschen von denen jeder einzelne als Rollenmodell tauglich wäre. Nette Leute, die ein beneidenswert gelungenes Leben führen.

Aber sie ziehen eben die Anonymität vor und hegen und pflegen ihre Privatsphäre, weil sie analog agieren und alles andere erstreben, als im Universum ihre Spuren zu hinterlassen. Klar, dass wir Verwirrung stiften, wenn unsere Bilder nicht der Oma und dem Opa entsprechen, so wie es noch in der Generation unserer eigenen Eltern zu erwarten war. Es hat sich schließlich bislang so gehört, mit 50+ abzutauchen, sich vom Acker zu machen und freiwillig das Feld zu räumen.

Aber inzwischen haben wir uns so optimiert, dass wir die gängigen Altersklischees einfach nicht mehr erfüllen. Stattdessen lassen wir uns bewundern, erblühen Jahr für Jahr und warten darauf, gepflückt zu werden. Viele Frauen kommen überhaupt erst in der Mitte des Lebens richtig aus sich heraus, weil sie endlich Zeit für sich haben, die Freiheit, sich um sich selbst zu kümmern und ein bisschen was in sich selbst zu investieren.

Nehmen Sie Maye Musk! Eine Persönlichkeit, die erst mit 75 richtig durchstartet. Ihre beste Zeit ist jetzt. Okay, sie ist die Mutter von Elon Musk, und sie hat alle Connections der Welt, dennoch ist es allein ihre Energie, die sie aufbringen muss, um sich auf den Weg zu machen, ihren illustren Alltag zu organisieren, ihre Ernährung, ihre Gesundheit, ihren Körper, ihre Events, ihre Outfits unter Kontrolle zu behalten. Zwischen Podien und Kolloquien im TV von Singapur bis LA hast du auch Stress und Langstreckenflüge im Gepäck. Und sie kann nicht einfach wie der Rucksacktourist mit Schlappen im Wachkoma in die Halle eines Fünfsternehotels taumeln.

Sie wird beobachtet und bewertet, sie ist definitiv überall die Älteste und nimmt es mit den Youngsters auf, lässt sich neben Weltstars und Models ablichten und scheut nicht den Vergleich. Dasselbe gilt für Brigitte Macron, geb. 1953, die als Premier

Dame Frankreichs neben ihrem 25 Jahre jüngeren Ehemann hochelegant und würdevoll das volle Pensum einer Präsidentengattin absolviert.

Und Queen Camilla? Auf die 80 zugehend, muss sie kerzengerade die schwere Krone des britischen Commonwealth tragen und sich der Kritik der Weltöffentlichkeit stellen, wenngleich sie sich nach ihrem Leben voller Turbulenzen doch eher nach einem beschaulichen Lebensabend gesehnt hätte.

Mit 80 Jahren ins Rampenlicht zu geraten ist heutzutage keine Seltenheit!

Wenn Sie mich fragen, sind es auch die Ziele, die man sich selbst setzt, mit denen man den Standard hält.

Einst hieß es, ab 50 bitte nur noch trittfestes Schuhwerk, die Trevirahose mit Streichbund in gedeckten Farben und ab und an ein Urlaub in Bad Wörishofen. Mittwoch ist Bingo-Abend.

Das Problem ist: Die Generation 50+ ist zu jung für Bingo und zu alt für Ecstasy.

Wir müssen die entstandenen Kapazitäten mit etwas gänzlich Neuem anreichern. Sich der Leere zu überlassen, das ist eine Gefahr.

Es ist einfach Tatsache, dass ich in der Dederon-Kittelschürze immer noch attraktiver aussehe als Greta Thunberg im Catsuit.

Und es ist interessant zu beobachten, wie viele junge Menschen ihr gesamtes Weltbild ausschließlich auf Basis von Social Media formen – und Schlagzeilen mit Nachrichten verwechseln. Die Wirklichkeit bleibt somit gänzlich unsichtbar. Doch sie formiert sich zu einer Macht, die dann urplötzlich in Form von unerwarteten Wahlergebnissen, Konsumverhalten und sinkenden Quoten eine deutliche Sprache spricht.

Das, was wir bei Social Media erleben, was wir digital verfolgen, ist nicht die Wirklichkeit.

Es ist lediglich eine winzig kleine Auswahl an Momentaufnahmen von Menschen, die entschieden haben, Inhalte sichtbar werden zu lassen, indem sie sich in einer Welt inszenieren, die nur aus Fragmenten besteht. Doch die Momentaufnahmen sind eindimensional, ihnen fehlt der Kontext. Zusammenhangslose Fetzen suggerieren uns, Informationsgehalt zu besitzen. Der Lebensinhalt scheint zu sein, diese selektive und gefilterte Projektion als die Wirklichkeit darzustellen.

Das, was gar nicht auf diesen Plattformen in Erscheinung tritt, ist jedoch wesentlich massiver und wahrhaftiger – doch niemand bekommt es vorgeführt. Somit existiert es in der öffentlichen Wahrnehmung nicht.

Wir müssen unsere Antennen schärfen für das, was nicht darauf abzielt, uns zu manipulieren und an die falschen Götter glauben zu lassen.

Nur auf diese Weise kann die nicht vorgeführte Realität in Ruhe wachsen, gedeihen und erstarken.

So tauchen dann plötzlich Persönlichkeiten, Umstände, Realitäten, Phänomene auf, mit denen keiner gerechnet hat und die sich niemand erklären kann.

Sie waren schon immer da, jedoch außerhalb des Spotlights!

Das, was unter der Oberfläche arbeitet, das ist die eigentliche Wirklichkeit, und wer darauf bedacht ist, ungestört seine Kraft zu entfalten und als Gemeinschaft zu wachsen, wird mediale Sichtbarkeit meiden.

Und so unsichtbar wie diese Milliarden von Menschen sind, die in ihrem Umfeld Wertvolles bewirken, ohne dass es jemand ahnt, so stark ist die Macht der Generation 50+.

Sie formiert sich gerade neu.

Und die Werbung wird ohne uns nicht auskommen. Denn

wir haben das Portemonnaie, die Zeit, unser Geld auch auszugeben, die Gesundheit, Neues in Angriff zu nehmen, Projekte umzusetzen, die Mittel, unsere Wünsche zu verwirklichen, die Voraussetzungen, ab 65 einen neuen Masterplan zu entwerfen. Wer mit 70 heiratet, kann mit 95 immer noch die Silberhochzeit feiern.

Ist das nicht groovy?

Wobei: Alte Knacker mit ihrem Löckchentoupet feiern medial gerade ihr eigenes Revival, Ü70-jährige Nachrichtensprecher bekommen erstmals ein eigenes RTL-Format und geben sich als sexy Altrocker oder Newcomer aus, während 50-jährige Modellmamas sich rechtfertigen müssen und erklären, warum sie überhaupt noch auf der Mattscheibe stattfinden – platzieren sich nur noch neben Amateuren, Dragqueens oder reanimierten Alt-Couturiers aus dem vorigen Jahrhundert, damit im Vergleich dazu die eigene Wirkung schmeichelhafter ausfällt. Aber genug über Heidi Klum.

Zielscheibe dieses gesamten #ageism-Debakels sind leider Gottes die Frauen. Auch hier halten wir wieder her, um das Schlamassel auszubaden.

Die meistgestellte Frage an Ü50-Kolleginnen lautet: »Wie lange wollen Sie das eigentlich noch machen?«

Falls sich die alten weißen Frauen überhaupt noch in die Öffentlichkeit wagen … Sind es in den Medien doch die Frauen selbst, die ihren Verfall propagieren und sich, anstatt zu kämpfen, zurückziehen, »bevor es zu spät ist« und sie »den Absprung verpassen«. Oder gar »zu ihrer eigenen Karikatur werden«.

Das alles sind Zitate von Frauen, die aufgegeben haben, die Zeichen setzen könnten, sich aber entschieden haben, das Zepter abzugeben. Was für eine erschreckend resignierte Attitüde! Niemandem ist damit geholfen.

Resignation ist definitiv der falsche Weg, um etwas zu verändern oder für die Zukunft zu bewirken. Im Gegenteil: Gesellschaftlich ist die Repression so massiv, dass 50+-Frauen sich den Schuh freiwillig anziehen, »nicht mehr taufrisch« zu sein und sich sogar noch für ihre Existenz entschuldigen! Welchem alten weißen Mann würde solch eine toxische Idee kommen? Unter den alten weißen Männern wird mit Erfahrung, Seilschaften und Loyalität gepunktet. Wer krummer, kahler und kleiner wird, setzt sich aufs Motorrad, in den roten Ferrari und verbirgt die fallenden Schultern unter den Epauletten einer Lederjacke. Und mit Viagra und Haarimplantaten hat der Greis nun auch Werkzeuge an der Hand, um die Zeit anzuhalten. Viagra erinnert mich immer an Disneyland: eine Stunde anstehen für einen Ritt von zwei Minuten. Die armen AWF, die sich dafür hergeben müssen.

Sehr viele Kolleginnen haben in den letzten zehn Jahren freiwillig das Feld geräumt, anstatt Zeichen für eine neue Zukunft zu setzen. Die Liste reicht von Monika Gruber bis Hella von Sinnen, von Birgit Schrowange bis Nina Ruge. Sie wollen ab 50 einfach nicht mehr. Oder tauchen nur noch unter einem soft light im Studio sorgsam ausgeleuchtet auf, nicht selten auch mit einer Ausstaffierung von falschen Lippen, Haaren, Wimpern, Nägeln, Brüsten, Zähnen, um eine Silhouette aufrechtzuerhalten, die hinterher sorgsam raus- und runtergenommen wird. Ich bin mir sicher, dass Frauke Ludowig länger in der Maske sitzt als Olivia Jones. Die hat zwar größere Flächen zu malern, aber mit der Rollbürste geht das wiederum auch flotter.

5 Shut Up, Motherfucker

Muss eine Frau, die mit 50 erniedrigt und diskriminiert wird, weil sie noch lebt, einfach schweigen? Unwidersprochen die Diskriminierung hinnehmen? Umso trauriger also, dass sich prominente AWF freiwillig an den Pranger stellen. Es heißt sogar: Das ist eben der Preis, das musst du wegstecken in deinem Alter, du kannst dich ja aus der Öffentlichkeit zurückziehen.

Hier muss etwas geschehen!

Nach den Wechseljahren sind Frauen nämlich Freiwild!

Häme, Erniedrigung, Altherrenwitze – alles ist völlig legitim, um sich an der Generation auszutoben, die Gleichstellung, Emanzipation und Liberalität erstmals erkämpft hat. Was für eine coole Community die Muttis in der Menopause doch sind, denn als alte weiße Frauen besitzen wir Erfahrung, Wissen, Informationen und Gelassenheit, um die nächste Epoche zu wuppen.

Selbst das von den Herren der Schöpfung eigentlich als Kompliment verabreichte Label der »MILF« trieft doch nur so vor Frauenverachtung: *MOTHER I'D LIKE TO FUCK.* Ist das nicht Sexismus pur? Ich dachte, *#sexism* hätte etwas bewirkt?!

Offenbar stößt das männliche Hirn an die Grenzen seiner Kapazität, wenn es Antworten auf Fragen gibt, die nie gestellt worden sind.

Der Mann als solcher sieht sich mit einer AWF konfrontiert

und die Frontallappen seines Hirns kollabieren. Die Schädigung der Stirnlappen des Vorderhirns (nicht selten hervorgerufen durch Alkoholmissbrauch) führt zum Verlust der Fähigkeit, Probleme zu lösen, zu planen und ausführende Funktionen einzuleiten. Der präfrontale Cortex kann aber trainiert werden. Bleibt dies aus, verkümmert er wie ein lahmgelegter Muskel, und was bleibt, ist die Frage: »Was ist mit einer Ollen anzufangen, die in einem Kerl keine Bedürfnisse weckt?«

Auf diese eindimensionale Sichtweise ist zurückzuführen, was Millionen von Frauen beklagen, wenn sie sagen: »Ab 50 bist du unsichtbar.« Oder schlimmer noch, trifft eine AWF der frauenverachtende Kommentar, man sei bei all dem, was man auf die Beine stellte, »ungefickt«.

Leider sind wir lässig genug, um all das wegzuwischen und unsere Energie nicht für derlei schwanzgesteuerte Erniedrigungen zu verschwenden. Wir müssen ja zum Bauch-Busen-Po-Training, zum Pilates, spielen Bridge oder betreiben unseren Best-Ager-Blog.

Welch eine Häme doch in dem MILF-Label mitschwingt: weil es in seiner Niedertracht darauf abzielt, dass man sich mit der gewissen Mutti zwar weder zeigen noch schmücken könnte, sie aber als Stute zur Begattung noch durchaus tauglich ist. Zur Not wahrscheinlich. Im Ernstfall.

GRANDMOTHER I'D LIKE TO FUCK ist das widerwärtigste »Kompliment« überhaupt, weil es nicht nur eine frauenverachtende, sondern gleichzeitig inzestuöse Komponente legitimiert. Die Mutti ist also noch nicht wirklich abgehalftert, sondern in ihren Schlüsselreizen scharf genug, um als Wichsvorlage zu dienen. Also ist sie noch tauglich in ihrem Nutzen als Frau! Dass hier Eigenschaften der Persönlichkeit, die den Menschen eigentlich wertvoll machen, nämlich Herz, Charakter, Charme, Charisma, Bildung, Kunstgeschmack nicht ins Gewicht fallen, ist die Reduzierung der Weiblichkeit auf ein Sexualobjekt kurz vor der aufblasbaren Sexpuppe. Entweder *you want to fuck or you don't*. Unter Umständen könnte man das auch tun, weil man einen Menschen begehrt. Aber der notgeile Hengst bringt es einfach nicht fertig, sich einzugestehen, dass eine attraktive Lady außerhalb seiner zementierten Alterskategorie gründlich sein Weltbild erschüttert, indem diese eigentlich längst ausgemusterte Stute Begierde weckt. Und anstatt zu erklären: Unglaublich, wie die Frau ab 50 heute in ungeahntem Glanze erstrahlt!, wird eben schnell eine weitere frauenverachtende Kategorie eröffnet.

Lass sie die Lady über 70 sein – wie Dagmar Wöhrl, wie Dagmar Koller, wie Iris Berben – immer noch *hot girl shit,* und das wird auch ewig so bleiben! Diese Ladys haben nichts von dem verloren, was sie einmal hatten. Ganz im Gegenteil, denn es gibt Qualitäten, die erst mit zunehmendem Alter richtig erstrahlen: Dazu gehört das Leuchten unserer Aura.

Wo ist die Lobby, welche für die Frauen der Babyboomer-Generation mit erhobener Flagge aufsteht und gegen verkrustete Vorurteile, bizarre Rollenbilder und längst zur Norm gewordene Selbsterniedrigung kämpft? Wäre es nicht umwerfend, wenn dies sogar die Herren der Schöpfung selbst initieren würden?

Aber nein, die haben Wichtigeres zu tun, nämlich dafür zu sorgen, wo die nächste Viagra herkommt, und endlich wieder eine JWF auftun, eine junge weiße Frau, die sich nicht zu schade ist, dass der von Generation Z zum Feindbild erklärte alte weiße Mann bei ihr einlocht. Es gibt nicht wenige alte weiße Männer, die leider terminlich verhindert sind, weil sie bei der Geburt ihrer nächsten Ehefrau anwesend sind. Der 50-Jährige mit der 25-Jährigen wird beneidet. Der 75-jährige mit der 50-Jährigen muss was zu bieten haben. Der 95-Jährige mit der 70-Jährigen braucht eine Krankenschwester. Auch hier stellen sich Fragen, falls der Frontallappen noch intakt ist: Warum stehen auf den Arzneimitteln die ellenlangen Anweisungen eigentlich in einer Schriftgröße, die nicht mal 20-Jährige ohne Lupe lesen können? Am Ende stehst du mit einer Schachtel Tabletten in der Hand da, und dein greiser Partner stirbt, weil du als 70-Jährige die Packungsbeilage seiner Medikamente nicht entziffern konntest.

6 Ärsche aus Gold

Wer könnte dank Eloquenz, Witz und Bildung in einer Symbiose aus Hochkultur und Trash besser Zeugnis davon ablegen, dass die Zeiten sich geändert haben und es gilt, die Sache mit dem Altern neu zu definieren, als ich? Blankziehen mit 20 ist wahrlich keine Kunst, aber nach der Rente, da wird es interessant. Und ich mache keinen Hehl daraus, dass ich mich aus rein feministischen Motiven dafür hergebe. Es ist ein Kampf um die Akzeptanz als AWF in einer bunten Welt – ja, man hat uns vergessen.

Und ich trage gern meine nackte Haut zu Markte, um Barrieren in den Köpfen junger sowohl weißer als auch bunter Frauen und Männer einzureißen. Insbesondere die der Männer. Die Mädels sind ja übermorgen selbst so weit ...

Statt in der Hängematte zu schaukeln, muss ich leider Gottes die Ärmel hochkrempeln und eine ganze politische Bewegung vorantreiben, wo ich doch lieber faul auf der Terrasse vor mich hin dösen wollte. Der Frontallappen will auch mal Pause haben. Aber dann fällt mir wieder Maye Musk ein und Dolly Parton, Cher und Jane Fonda und dann weiß ich, dass noch lange nicht Feierabend ist.

Warum tritt niemand mit einer weitaus größeren Plattform für uns ein, warum erhebt keiner die Stimme zum Nutzen der rund 20 Millionen Frauen ab der Mitte des Lebens? Polieren alle ihren Bambi, fotografieren sich vor ihrer Goldenen Henne und verbringen Stunden beim Frisör, um neue Tressen einflechten zu lassen? Es ist die unterlassene Hilfeleistung all der Fraukes und Irises und Bettinas für die Anliegen ihrer eigenen Generation. Anstatt für die Botschaft einzutreten, dass nichts, rein gar nichts in der zweiten Lebenshälfte aufgegeben werden sollte, ganz im Gegenteil: Befreit vom Ballast der Berufswahl, Ausbildung, Karriere, Partnersuche, Kindererziehung, des Hausbaus, der Vermögensbildung liegen viele Jahrzehnte vor uns, die uns Kapazitäten und Freiräume schenken, von denen noch keine Generation zuvor jemals träumen konnte. Wo bleibt die bislang so sehr proklamierte weibliche Stärke? Das Podium öffentlicher Personen, die medial jeden Pups ausbreiten, wird nicht genutzt, um etwas für die eigene Generation zu tun. Der Tenor der öffentlichen VIPs scheint zu sein: Lieber mit der Masse schwimmen, das eigene Alter gar nicht thematisieren, die eigenen Kinder ins Metier boxen, anstatt unbequem aus dem Rahmen zu fallen.

So manche TV-Oma will eine starke, alte weiße Leitbache sein, die ihr Rudel vorantreibt. Geht es um eine Bewegung zum Nutzen ihrer eigenen Generation, macht sie sich jedoch vom Acker. Okay, der nächste Partner wäre mit einer Großmutter liiert, das ist auch eine Hürde, die bewältigt werden will.

All die alten weißen Frauen verstummen urplötzlich, sobald sie Mitte 50 sind. Warum? Lösen sich die Kinder der 60er-Jahre plötzlich wie Instantkaffee auf? Warum nicht nach vorn preschen und den Millennials zeigen, wie man das gute Leben genießen und steuern kann? Das Beste aus dem Alter machen – dafür müssen wir schon selbst die Verantwortung übernehmen, denn die Jugend erledigt das nicht für uns!

Erfahrungswerte, Unabhängigkeit, gute Kommunikation, Empathie – all das könnte uns doch in der zweiten Lebenshälfte zur Superwoman machen! Um als Frau Ziele zu erreichen, eignet sich keine Lebensphase besser als 50+.

Wir sollten nicht unsere Energie darauf verschwenden, uns anzupassen und abzutauchen, sondern darauf, uns neu zu entdecken! Dann liegt das Beste noch vor uns.

Und für alle Kerle, die meinen, mir ein verdammtes GILF-Kompliment machen zu müssen, habe ich eine Botschaft: Jungs, ich finde es faszinierend, dass manche Kerle bereit sind, schon zu Lebzeiten ihr Hirn der Wissenschaft zu spenden. Meine Empfehlung wäre, damit bis nach eurem Ableben zu warten.

Wir brauchen wirklich nicht noch mehr Stressfaktoren, Aufreger, falschen Tand und Blendwerk in dieser so instabilen und unberechenbar gewordenen Welt.

Die Ostküste der USA hat längst einen U-Turn vollzogen: Wertigkeit, Beständigkeit, Natürlichkeit folgen auf die Arschterrassen der Kardashians.

Das Konzept »Fake Ass« entsprach niemals meinen ästhetischen Idealen von Schönheit. Vielmehr erinnern mich die übertrieben großen runden Formen an Fruchtbarkeitssymbole aus Zeiten der Höhlenmalerei. Primitivste Konturen, die selbst von Primaten als weiblich wahrgenommen werden können, um dem Säugetier zur Fortpflanzung zu dienen. Und ja, es gibt Typen, die nach dieser Vorlage sogar die eigene Partnerin umbauen lassen.

Aber siehe da, auf einmal entdeckt Kim Kardashian, 52, Marilyn Monroe und macht das legendäre Glitzerkleid kaputt. Wahrscheinlich ein verzweifelter Versuch, sich vom bizarren Fetisch zur Eleganz hochzuhangeln.

Der Overkill an Obszönität hat mit dem *BIG BUM EMPIRE* seine Grenzen erreicht.

Danken müssen wir neben den Kardashians all jenen, die diesen Fetisch zum Geschäftsmodell gemacht haben. Mehr als 20 Staffeln Reality-TV, in denen identisch geklonte Schwestern in ihre gigantischen amerikanischen Take-away-Salatschüsseln hineinheulen, ist für die Zivilisation kein Fortschritt. Aber eine Inspiration für die endlosen Möglichkeiten der Selbstvermarktung.

Einer Bitch allein als Soloperformerin wäre das nie geglückt. Der Mythos der Kardashians lebt allein von der fünffachen multiplen schwesterlichen Rivalität. Es ist ein Wettstreit um den dicksten Arsch. Die größten Brüste, die dicksten Lippen. Den hysterischsten *hot girl shit*. Dieses Phänomen erlaubt ein Gegengewicht, eine Alternative zum Feminismus: Als Antwort auf die Frauenbewegung ist er ein Impuls, auf den die Welt gewartet hat.

Mit den Waffen einer Frau darum zu kämpfen, wer die dickste Arschterrasse hat, lässt mich eher an einen Wettstreit unter Primaten denken. Dankbar umjubelt von den Kulturen, die dieses Fruchtbarkeitssymbol eh schon immer mit Stolz präsentiert haben. Wie die Paviane, zum Beispiel.

Im Kardashian-Milieu ist deine Macht umso größer, je dicker dein Arsch ist. Fast scheint es, als wäre der Hintern ein Symbol für Reichtum. So, als würden die Ärsche tatsächlich aus purem Gold bestehen. Jede der 20 Staffeln wurden die Arschbacken größer, parallel zum Wachstum der Quoten. Und sie reflektierten gleichzeitig den Kontostand.

Eine Kardashian zu sein, bedeutet also offenbar, Ärsche zu züchten. Eine gewisse Parallele zur Massentierhaltung ist dem Arschfarming nicht abzusprechen. Sie ernten jede Saison die Ergebnisse des Silikontunings wie Kürbisse, die auf dem Markt zur Schau gestellt und dem meistbietenden Käufer überlassen werden. Der Bauernmarkt ist in diesem Fall Instagram und die Währung, mit der gehandelt wird, sind die Likes.

Und die ein oder andere, die stets über ihre ausladende Breitseite in Kummer verfiel, weil sie kaum jemals eine Jeans über die fetten Arschbacken wuchten konnte, wird dafür sogar dankbar sein. Im 21. Jahrhundert dem Feminismus dermaßen die Stirn zu bieten und für Arschbacken wie ein Brauereipferd noch Komplimente und Follower zu bekommen, das muss man wirklich als ein Wunder der Frauenbewegung von der Hüfte abwärts anerkennen.

Diese körperlichen Extreme, die den Fetisch in die Mitte der Gesellschaft transportieren, bleiben freilich nicht ohne Folgen. Die Folge ist, dass Millionen gebildeter Ostküstencommunitys von dieser Überdosis an Obszönität die Schnauze voll haben. Dank Netflix wurde uns das *Big Bum Empire* der Kardashians als *the new normal* serviert. Und wir haben es mit Freude konsumiert. Aber es ist eine Fantasy – und es will auch für nichts anderes gehalten sein. Leider wären wir lieber eine Filmfigur statt wir selbst!

7 Paillette geht immer

Wenn schon in unserer Bilderwelt die Optik das Schicksal besiegeln soll, dann fangen wir mit unserer Mission doch superoberflächlich bei den Äußerlichkeiten an: Wir leben in einer Welt voller Menschen mit sprödem Kraushaar, die jeden Morgen mit dem Glätteisen gegen das ankämpfen, was ihnen ihre DNA nun mal mitgegeben hat. Der Sieger steht fest: Es ist die Werbeindustrie! Und natürlich Dyson.

Beide zusammen haben wirklich Großes geleistet. Wecken sie doch in uns Bedürfnisse, von denen wir niemals etwas verspürt hätten, würde die Werbung uns nicht suggerieren, was wir gefälligst für erstrebenswert zu halten haben.

Wie wir auszusehen, was wir zu wiegen, wie wir uns zu kleiden haben, je nachdem, in welcher sozialen Schicht wir heimisch werden wollen, ist geprägt von den Medien, Film und Fernsehen und von den monströsen Stilblüten, die diese Kommunikationstools hervorbringen.

Konzerne wie TK Maxx verhelfen jeder Lady, die mithalten will, zu einem besseren Lebensgefühl, indem sie dank eines Etiketts Selbstwert von der Stange kauft.

Trotzdem funktioniert das Konzept nur sporadisch. Wie eine blaue Pille. Die Prada-Handtasche oder die Gucci-Sonnenbrille mag zwar ein Schnäppchen sein, aber der Lifestyle generell setzt sich eben wie ein riesengroßes Puzzle aus einer Vielzahl von Elementen zusammen.

Was ich als unheimlich befreiend empfinde, ist die Tatsache, dass es mit dem Hurenlook langsam mal vorbei ist. Obwohl ich damit immer noch besser aussehe als jedes billige Flittchen, jede Heavy-Metal-Dirne, jede R&B-Schlampe und jedes DSDS-Mäuschen.

Zumal, wer wirklich cool ist, geht ja heute quasi nackt. Sei es Beyoncé, Rihanna oder diese Familie mit den ganzen Ks, am Ende des Tages sollst du nude der Hammer sein.

Ein paar Federn rangeklatscht, eine eingeschnürte Korsage, Paillette geht immer – da sehe ich von der Bühne mit 95 noch aus wie Marlene Dietrich. Die Alte wusste eben immer ganz genau, was sie tut. Und glücklicherweise bleibt jede Parodie davon nur ein lauwarmer Abklatsch.

Doch leider schnürt diese sexy Kostümierung die Bewegungsfreiheit ein und stellt in genau dem selbstbestimmten Alltag, den unabhängige Frauen sich erkämpft haben, eher eine Behinderung dar, eine Einschränkung der Mobilität.

Du kannst dich in der engen Korsage einfach nicht nach dem Mülleimer bücken oder in dem geschlitzten engen Lederrock dein Altglas entsorgen.

Mode ist ja immer ein Spiegel der Zeit, und mein kleiner Exkurs an dieser Stelle untermauert einmal mehr, dass es um Werbung und eine Industrie geht, aber niemals wirklich um das Wohlergehen der Frau als solcher.

Wir sind das Material, welches die Kosmetikindustrie, die Modewelt und alles, was daran hängt, am Leben erhält, indem uns Träume übergestülpt werden, die uns dazu bringen, uns für die »richtige« Handtasche zu ruinieren – alles in der Hoffnung auf ein paar Komplimente und Bewunderung.

Es steht uns jedoch völlig frei, uns von diesem Druck zu verabschieden.

Das Alter hält für uns so viel an Überraschungen bereit. Und vieles, was die Welt bewegt, kommt in *good old Germany* nach wie vor mit 50-jähriger Verspätung an. Nehmen wir die *Diversity.* Die Leute fühlen sich heute liberal, wenn sie die LGBTQ-Community dulden und sich von deren amtlichen Repräsentanten im TV bespaßen lassen. Diverse, das war 1974 Boy George. Er kam barfuß mit bunten Dreadlocks zu »Good Morning Britain« und hat auf die Frage, warum er so schrill gekleidet ist, geantwortet: »*I am gay!*« Und natürlich hat man ihm alles verziehen, weil er zu dieser Zeit, parallel zu George Michael, alles mit seinem genialen Talent als Musiker und Performer plattgemacht hat. Wie konnte man anders, als sich in diese jungen Performer zu verlieben?! Und *OUT OF THE CLOSET* zu sein, war etwas Neues.

Also klopft euch doch bitte nicht auf die Schulter, wenn ihr glaubt, heutzutage wären lange Haare und eine rosa Handtasche bei einem Kerl Avantgarde!

Diversity wurde ja schon von Jean Paul Gaultier kommerzialisiert – vor 30 Jahren! Und die Goddess of Punk war *The Lady of the British Empire* OBE Vivienne Westwood, die ohne Schlüpfer schon bei der Queen ihren Orden abgeholt hat. Das allerdings war schon vor 50 Jahren.

Wenn das kein Wake-up-Call für Deutschland ist. Es fällt mir wirklich schwer, zu akzeptieren, dass der ein oder andere Influencer sich für den Erfinder der *Diversity* hält. Oder gar glaubt, Schwulsein sei abendfüllend.

Alles ein alter Hut!

Ich war immer Avantgarde und up to date. Ich war immer top. Anders kann ich es einfach nicht sagen, weil, alles andere wäre gelogen.

Und genauso weiß ich intuitiv, wie ich mich jetzt, ab 60+,

kleide, und ich freue mich über meinen unverkrampften, neuen, eleganten, entspannten Look im Alter.

Wer war eigentlich der Verbrecher, der den Frauen eingeredet hat, die Mode ab 50+ bestünde aus trittfestem Schuhwerk, bequemen Hosen mit Streichbund und Schlabberpullis sowie XXL-T-Shirts mit Katzenmotiven?

Die Homeshopping-Sender sind in diesem Bestreben auf jeden Fall die Hehler, welche auf Kundschaft aus der sedierten Zielgruppe der Seniorenresidenzen hoffen.

Als Frau des Theaters habe ich schon in unzähligen Kostümen gesteckt. Man legt sich eine Rüstung an, um einen Charakter glaubhaft zum Leben zu erwecken. Die fremde Haut verschafft dem Schauspieler Zugang zu seiner Körperlichkeit, Bewegung, Haltung und damit zu seinem Empfinden.

Schlüpfst du in bequeme Schlabberpullis und trägst Frotteesocken in deinen Adiletten, bewegst du dich auch schlurfend und hockst mit Rundrücken vorm Fast Food aus der Pappschachtel. Trägst du allerdings ein tailliertes rosa Kostüm mit Schößchen und Blume am Revers, nobles Schuhwerk und gepflegte Dessous, statt deiner ausgeleierten Schlüppis, wirst du ganz anders einherschreiten.

Wer hat uns glauben gemacht, in reiferen Jahren auf maximale Bequemlichkeit umschalten zu müssen? Und dass dieses Bedürfnis für eine ganze Generation gilt? Bequem muss nicht unelegant sein.

Wenn du mit 20 allerdings schon einherschlurfst und deine Rettungsringe gern bauchfrei zur Schau stellst, dann wirst du auch ab 50 auf Bequemlichkeit und Stretchleggings setzen.

Hast du dich hingegen ein Leben lang in der adretten weißen Bluse und schwarzen Schlaghosen wohlgefühlt, wirst du das keineswegs im Alter aufgeben müssen.

Persönlicher Stil hat keinerlei Verfallsdatum.

Und sogar *Fifty Shades of Beige* können absolut elegant rüberkommen.

Generell ist ein Kaschmirpullover in jedem Falle stilvoller als ein ausgeleierter Hoodie mit einem kotzenden Teufel auf dem Rücken.

Fallt doch bitteschen weiterhin aus dem Rahmen, wenn ihr im Leben früher bunt gewesen seid. Versagt euch nichts, nur weil ihr Rente bezieht! Die Eitelkeit, die Selbstliebe und das Selbstwertgefühl sind ganz wichtige Faktoren, die unser Lebensgefühl ausmachen. Dies alles über Bord zu werfen, käme quasi einer Selbstaufgabe gleich.

Wir sollten Mode, Looks und Stilgefühl keinesfalls unterbewerten. Denn wir haben die einzigartige Möglichkeit, in unserer Selbstdarstellung auswählen zu dürfen. Unsere modische Entscheidung spiegelt äußerlich wider, was in uns vorgeht.

Depressive Verstimmungen gehen erstaunlicherweise auch immer mit einem Look einher, der die Tristesse widerspiegelt. Mit Stil und Ironie auch mal Vintage-Looks zu reanimieren, wäre beispielsweise eine Möglichkeit, Schwung in den Alltag zu bringen!

Ja, Mode kann Zuflucht bieten. Humor verströmen, Attitude vermitteln. Mode ist Politik. Mode ist ein nonverbales Kommunikationsmittel. Sie ordnet zu, ordnet ein und ist unser alltäglicher Content. Sie spiegelt wider, wie wir kombinieren, auswählen und besonders, woran wir glauben. Zählt für uns eher Trash oder Qualität? Nachhaltigkeit oder Avantgarde? Sind wir eitel oder understated? All das transportieren wir, bevor wir uns überhaupt namentlich vorgestellt haben und den Mund aufmachen. Sind wir vielleicht nur eine Fashion-Fairy die als Illusion existiert und nichts hat, was man »echtes Leben« nennen könnte?

Und Mode bringt Menschen zusammen. Allein schon so etwas charmant Schrulliges wie der gute alte Vintage-Stricklook eröffnet eine gänzlich neue Welt. Eine Welt mit eigenen Communitys, Wettbewerben und Basaren. Wie schade, dass die Handarbeit infolge der ewigen Wischerei auf Datingportalen auf iPhones in Vergessenheit gerät. Um zu meditieren und zu sich selbst zu finden, muss ja heute erst mal eine Reise nach Bali gebucht werden.

Welches Steckenpferd es auch sein mag, in dem Moment, wo man eine Vision von sich selbst bekommt, hat man ein Ziel.

Mein Steckenpferd war von jeher die Couture. Doch ausleben konnte ich diese Leidenschaft nur sehr sporadisch. Ein halbes Leben in zugigen Bahnhöfen zu fristen und auf Flughäfen herumzulungern, hat meinen Modestil negativ beeinflusst. Du kannst eben nicht zwei Stunden in High Heels am BER in der Security-Schlange stehen und meilenweit von Terminal zu Terminal stolzieren, sodass ich mich je nach Situation hinter Käppi und Barbour-Jacke verstecke. Und kurz darauf schlurfe ich dann eben auch oder setze meine »Quatsch mich bloß nicht von der Seite an«-Miene auf.

Ich bin in der privilegierten Lage, als Performerin immer in Topform präsentabel sein zu müssen. Also spüre ich am eigenen Leibe, wie immens der Auftritt, die Präsenz, von der Mode und dem Kleidungsstil beeinflusst wird.

Und ich bin mir sicher, dass Deutschland noch nicht vom letzten Schrei aus den USA gehört hat – hoffentlich sind wir diesmal schneller als bei der Entdeckung von *Diversity*. Denn Sex and the City ist so was von *outdated*, dass es seit Jahrzehnten eine Gegenbewegung nach sich gezogen hat. Schon seit zehn Jahren gilt in den USA der Luderlook alias Sex and the City nämlich als eingemottet und wurde von einem völlig neuen Bewusstsein verdrängt. So wie plötzlich die Schulterpolster verschwunden waren und niemand mehr Kostüme und Pelzmäntel tragen wollte, die so wirkten, als habe die Trägerin den Kleiderbügel im Genick, so out sind High Heels mit Plateausohle und Minikleider mit aufgebocktem Dekolleté. Das ist nur etwas für Touristen. Oder für Fotoshootings mit Gina-Lisa Lohfink, Kader Loth und Djamila Rowe.

Die Trendsetter allerdings haben sich umorientiert und leben strandfein in den USA millionenfach als *Coastal Grandmother*. Und das mit 20! Der Look stammt von einer riesigen Community gebildeter Ostküstenprofessionals und hat inzwischen auch ganz California erobert. Es gibt sowohl jede Menge Playlists als auch die Superstars dieses Trends.

Omalook ist *the next new thing, totally hot girl shit* und hat den Platz vom Sex and the City-Luderlook eingenommen.

Sei es der Kleiderschrank, das Interieur, seien es die Rezepte, Rituale oder die Musik: Eingetaucht wird in eine Welt voller Geschmack, Stilsicherheit, Harmonie und edler Tradition. Luftige Leinenblusen, smarte Kaschmirtops in Pastelltönen, elegant geschnittene Hosenanzüge, gebügelte Blusen, feine Ledersandalen, Strohhüte, weiße Blumenarrangements, damenhafte Seidenkleider – es ist ein Leben als Hauptfigur in einem Nancy Meyers- oder Nora Ephron-Movie.

Mit allem, was auch nur annähernd obszön oder vulgär ist, wurde endgültig abgeschlossen. Schließlich ist dies die Arbeitskluft der Entertainer in Las Vegas.

Zwanzigjährige wollen im Look der Großeltern herumlaufen. Norwegerpullis, Twinsets, geschmackvoller, dezenter Echtschmuck haben billigen Klimbim abgelöst.

Schlichtheit, Noblesse, Dezenz heißen die neuen Ingredienzien.

Das alles kommt mir natürlich sehr gelegen.

Und es muss einmal gesagt werden, denn über guten Geschmack lässt sich sehr wohl streiten. Während die Jugend mit Hoodie, Flip-Flops und Pareo sehr gut durchs Leben kommt, geben wir mit zunehmendem Alter über die Mode sehr viel von uns preis. Und der Look der *Coastal Grandmother* – aufgegriffen und kopiert von Teenies weltweit – beinhaltet auch eine gesellschaftspolitische Botschaft.

Einer Jane Fonda, einer Meryl Streep, einer Gwyneth Paltrow, einer Diane Keaton sind die Kürbisärsche inzwischen ein Mahnmal, ein Affront gegenüber jedem ästhetischen Feingefühl. Man möchte dann doch lieber entspannte Menschen und gesunde Seelen im Wohlfühlmodus sehen.

Und so erhebe ich die Eleganz zu meinem Rollenideal. Genauso wie es die *Coastal Grandmother* tut.

Mode verbindet mehr, als man glaubt. Mode sendet Signale, die vom richtigen Empfänger verstanden werden.

Baut einfach mehr auf Mode!

Gelernt habe ich vor allem, dass das Leben zu kurz ist, um als Lumpensammlers Töchterlein hindurchzugehen und das falsche Schuhwerk zu tragen.

God bless the dress code.

Standards, die einmal verloren gegangen sind, kehren nämlich nie wieder zurück.

Und ich bin der Meinung, ab einem gewissen Alter sollte man wissen, was einem steht. Sich in modischen Fragen aufzugeben, ist wirklich ein Verlust von Lebensqualität. Wenn Sie mich fragen, bewirkt ein Ausmisten abgelaufener Polyesterdirndls mehr als ein Lifting.

Ich liege mit meinem Look offenbar auch als alte weiße Frau im Trend.

Ich frage mich oft: Wie würde wohl Prinzessin Diana heute aussehen, mit Anfang 60? Ich nehme an, sie würde als *Coastal Grandmother* nicht weniger umwerfend nobel und smart wirken wie in ihrem souveränen Rache-Look.

Bei mir ist das ganze Leben ein Rachefeldzug. Ich möchte alle überleben, die ich nie leiden konnte. Und das sind eine ganze Menge Leute!

8 Die Magie des Alters

Es gab eine Zeit, in der wir es geliebt haben, älter zu werden. Ja, wir waren so berauscht vom Älterwerden, dass wir sogar in Bruchrechnung gedacht haben und uns freiwillig älter machten. Leider nur circa bis zum Alter von elf.

Die kindgerechte Frage: »Wie alt bist du?«, wurde systematisch beantwortet mit: »Ich werde bald 4½ und dann bin ich schon 5!«

Wer hat uns das eigentlich versaut?

Warum sind wir nicht voller Stolz 39½?

Als Teenie kommen die Jahre, in denen man alles tut, um älter zu wirken. Mit gefälschtem Pass bereits mit 14 in den Club, um Einlass kämpfend, wird gelogen, dass es kracht. Auf die Frage des Türstehers: »Wie alt seid ihr?«, antwortet die Gang einstimmig: »Wir werden bald 16.« Super gelogen, denn das stimmt selbst dann noch, wenn man erst zwölf ist.

Und die schönste Zeremonie des Lebens ist, wenn man am 21. Geburtstag angekommen ist. Geschafft!

Aber dann wird man 30 – und das ganze Konzept scheitert über Nacht. Wie abgestandene Milch, die urplötzlich sauer wird. Hier kippt etwas dramatisch um.

Mehr als einen 30. Geburtstag brauchen wir nicht, damit sich ein dunkler Schatten auf unser gesamtes Leben legt. Wir sind nun offiziell nicht mehr jung. Nirgends. Weder amtlich noch auf Datingportalen.

Und unser rudimentärer Sprachgebrauch hat für ein ganzes Menschenleben nur zwei Kategorien übrig: Wer nicht jung ist, muss demnach automatisch alt sein. Für eine Dekade von 100 Jahren sollten wir mindestens so viel bunte Farbnuancen haben, wie die Eskimos für Schnee. Nämlich ganze 37! Schlagartig reflektiert man sich ab dem 30. Geburtstag völlig neu: Plötzlich reden wir über uns in der Zeitform der Vergangenheit. Ja, über das eigene, bisherige Leben wird im Perfekt referiert:»Ich bin gerade 30 geworden.«

Und selbst die Zukunft bietet eine düstere Perspektive:»Ich gehe auf die 40 zu.« Ab da wird sich generell gerechtfertigt, dass wir noch am Leben sind. In Sachen»Gesellschaftstanz« treten wir nun offiziell bei den Senioren an.

Während Männer sich als Platzhirsch in den besten Jahren verstehen, fühlt eine Frau, die besten Jahre bereits hinter sich gelassen zu haben. Eine Übriggebliebene zu sein. Was tragisch ist, wenn es um die Familiengründung geht. Die Uhr tickt, bewegen wir uns ab 30 doch geradewegs in die Richtung der Altmutter.»Kinderwunschsprechstunde« – eine Terminologie, die Einzug in unser Leben hält.

Als jung zu gelten, gelingt jetzt eigentlich nur noch, wenn wir offiziell Oma werden. Viele werden aber im»hohen Alter« von 40 erstmals Mutter. Oder versuchen es zumindest. Jetzt ist es Zeit, kurz vor Toresschluss noch letzte Maßnahmen zu ergreifen: IVF, Durchblasen der verstopften Eileiter, Ankurbeln des Hormonspiegels, Aussortieren des Kerls mit seiner geringen Spermaqualität. Unüberbrückbare Differenzen offenlegen, als da sind: Fremdgehen, Seitensprünge, physische und psychische Gewalt, kurz: Was als schönster Tag im Leben einer Frau begann, entpuppt sich im Ergebnis als eine amtlich besiegelte Gemeinschaft ohne gemeinsamen Nenner.

Ein neues Glück bedarf der Auflösung der Ehe. Zwischen 30 und 40 heißt es erstmals, Tabula rasa machen. Ausmisten, das Ruder herumreißen, entsorgen, was uns in der Entfaltung nicht dienlich ist. Noch ist es nicht zu spät zum großen Kehraus! Jedoch: Den Luxus einer Scheidung muss man sich finanziell erst mal leisten können. Statistisch überkommt es die Frauen mit 43,9 Jahren und die Kerle fünf Jahre später. Die Hälfte aller Ehen scheitert sowieso an den Finanzen. Die eheliche Pflicht macht auf Dauer eben keinen Spaß, wenn man immer nur draufzahlt. Also immer hübsch zwei heimliche Konten anlegen: eines für das Scheidungsverfahren, eines für die Schönheitsoperationen. So ist man gegen die Unbill des Lebens bestens gerüstet.

Im besten Sinne des Wortes gilt es dann, die Wechseljahre irgendwie durchzustehen. Der Wechsel betrifft ja nicht nur das Klimakterium, sondern oft auch den Mann.

Wer bessergestellt ist, blickt in den Spiegel, vergleicht sich mit surrealen Zombies à la Kardashians und stellt fest: Der Lack ist ab! Der Moment für den Schönheitschirurgen unseres Vertrauens, ist doch die Zeit reif für erste minimalinvasive Maßnahmen.

Ich kann nur raten, bei all der femininen Selbsterniedrigung auf die Bremse zu treten. Das Leben gleitet uns durch die Finger, denn ehe wir uns versehen, wird es heißen: »Die ist auch schon fuffzig!« Das beste Kompliment, was man jetzt noch einheimsen kann, lautet: »Ach, fuffzig? Das hätte ich aber nicht gedacht!«

Von nun an heißt es, herhalten für Diskriminierung, Häme und Ageism, taugen wir doch gesellschaftlich am ehesten noch als Witzvorlage für jede noch so abgestandene Büttenrede.

Jetzt bekommt die sexy MILF in ihre Inbox Gratisgutscheine

und Couponcodes für trittfestes Schuhwerk, kostenlose Hörtests und zwei Brillengestelle zum Preis von einem. Freier Eintritt im Zoo! Fragt sich nur, auf welcher Seite des Gatters man uns einplant.

Mehr als einen 50. Geburtstag brauchen wir nicht, damit alle unsere Träume im Keim erstickt werden.

Wer mit Mitte 20 begonnen hat, sich das Chassis hochtunen zu lassen, muss spätestens jetzt sowohl die Felgen als auch die Airbags auswechseln. Das Silikon ist verrottet und muss raus. Jetzt lohnt es sich noch mal, die alte Kiste aufzupolieren und den ein oder anderen Hautfetzen abschneiden zu lassen. Ungarn bietet für kleines Geld eine Rundummontage auf Ratenzahlungsbasis für 5000 Euro komplett an. Nebst Fettschürzenentfernung. So kann man auf den Datingportalen noch mal als Newtimer durchstarten.

Aber Moment! Einige »erreichen« flugs im schillernden Paillettenkleid nebst partieller Fettabsaugung recht attraktiv die 60! Na bitte, man hat ja selbst schon kaum noch dran geglaubt. Von nun an, gleich einer Lawine, die ins Tal donnert, bauen wir Geschwindigkeit auf und nähern uns in rasendem Tempo der unvorstellbaren Mumifizierung: Wir werden 70!

Hoffentlich waren wir inzwischen in Florida, Gstaad und auf Capri. Auf meiner Liste steht Klosters, Zermatt im Winter, Palm Beach, Bahamas, Turks- und Caicosinseln im Sommer. Oder noch schnell das Schloss kaufen und ein Herrenhaus sanieren. Irgendwas Großes muss passieren.

60 ist toll. Wir sind noch drei Jahrzehnte lang alles andere als gaga und altern als Generation mit den hottesten Rollenmodellen aller Zeiten: von Helen Mirren und Glenn Close über Meryl Streep und Cher bis Dolly Parton – alles Frauen, die die Welt verändert haben.

Ja, wir beginnen uns unter den Alten wohlzufühlen: Dort sind wir nämlich die Jüngsten! Wer die Mittel hat, kann noch mal in Monaco durchstarten. Da sind wir jetzt der Nachwuchs. Die IT-Girls der Geriatrie! Auch in St. Moritz ist es lohnend, sich auf der Piste umzusehen. Schon mal wegen der winterlichen Vermummung. Das ist strategisch viel besser geplant, als im Stringtanga unter der harten Konkurrenz auf einer Jacht vor der Amalfiküste abzuhängen. Im dicken Pelz mit Riesenbrille von Dior reicht es in Gstaad völlig aus, schemenhaft hinter dicken weißen Flocken als weibliches Wesen wahrgenommen zu werden. Den Rest trinkt man sich bei Champagner schön. Schließlich musst du mit einem Witwer über 80 lediglich einen überschaubaren zeitlichen Rahmen aussitzen, um im Gegenzuge einen nicht unerheblichen Erbteil abzugreifen. Ein energetisch anspruchsvoller Lebensabend mit Reisen, Partys, Alkoholkonsum und aktivem Sexleben nebst einer Überdosis blauer Pillen mag dies auf sympathische Weise beschleunigen. Lieber noch mal ordentlich ranklotzen, als im Wachkoma im Schaukelstuhl noch 20 Jahre vor sich hin zu dösen.

Warum nicht zum 90. Geburtstag dem Sugardaddy einen Gutschein für Kitesurfen und eine Himalaya-Expedition neben die Torte mit dem bengalischen Feuer legen? Wird schon schiefgehen!

Ab 80 planen wir eh nur noch von Tag zu Tag! Gratulation, wenn wir es noch bis Mittwoch schaffen!

Aber dann wird es ernst: Wir gehen plötzlich auf die 90 zu. Jetzt wird jeder Tag zum Russisch Roulette: Werden wir es noch bis zum Mittagessen schaffen? Erreichen wir tatsächlich den Kaffeeklatsch? Bingo, wer hätte das gedacht, wieder mal schließen wir einen erfolgreichen Tag ab: Punkt 17 Uhr werden wir in den Speisesaal vor unseren Seniorenteller gekarrt und um 18 Uhr macht die Schwester endlich das Licht aus.

Aber in den 90ern, da wird es noch mal richtig interessant! Jetzt rechnen wir nämlich wieder rückwärts.

Die Frage nach unserem Alter wird erneut im Perfekt beantwortet, jetzt aber endlich wieder mit Stolz: »Ich bin gerade 92 geworden!«

Ein Hoch auf die vollendete Gegenwart!

Schlussendlich setzt die Magie ein. Wer über 100 ist, wird wieder zum Kind. »Ich bin schon 100 ½.« Mit Pride machen wir uns älter – und werden als Fossil bestaunt!

Das Leben ist eine runde Sache. Ein Kreis ist am Ende des Tages auch nicht mehr als ein aufgeblasener Punkt. Und wenn wir mit einem langen Leben gesegnet sind, gehören wir auf einmal kollektiv den höheren Kreisen an!

9 Wie lange wollen Sie das eigentlich noch machen?

Mit 65 arbeite ich immer noch. Eigentlich übe ich zehn Jobs aus. Ich arbeite also sogar mehr als je zuvor. Denn neben meiner Mission als Entertainerin, bin ich Hausfrau, Gärtnerin, Bäckerin, Köchin, Putzfrau, Gastgeberin, Interieurdesignerin, Managerin und permanent natürlich Mutter. Wäre ich nicht Mutter, hätte ich die ganzen anderen Berufe gar nicht. Freizeit gibt es bei mir eigentlich gar nicht, und wenn es doch mal dazu kommt, versuche ich anderen eine gute Freundin zu sein oder ich gehe ins Nagelstudio.

Abschalten geht seit vier Jahrzehnten kaum noch. Ich bin immer leicht irritiert, wenn mir Leute sagen, ich solle mich entspannen. Einfach chillen.

Gott sei Dank bin ich keine Aktivistin. Dann müsste ich mich in der knappen Freizeit noch festkleben, abseilen und die Mona Lisa mit Kartoffelbrei bewerfen. Ich solle gefälligst kürzertreten, mich auch mal schonen, höre ich zunehmend. Dazu habe ich gar keine Muße, denn mein Aktivismus besteht darin, dass ich täglich mit meinem eigenem Leben Zeugnis gegen *#ageism* ablege. Und meine Mission kennt keinen Feierabend.

Noch sind wir an dem Punkt, dass ich in Interviews – selbst von jungen Redakteurinnen – gefragt werde: »Wie lange wollen Sie das eigentlich noch machen?« Ich frage mich eher, wie lange man sich als Frau noch rechtfertigen muss, dass man mitten im Leben steht und sich nicht dem allgemeinen Verfall hingibt.

Da sitzen in den Talkshows Greise à la Gottschalk und der AWM Markus Lanz lässt andere AWM labern und labern, aber als Frau wirst du gefragt, warum du überhaupt noch im Rennen bist und wie lange das mit dir noch so weitergehen soll. Aber er lädt ja ohnehin keine Comedians mehr ein, sondern nur die akademische Elite, polarisierende Politiker und jeden, der anstelle von Entertainment dafür sorgt, dass zu später Stunde, kurz vorm Einschlafen, bloß kein Frohsinn aufkommt.

Ich frage mich allen Ernstes, warum ein Gottschalk niemals die Frage beantworten musste, warum er als Vorzeigemodell des alten weißen Mannes keiner Vintage-Entertainerin aus guter alter Zeit Platz einräumt? Zum Beispiel wäre auf seiner Couch doch Platz für eine Marijke Amado oder Vera Int-Veen. Da würde man wenigstens erleben dürfen, dass die Golden Girls sich kreativ weiterentwickeln und zeitgemäß neu erfinden, während er selbst seit Jahrzehnten abgelaufene Phrasen drischt. Nix gegen Vintage-Charme im TV, aber die Neuauflage einer aus der Zeit gefallenen Familienshow in einer Zeit, in der sich das TV selbst abschafft, wirkt auf mich wie ein One-Trick-Pony!

Musste überhaupt jemals ein alter Showmaster die impertinente Frage nach seinem Alter beantworten? Nein! Er ist einfach der alte weiße Mann, an dem alle gesellschaftlichen Bewegungen vorübergezogen sind. Die deutsche Durchhaltenummer, die eisern alles aussitzt und sich als Institution hofieren lässt, während bei einer Frau kritisiert werden würde, dass sie ihre Zweitfrisur im Laufe der Jahre nicht wenigstens der Mode angepasst hat.

Carmen Nebel als eine ebensolche Institution wird als eine reife Showmasterin bestenfalls ausgelacht und abgeschafft. Aber Harry Wijnvoord wird wieder ausgegraben.

Wenn ein Luis Trenker oder Reinhold Messner mit 95 den höchsten Gipfel der Alpen erklimmt, erntet er Anerkennung und Applaus. Als Frau musst du dich dafür rechtfertigen, dass du nicht beizeiten kollabiert bist.

Sollten Sie in Ihren 30ern oder 40ern sein, ist dieses Kapitel mein Geburtstagsgeschenk für Sie. Während Sie die Präsentschachtel öffnen, erwartet Sie nämlich mein Blick in die Zukunft. Denn Sie haben mindestens noch 30 Jahre Arbeit vor sich.

Das verzweifelte Bedürfnis, in Ihrem jetzigen Alter on the road, aktiv, eingespannt und gefordert zu sein, ist ein Überbleibsel aus einer Epoche, in der die meisten Menschen arbeitsunfähig waren, als sie das Alter erreicht haben, in dem ich jetzt bin.

Wenn das Alter sich jedoch vor einem fürchtet und man als Rentnerin und Diva seinem eigenen Zenit entgegenschreitet, dann wirft das Fragen auf und führt zu Skepsis. Leider Gottes eben auch unter den Kolleginnen.

Statt von der Schippe zu springen, werden wir plötzlich alle 100 Jahre alt. Dafür haben die wenigsten einen Plan!

Nancy Pelosi, bis 2023 Sprecherin des Repräsentantenhauses der Vereinigten Staaten, leistet hervorragende Arbeit mit 83. Wer heute 30 ist, kann sich durchaus noch auf 70 arbeitsreiche Jahre freuen. Ihre Kinder werden, wenn Sie 70 sind, nicht mehr davon ausgehen, dass Sie im Rollstuhl geschoben werden müssen, nein, sie werden erwarten, dass Sie sich die nächsten 20 Jahre um Ihre Enkelkinder kümmern. Damit Ihre eigenen Sprösslinge, die genauso smart und dynamisch sind, wie sie es vorgelebt bekamen, ihren blühenden Karrieren nachgehen können.

Während all das passiert, werden Sie die beste Zeit Ihres Lebens haben! Eine glorreiche Perspektive wird vor Ihnen liegen, weil Sie sich von nun an tatsächlich auf Ihre Freiräume und Ihre neuen Aufgaben konzentrieren können, anstatt die Hypothek und Studienkosten abzubezahlen, durchs Leben zu hetzen, den alltäglichen Kampf mit Ämtern durchzustehen und der Mühsal all der digitalen und wirtschaftlichen Stressfaktoren, um tagtäglich die eigene Haut zu retten.

Sie haben endlich Zeit für Bastelarbeiten, Museumsbesuche, Ausmalhefte, Eiermalen, Kastanienmännchenbauen. Gut, heute machen wir raffinierte Dekorationsarbeiten mit Serviettentechnik, Kalligrafie oder kapriziöser Tortendekoration. Doch auch Omas rennen Marathon, schwimmen täglich eine Stunde, reisen zum Cross-country-Skiing, golfen und fahren zu Modenschauen nach Paris. Sie mieten sich mit 70 in einem Aschram ein und machen Tantra-Workshops.

Man wird von all den tollen Grannys aber nichts erfahren, weil sie ihre Zeit besser nutzen als ihr Insta-Profil zu bedienen. Für Social Media haben sie schlicht keine Zeit. Sie haben sich analog organisiert. Posten nix. Aber es gibt sie von Tirol bis Rügen. Und es gibt sie in der massiven Überzahl. Ich kenne viele. Sie treffen sich zum Beispiel am Ammersee zum Häkeln. In Schottland vereint Handarbeit die kreativsten Exzentriker. Sie haben ihre eigenen Festivals, reisen zu Communitys in alte Herrenhäuser. Organisieren Ausstellungen in Form kreativer Happenings. Natürlich mit viel Whisky und Gin Tonic! Ähnlich auch die Oldtimertreffen. Man tauscht sich aus, redet, informiert sich, trifft Menschen und schafft neben dem Alltag Raum für neue Begegnungen. Ja, es ist dreidimensional, und es wird sich sogar eine Enkelin finden, die daraus einen Blog macht, damit die Welt davon erfährt, wie schnell ein gelber Bikini aus nur drei Dreiecken gehäkelt ist.

Oder versuchen Sie es doch mal mit Pudel-Competitions! Die Freizeit mit Auslauf im Park und beim Trimmen im Hundesalon zu verbringen, ist besser, als einsam auf Valium deprimiert vor sich hin zu vegetieren. Hunderassen laden ein zur Kommunikation mit Menschen, denen man ansonsten niemals begegnet wäre.

Man muss das eigene Leben quasi konterkarieren, um neue Anstöße zu bekommen. Für einige ist es der Saunaclub, für andere die Pokalrunde oder Bridge.

Egal welches Ziel es auch ist, sucht euch eins.

Mein Traum wäre, mal einen Hund zu haben. Was für viele Normalität ist, erscheint mir als großer Luxus. Denn mein bewegtes Leben, mit Nachtarbeit und ständig on Tour, das möchte ich keinem Haustier zumuten.

Sei es das größte 3000-Teile-Puzzle oder Detektivromane für Omas in Großdruckbuchstaben, beschäftigen Sie sich und finden Sie eine Passion! Wie wäre es mit Trödelmärkten, Flohmärkten, Antiquitätenmessen? Wie lobe ich mir doch den 16 Uhr Tanztee, den es einst gab! WORDLE! Wundervoll, Fitnesstraining für den Frontallappen.

Auf unsere eigenen Enkelkinder werden wir jedenfalls wirken wie Königinnen, wenn wir aktiv sind, alte weise Frauen, welche die Welt beherrschen. Wir fahren in Wellnesshotels, lassen uns massieren, gehen zur Akupunktur, lernen Spanisch, besuchen Rockkonzerte und Opernfestivals. Wir kochen Marmeladen ein, organisieren einen Buchclub oder züchten Rosen.

Unsere Enkelkinder sind diejenigen, die nicht mehr mit dem

Schrecken vorm Altwerden/Altsein aufwachsen werden. Das ist die Mission unserer Generation. Und ich werde dafür kämpfen, dass sich dieses Bild in unserer Gesellschaft manifestiert. Modebewusste Großmütter durchstreifen heute mit Teenagern Zara und Trendboutiquen und tauschen Handtaschen und Hüte aus. Schließlich entspringen sie einer Generation, in deren Jugend der Minirock, Punk, Heroin Chic und halb verhungerte Supermodels die Welt verändert – wenn nicht erschüttert – haben.

Hielt man früher Mutter und Tochter im Glücksfall öfter mal für Schwestern, coacht in Zukunft die Swinging-Sixties-Granny die Enkeltochter geradewegs so, als wäre diese zu bieder geraten.

Ich habe diverse 60+-Freundinnen, die mit ihren pink gefärbten Haaren aussehen wie Vivienne Westwood persönlich und unter ihrem Teddymantel einen hautfarbenen Overall im Glitzerlook tragen. Die Blümchentapete aus Omas guter Stube wurde nicht selten durch Leoprint ersetzt. Diese Grannys waren zwar früher auch schon Fashion Victims, aber ja, man trifft sie überall. Schließlich sind die Teenies der Swinging Sixties heute Mitte 80. Also das, was man die »richtigen Omis« nennen darf. Und meine Güte, was sind sie cool! Sie können noch kochen, backen, erzählen dreckige Witze, haben Weltkriege überstanden, waren Trümmerfrauen, haben schließlich die Welt bereist und aus dem Nichts ein neues Deutschland aufgebaut. Und egal, was man davon hält, sie haben etwas zu erzählen. Sie sind keine AWF, sondern alte *weise* Frauen.

Ich wünschte, ich hätte all das vor 30 Jahren gewusst. Ich wünschte, ich hätte gewusst, dass ich, solange ich existiere, hart arbeiten und meine Chancen nutzen würde.

Die ganze Zeit in meinen 30ern und 40ern hatte ich das

permanente Gefühl, dass mir die Zeit davonläuft, das Leben durch die Finger rinnt. Mit Mitte 40, gerade Mutter geworden, dachte ich, meine Karriere sei vorbei. Gleichzeitig kam die Existenzangst, Zukunftsangst, wie sie heute fast jeder kennt. Aber jetzt ist mir klar, dass unser Arbeitsleben in Zukunft so lang sein wird, so viel länger als das unserer Eltern, dass ein gänzliche neues Leben beginnen wird, sobald die Kinder groß sind und man uns »Rentner« nennt. Dann ist die Stunde gekommen, in der wir all das tun werden, was uns immer gereizt, interessiert und fasziniert hat. Von Bastelarbeiten bis Reisen, Partnerschaft bis Chorverein, Eislaufen bis Nacktschwimmen im Winter. Von Yoga bis zum wirklich perfekten Dinner.

Diese Perspektive bietet Zeit für neue Karrierehochs, Bekanntschaften, neue Begegnungen und Hobbys, und das sollte Anlass genug sein, nicht in Depressionen zu versinken. Selbst sich innerhalb der eigenen Generation neu zu organisieren, bietet eine immense Vielfalt für uns silberne Schwäne, Golden Girls, Best Ager oder wie auch immer man uns nennt.

Es bieten sich auf sehr organische Weise immer neue Gelegenheiten, und ich hätte mein Leben wesentlich entspannter gelebt, wenn ich vorher gewusst hätte, dass Älterwerden der größte Segen überhaupt ist. Kein Grund, in Panik zu geraten.

Ich möchte jüngeren Frauen dafür die Augen öffnen, dass Zeit ein gigantisches Geschenk ist: Zeit für Interessen und Erfahrungen, die man ausschöpfen sollte, und für all das werden uns ab 60 im besten Falle noch vier Jahrzehnte geschenkt. Jahrzehnte, die nur uns gehören!

Die Babyboomer-Generation ist die erste, die diesen ganzen Weg genießen und auskosten kann. Dank Wissenschaft, dank Informationen, Qualifizierung, Gleichstellung, Bildung und medizinischer sowie technologischer Fortschritte. Und wir

Mädels werden bestens ausgerüstet diesem Horizont entgegen-schreiten und ihn neu definieren.

Die Wahrheit ist, dass ich meinen Beruf liebe, gern arbeite, und zwar sehr viel. Und alles ist jetzt besser als früher, als ich alleinerziehend jeden Tag, jede Woche neu jonglieren musste. Von schluchzenden Babys über Kitas, Auswärtsspiele beim Fußball, Sportvereine, Kindergeburtstage, Kinderkrankheiten, Elternabende, Übernachtungen von Schulfreunden bis hin zu Zelten und Radtouren. Die Last-minute-Ostereiermalparade. Schulfeste. Hausaufgaben. Kommunionsunterricht. Schwim-munterricht. Musikunterricht. Aquarium. Gebrochene Finger. Läuse. Doch obwohl am Stress fast zerbrochen, hat man sich immer geliebt und jederzeit viel zu lachen gehabt. All diese un-erwartete Aufmerksamkeit. All diese Energie. Das fließt jetzt direkt in meine Arbeit mit ein.

Wir haben viel mehr Kapazitäten auszuleben, als wir in der Jugend für möglich hielten. Da glaubte ich, alles bliebe für ewig so aussichtslos, wie es damals für mich war. Wodurch hätte es auch jemals anders werden können? In der Jugend erwartet man eben, dass alles auf einmal perfekt ist. Dieses Stein-auf-Stein, Schritt-für-Schritt, diese vielen Umwege begreift man erst später als nützliche eiserne Rüstung.

Ich hätte gern viel früher gewusst, dass auch die sehr Kran-ken unter uns 75, 85, 95 Jahre alt werden können. Man wun-dert sich, wie widerstandsfähig und zäh viele Leute sind. Denen sollte man gratulieren, denn sie sind selbst in der Krankheit noch vorbildlich und »sustainable«.

95. So alt werden einige meiner Wegbegleiter dieses Jahr. Vor allem jene, die mir immer gepredigt haben: »Ich weiß, dass ich nicht alt werde!« Ein 100. Geburtstag ist schon lange keine Schlagzeile mehr wert. Also liegen noch weitere 40 Jahre vor uns.

Ich habe zwar viel zu tun, aber dieses Mal habe ich es nicht so eilig: Ich bin ja gerade mal 65! Uuups! Ist das nicht, wenn man alt ist?!

Ich habe in den Spiegel geschaut und keine alte Person gesehen. Ganz im Gegenteil. Ich sehe wesentlich besser aus als früher. Runder, weicher, femininer, entspannter.

Bin ich vielleicht ein Mythos?

Die Lebenserfahrung lehrt uns eben einiges.

In der Jugend hatte ich starke Akne, sah fahl und durchsichtig aus, war immer zu blass und fühlte mich nur im Ballettsaal zu Hause. Bis mich Kollegen bunt angemalt und auf die Bühne von Travestieclubs gestellt haben. Seitdem bin ich performing artist. Ich habe als 65-jähriger Mensch mehr Selbstvertrauen, als ich als junger Mensch je hätte haben können.

Nichts kann die Erfahrungen aufwiegen, jahrzehntelang Probleme allein zu bewältigen und zu lösen und schwierige Dinge aus eigener Kraft durchzustehen, aus eigener Kraft eine Karriere zu bauen, unsere eigenen Fortschritte und Konten wachsen zu sehen, und in dem, wonach wir streben, immer besser zu werden. Wenn wir das alles durchstehen, dann sind wir »erfahren«. Erfahren können wir als junge Frau eben nicht sein.

Ich bevorzuge es, heute in vielem erprobt zu sein. Und Erfahrungen erwachsen im Gegenzuge gerade aus Enttäuschungen. Es fühlt sich auf jeden Fall viel besser an, erfahren zu sein, als ängstlich und panisch zu stagnieren, weil unsere Zukunft ungewiss ist. Inzwischen ist sie das für jeden Einzelnen von uns: All die Krisen der letzten Jahrzehnte haben die Perspektive der Sicherheit ausradiert.

Der Mythos, im Alter weniger Energie zu haben, weniger Interessen, Spaß und Abenteuer, nicht mehr attraktiv zu sein, das rührt von anderen Zeiten her.

Die richtige Perspektive zu den Dingen, die das Leben kontrollieren, kann man erst im Alter bekommen. Die Dinge in Relation setzen zu können, das ist die reiche Ernte, die uns zuteilwird, wenn wir endlich in der Mitte des Lebens den Überblick über unser Leben erlangen.

Es macht mir nichts, dass ich beim Latin-Tanzkurs vor drei Monaten die älteste Frau war, die sich für die Teilnahme an der Veranstaltung angemeldet hat. Ich kann nur feiern, dass ich überhaupt Zeit für Tanzstunden habe. Und ich feiere ausgiebig und gönne mir dabei extra ein fettes Stück Karottenkuchen.

Ich denke auch, dass es wirklich an der Zeit ist, viele Dinge ganz bewusst zu zelebrieren. Deshalb gehe ich nach Wimbledon für die Atmosphäre, nach Henley für die Cocktails und nach Ascot für die Hüte. Und damit bin ich nicht allein. Wo immer ich auch auftauche, überall sind auf einmal alle in meinem Alter. Weil ich eben eine Boomerin bin. Die Golden Girls regieren die Welt!

Ich denke an die politische Macht, die wir als Gruppe haben. Ich denke darüber nach, wie die Kinder der 60er-Jahre die Gesellschaft geformt und verändert haben und weiter die Zukunft verändern werden. Wir haben die Möglichkeit dazu, weil wir so viele sind. Ich denke jetzt darüber nach, wie wir als Generation das Konzept des Alterns verändern werden. Und ich verstehe das als meine Mission.

Also, wenn auch Sie ein Kind der 60er- oder 70er-Jahre sind, feiern Sie mit mir! Heben Sie das Glas auf eine sich neu entwickelnde und völlig andere Vorstellung vom Altern. Stoßen Sie auf die Schönheit an, den Reichtum, den Gewinn, der in der Erfahrung liegt, darauf, smarter zu sein, als wir es mit 20 waren. Finden Sie Ihren Gefallen daran, der jüngeren Generation zu zeigen, dass wir wissen, wie man über Dekaden und Jahrzehnte sinnvoll den Bogen spannt.

Wir als Generation haben schon in jungen Jahren die Welt verändert, als wir aus politischen Gründen unsere BHs verbrannt und die freie Liebe proklamiert haben. Und deshalb können wir voller Stolz sagen: Okay, ich bin eine alte weise Frau! Das zu werden, muss erst mal einer schaffen!

10 Wer ist der alte weiße Mann?

Erst mal sorry for being white. Ich schreibe es auf Englisch, damit die ganze Welt es versteht. Ich würde gern sehen, dass »weiß« als Adjektiv verwendet wird, wenn wir über jemanden sprechen, der »weiß« ist. Wenn ich »weiß« kategorisch verwende, um Menschen meiner ethnischen Herkunft zu beschreiben, möchte ich nicht belehrt werden, denn ich verwende es total wertfrei.

Wenn von der katholischen Jugend die Rede ist, von sparsamen Schwaben, alleinerziehenden Müttern, asiatischen Touristen, schwarzen Vätern, italienischen Einwanderern, russischen Oligarchen, dienen diese Kategorien dazu, gesellschaftlich und soziologisch ein Gerüst zu schaffen.

Was problematisch ist, ist nicht die Kategorisierung, sondern der Kontext! Es könnte alles durchaus positiv gemeint sein, aber eben nicht im Kopf der Menschen.

Die katholische Jugend soll verklemmt sein, die sparsamen Schwaben sind lustfeindliche Pfennigfuchser, alleinerziehende Mütter stehen am Abgrund ect. pp. Und wenn das Gegenüber herausgefordert ist, zu erkennen, dass seine Kategorisierung scheitert, weil dieser Schwabe äußerst großzügig, die alleinerziehende Mutter Multimillionärin und die katholische Jugend lebenslustig und offenherzig ist, was dann …? Ja, was dann? Dann ist das Gegenüber entweder stinksauer und frustriert, weil seine Rechnung nicht aufgeht, oder aber – und dies trifft auf die intellektuell Überlegenen zu – äußerst interessiert. Was also definitiv eintritt, ist eine Spaltung.

Die Menschen sollen sich gefälligst so verhalten, dass sich Vorurteile bestätigen! Vorurteile, die sich bestätigen, verschaffen nämlich Sicherheit und Orientierung.

Von daher werden viele Leute sauer sein, wenn wir mit zunehmendem Alter aufblühen, anstatt kränkelnd am Stock zu gehen. Wir haben schließlich alt zu sein, verdammt noch mal. So schreiben es Werbung, amtliche Verwaltung und Medien vor.

Als »weiße Frau« kategorisiert zu werden, spiegelt die Formel des alten weißen Mannes. Nur dass die ihm zugeschriebene Machtstellung auf uns nicht zutrifft. Da müssen wir schon ein neues Rollenbild erschaffen – und das strengt an. Im Gegensatz zum AWM ist die AWF nämlich rundum positiv besetzt: Ich wünschte, Männer würden all die Fähigkeiten besitzen, die wir beherrschen. Dann wäre das Image des AWM gar nicht so schlecht.

Ich denke, die AWF ist so vielseitig und anpassungsfähig, dass sie zur Diskriminierung nicht viel hergibt. Deshalb müssen die Kerle als Kategorie herhalten.

Daher frage ich mich, warum die oberflächliche Kategorisierung als »alte weiße Frau« so viel Wut und Konfrontation bewirken kann. Ich habe es ja selbst beobachten können. »Wie kannst du dich in deiner Branche als ›alt‹ bezeichnen?« Nun ja, wer ein Vogel ist, der bleibt es, selbst wenn er ins Wasser fällt. Wer eine Lady ist, kann sich nackt ausziehen und auf den Putz hauen und wird dabei doch immer eine Lady bleiben.

Da ich Altersklischees nicht bediene, kann ich mich getrost selbst als AWF bezeichnen. Es ist mein Job als Schauspielerin, in Rollen und Charaktere zu schlüpfen, die mit mir nicht das Geringste zu tun haben.

Ich bin lieber eine alte weiße Frau als eine junge Hohlbirne mit ner Unterlippe wie ne Regenrinne. Du musst nicht erst alt werden, um grottig zu sein. Viele junge Kerle sehen neben mir verdammt alt aus. Ein Jungbock kann ja durchaus tollpatschig, schlaksig und ungelenk sein. Jugend per se ist in keinster Weise rundum positiv besetzt. Eher im Gegenteil.

Woher kommt nun aber diese Beflissenheit, mit der uns nahegelegt wird, uns dafür zu entschuldigen, was wir nun mal sind? Verdammt jung gebliebene weiße Frauen.

Ich bin der Meinung, die Debatte rankt sich um Demütigung all jener, die am Ruder sitzen. Eine gewisse Überlegenheit besitzen. Das Zepter in der Hand halten und auf ein erfolgreiches Leben, eine gelungene Karriere verweisen können. Die Anschuldigungen können nur von Gremien stammen, die aus dem Gefühl heraus agieren, dass ihnen etwas vorenthalten wird. Es ist der Aufschrei der Unterdrückten.

Einst schrieb im Jahre 1998 die Feministin Betty Friedan, die Republikaner seien ein »Haufen dreckiger, alter weißer Männer«, weil diese auf ein Amtsenthebungsverfahren gegen Präsident Clinton drängten. Hat Betty diese Kategorie begründet? Ja! Somit liegt die Wurzel des AWM in den USA. Dort wurde die Marke erfunden, den Dreiklang der Macht – alt, weiß, männlich – abwertend zu benutzen. Eine Diskriminierung an sich.

Interessant ist die Reihenfolge, die benutzt wird, um den alten weißen Mann ins Verächtliche zu ziehen. Alt zu sein ist quasi die Spitze des Eisbergs, gefolgt von der Ethnie »weiß« und schließlich dem Geschlecht.

Wo sind, bitte schön, die jungen weißen Kerle, die für ihre Altvorderen eintreten?

Die Reihenfolge der Wörter ist kein Zufall. Alt zu sein ist demnach mindestens genauso verwerflich, wie weiß zu sein.

Gibt es überhaupt junge weiße Frauen? Vielleicht könnte man damit diejenigen beruhigen, die sich an der Büste eines weißen Mannes – in Marmor geschlagen – laben, der vom Sockel gestürzt wird.

Letztlich geht es um sprachlich angeheizten Aufstand und Putsch. Es geht um Provokation. Bereits 2012 bezeichnete Ursula von der Leyen, heute Präsidentin der Europäischen Kommission, die deutsche Wirtschaft als »old white man«. 2021 betitelte der SPIEGEL sein Cover mit Aufstand gegen den alten weißen Mann. Das war für die ominöse Formel dann der Ritterschlag: Selbst wer nachweislich Mann ist und zudem noch weiß, will seitdem keiner mehr sein. Mit Stolz trägt diesen Titel jedenfalls keiner. Die Formel steht schlichtweg für Abwertung.

Aber was ist überhaupt ein alter weißer Mann? Heute hat sich diese Bedeutung eingeschliffen: ein Typ Mensch, der seine Privilegien zum Standard erhebt, gesellschaftlichen Wandel belächelt und glaubt, seine Position ausschließlich aus eigener Kraft erreicht zu haben. Letztlich ist er ein privilegierter Ausbeuter.

AWM sitzen in den Vorstandsetagen großer Konzerne, steuern das vor sich hin vegetierende Privatfernsehen, die aus dem letzten Loch pfeifenden Öffentlich-Rechtlichen, lenken die Medienorgane und Parlamente. Sie sagen, wo es langgeht. Wichtig ist, dass ihnen Macht zugeschrieben wird.

Es gibt allerdings auch alte weiße Taxifahrer, Kneipiers, Ärzte oder Kellner, aber vor denen hat die Generation Z anscheinend keine Angst. Jedenfalls sind nicht die Hausmeister gemeint, wenn es darum geht, den alten weißen Mann an den Pranger zu stellen. Gemeint sind Männer in Machtpositionen, die gewisse Privilegien genießen. Davon gibt es allerdings auch jede

Menge schwarze alte Männer. Ein schwarzer Rapper demonstriert sehr bewusst seinen privilegierten Lebensstil.

Wer seinen Hass öffentlich kundtun will, hat heute auch jenseits von Social Media verschiedene Möglichkeiten. Zum Beispiel könnte man mit einem feministischen T-Shirt mit dem Aufdruck *»I've heard enough from old white men«* durchs Axel-Springer-Hochhaus laufen. Oder in der Chefetage einer Frankfurter Bankzentrale lässig eine Kaffeetasse mit dem Spruch *»Vote old white men out of office«* servieren. Und man muss dafür nicht einmal den Mund aufmachen. Schwierig, hier mit einer Unterlassungsklage zu antworten – es stand dann eben kein anderes Geschirr in der Bordküche!

Ohne Feuilleton und Twitter, ohne Social Media hätte das Label des alten weißen Mannes niemals die Gemüter so erhitzt. Denn dieses Label ist die perfekte Kurzformel, um über ganz andere Dinge zu sprechen, die auf den Nägeln brennen: Feminismus, Macht, Weltanschauung!

Was mir daran nicht gefällt, ist, dass es die generelle Altersdiskriminierung salonfähig macht. Aber dagegen hat ja offenbar niemand etwas einzuwenden. Auch nicht der SPIEGEL.

So mancher, der nicht jung ist, ein Mann und obendrein noch weiß, steht damit schon mal per se am Pranger. Man mag den Ausdruck für ein Schimpfwort halten, aber dann wäre er ja juristisch eine Beleidigung. Und damit strafbar. Doch er ist legitim geworden, seit er in der Mitte der Gesellschaft fest verankert ist. Günther Jauch ist ein AWM. Das TV ist voll von alten weißen Männern. Weil, die Frauen dürfen ja nicht öffentlich altern.

Warum ist die Debatte so aufgeheizt, denn letztlich liegt mit »alter weißer Mann« eine schlichte ÄUSSERLICHE Beschreibung vor. Helle Haut, vielleicht graues, eher schütteres Haar, ein mehr oder weniger faltiges Gesicht – und eben ein Mann. Zumindest keine Frau.

Damit geht statistisch schon mal einher, dass diese Beschreibung in unserer überalterten Gesellschaft auf einen nicht ganz unerheblichen Teil der Menschen zutrifft. Auf Millionen von Menschen, die wir ganz legitim als »alt« beschimpfen dürfen. Und es kommt dabei noch hip daher.

Natürlich nur, wenn es nicht um FRAUEN geht. Denn die haben ja jung und gebärfähig, sprich, brauchbar zu sein. Wenn sie dies nämlich nicht mehr sind, stellen sie ein Problem dar.

Der moralisch gefestigte Christ wird die ihm Angetraute nicht entsorgen, denn nur der Tod darf ihn von der Alten scheiden. Das haben auch die verstanden, die Atheisten sind. In anderen Kulturen und Religionen ist der Harem etabliert, die Vielweiberei oder als Zwischenlösung die Variante, dass die Ex mit lukrativer Abfindung und Vermögenssicherung passabel untergebracht, outgesourct und ausgetauscht wird.

Oder man bleibt – wie im deutschen Hochadel à la Ernst August von Hannover und Caroline, Prinzessin von Monaco – einfach auf dem Papier verheiratet, guckt sich nicht mit dem Arsch an, kennt das gemeinsame Kind kaum und führt gänzlich getrennte Leben. Aber scheiden lässt man sich nicht.

Bleibt nur noch die Versorgungsehe. All das sind die Optionen für Frauen, die auf den alten weißen Mann als Ernährer und Lebenspartner gebaut haben.

Doch wertfrei wird das Idiom des alten weißen Mannes eben niemals verwendet.

Sprache entwickelt sich und damit auch die Bedeutung von Begriffen. Der »alte weiße Mann« ist zum Schlagwort geworden. Zu einer politisch korrekten Beleidigung. So etwas muss man auch erst mal erfinden. Der Begriff wird ausschließlich eingesetzt, um Kritik an Strukturen auszudrücken, die im Mann prinzipiell den Inbegriff des Patriachats sehen, der allgemeinen Herrschaft der Männer über die Frauen. In vielen Bereichen haben Männer diese tatsächlich inne, sei es in Unternehmen, der Politik und im Kulturbereich.

Mit Missachtung, mit Nichtachtung gerade in diesen Bereichen haben allerdings Frauen seit Jahrhunderten klarzukommen. Sie haben diese immense Ehrverletzung hinzunehmen und sie als Standard zu verstehen. Wer als Frau überempfindlich ist, hat prinzipiell schlechte Karten. Das ist uns von der Evolution so mitgegeben. Über die Jahrhunderte hat sich die Frau ja damit abgefunden, dass sie nach der Menopause abgewickelt wird, die Klappe zu halten oder sich als Oma fürs Grobe nützlich zu machen hat. Frauen sind Missachtung gewohnt.

Deshalb gehen wir wohl auch nicht auf die Straße, nur weil uns jemand als »alte weiße Frau« herabwürdigt. Wir sitzen nicht in den Gremien der Machtzentralen, geschützt durch Seilschaften und Männerbünde, so wie die alten weißen Männer. Im Gegenzug werden wir allein schon für unsere schwindende Attraktivität als Muttertier diskreditiert, und zwar in viel eheverletzenderer Form, als es dem alten weißen Mann jemals zugemutet werden würde.

Unsere Diskreditierung als alte weiße Frau braucht nicht einmal einen Anlass! Sie zielt darauf ab, unser Auftreten, unser Verhalten, unsere bloße Existenz zu missachten. Der Begriff wird eben nicht als Meinungsäußerung oder Kritik am Matriarchat eingesetzt, sondern er ist schlichtweg herabwürdigend gemeint.

Eine Frau, die nicht mehr menstruiert, ist somit minderwertig, nicht ernst zu nehmen, lediglich, weil sie ein bestimmtes biologisches Alter erreicht hat und nicht mehr als Sexualobjekt von Nutzen sein kann. Damit richtet sich der Ausdruck gegen ihre Qualität als Mensch, nämlich gegen die Menschenwürde, die der Frau abgesprochen wird.

Mit anlassloser Altersdiskriminierung wird einer Frau maximale Missachtung entgegengebracht. Und *#ageism* Frauen gegenüber ist landläufig geduldet und legitim.

Niemand schreitet ein. Schon gar nicht die alten weißen Männer.

Auch wenn in hitzigen Debatten mit einem »Du alter weißer Mann!« gemeint ist, dass der Adressat eine bestimmte, als verstaubt geltende Weltsicht vertritt oder sich überholter Klischees bedient, reicht es bei uns Frauen völlig aus, dass wir kein Frühlingsküken mehr sind, das als Wichsvorlage tauglich wäre.

Eine alte Frau zu sein, scheint Anlass genug, um gefälligst Diskriminierung hinzunehmen, und die Tatsache, dass wir noch am Leben sind, reicht völlig aus, um uns daraus einen Vorwurf zu machen. Es ist schließlich eine Meinungsäußerung.

Wir müssen wieder etwas verändern, während wir in die nächste Phase unseres gesegneten Lebens kommen. Wir können all diese Lektionen des ungerechten Lebens bündeln und dagegen vorgehen. Indem wir das Gegenteil abbilden. Als alte *weise* Frau, egal, welcher Hautfarbe.

Wir werden mit gutem Beispiel vorangehen. Vor uns liegt eine wundervolle Ära, eine Zeit, in der wir wertschätzen, was wir sind und was wir auch gesellschaftspolitisch geschafft haben. Lassen Sie die Schönheit dieser Lebensphase in vollem Glanze erstrahlen.

Die Medien hinken hinterher, all die TV-Sender, die sich an Althergebrachtes klammern und erleben müssen, wie sie mit ihren Konzepten untergehen wie die Titanic. Die Welt erneuert sich von innen heraus und damit erneuert sich auch das Publikum!

Sorgen wir dafür, dass bei den Diskriminierungen wenigstens Gleichstand herrscht! Da kann der alte weiße Mann doch aufatmen. Er ist nicht mehr allein! Er könnte sich mit uns verbünden … Denn es gibt nur eine Sache, vor der er Angst hat: ein alter weißer Mann zu sein!

11 Warum will niemand über alte weiße Frauen reden?

Es wird also über den alten weißen Mann hergezogen – vornehmlich seitens junger weißer Frauen. Und warum ist noch kein Aufschrei durch die Gesellschaft gegangen, weil man die alte weiße Frau ignoriert, wenn es gilt, kübelweise Dreck über Menschen ab 50 auszuschütten?

Ich bin unstrittig eine Frau und damit im patriarchalischen System eine Unterdrückte, zu allem Übel bin ich auch noch weiß. Und damit bin ich, gleich dem alten weißen Mann, durch meine äußere Hülle und Herkunft für manche schon abgestempelt: als Unterdrückerin und Rassistin. Weil ich eine Frau bin, stehe ich an zweiter Stelle, da ja der AWM historisch gesehen der größte Unterdrücker und Ausbeuter ist.

Allein mein Jahrgang und meine Hautfarbe machen mich für viele suspekt. Obendrein bin ich noch eine Deutsche – und allein damit bin ich auf der Weltbühne eine prinzipiell Verachtete. Niemand möchte eine alte weiße deutsche Frau sein. Denn dadurch haftet dir eine Hybris an, nämlich das negative Image aller Deutschen, das weltweit in den Geschichtsbüchern gelehrt wird.

Also eilen auch mir Vorurteile, Skepsis und Misstrauen voraus. Schlechte Karten im polyglotten System, die der Deutsche niemals abschütteln wird. Auf dem Papier steht es schlecht um mich, wenn man meine Herkunft betrachtet. Der Rassismus ist mir durch die Geschichte und die mir zugeschriebenen Privilegien, als weiße Frau in einem Land wie Deutschland zu leben, eingeschrieben. Wenn ich behaupte, nicht rassistisch zu sein, sondern, im Gegenteil, mich sogar gegen Rassismus einsetze, ignorierte ich nur die Fakten, lautet das Standardargument. Auf internationalem Parkett muss man sich dann anhören, ich »schaue nicht gut genug hin«. Und ich »hätte mich nicht ausreichend informiert«.

Geschichte hat jedenfalls von all jenen, welche die Richtlinien bestimmen und ihre Vorwürfe verteidigen wollen, keiner studiert. Genauso wenig wie jene Literatur oder Germanistik studiert haben, die das Gendern verteidigen.

Vielleicht sollte ich mich mal in der Formel 1 oder der Pferdezucht einmischen, wenn es möglich ist, aus völliger Unkenntnis heraus neue Regeln zu verhängen? Wir hätten doch alle sehr viel Spaß, wenn ich beim Frauenfußball die Trainerin wäre.

Gerade die völlig Talentfreien sind es doch, die sich mit Verbissenheit und Schleimerei nach vorn katapultieren, da dies für sie die einzige Möglichkeit ist, Aufmerksamkeit zu generieren. Wenn kein Talent vorhanden ist, das man schleifen könnte, muss man die wenigen Möglichkeiten, die zum Überleben bleiben, voll ausschlachten.

Da sitze ich nun mit meinem Stigma »weiße Frau«, bin noch dazu nicht mehr jung und frage mich, ob das nicht auch eine Form der Ausgrenzung ist: Ich werde nicht als Individuum wahrgenommen und bewertet, sondern nur als Teil der geburtenstärksten Gruppe unserer Nation angeprangert. Diskriminierung, weil man lebt! Und Schnauze halten, gefälligst. Ich nenne es: übel, übel, übel!

Aber auch darauf haben kämpferische weiße junge Aktivistinnen eine Antwort: Da ich nicht auf die jahrhundertealte Diskriminierung durch Sklaverei und Ausbeutung zurückblicken könne, dürfe ich nicht erwarten, dass mich jemand beschützt. An mir klebe aufgrund der Vergangenheit Dreck. An ihnen folglich auch. Ich sei schließlich durch die Geschichte hinweg als weißer Mensch immer privilegiert gewesen. Das stimmt nicht. Meine Vorfahren waren nie privilegiert. Sie haben sich auf Flüchtlingstrecks von Osteuropa, ehemals aus Russland stammend, nach Weimar durchgeschlagen und dann mit Männern aus der K.u.k.-Monarchie eingelassen. Ich habe polnische, russische, ungarische und österreichische Vorfahren. Begabte, musikalische, nicht selten jüdische Menschen mit schönen Frauen und intelligenten Männern, angeblich zu dem Nachnamen Nick gekommen, da sie Abkömmlinge des Zarewitsch waren: daher Nikolajewitsch. Nikolai, der Sohn des Zarewitsch. Gut ging es uns deshalb trotzdem nicht.

Wir haben nicht viel Sonne gesehen, hatten auf der Flucht erfrorene Kinder zu beklagen, Männer sind im Krieg geblieben, meine Familiengeschichte ist geprägt von Angst und Schrecken, Vertreibung und der Opferbereitschaft schlanker, künstlerisch begabter, aber zäher und oft verkannter Frauen.

Wenn du mehr tot als lebendig überlebst, dann fängst du irgendwann an zu träumen. Das liegt in meiner DNA.

Frauen sind alle per se definierte Opfer. Man wird angegrapscht und sexualisiert.

Irgendwann wird man nicht mehr angegrapscht. Weil man alt ist. Ist es dann nicht wieder diskriminierend, nicht mehr angegrapscht zu werden?

Es steht mir als AWF offenbar nicht zu, angegrapscht zu werden. Oder gar auf Missstände hinzuweisen, die ich in der Gesellschaft beklage, da diese offenbar allesamt viel weniger ins Gewicht fallen als die, welche von Randgruppen vorgetragen werden.

Die AWF ist keine Randgruppe, sondern eine massive Majorität. Wenn wir nicht mehr die Glotze einschalten, wird es kein Fernsehen mehr geben. Die Alten sind die Letzten, die dem TV-Programm noch etwas abgewinnen können und mit einem Fernsehabend auf der Couch etwas Unterhaltsames, Informatives, Heimeliges verbinden. Oder gar in einer Zeitung blättern. Was ja sowieso unhygienisch ist. Erst recht beim Frisör.

Die Jugend sitzt im Club, chillt und streamt. Oder macht auf YouTube ihr eigenes Programm! Recht haben sie!

Ich bin der Überzeugung, dass wir als Generation mit vereinten Kräften mehr erreichen als allein, dass man mit Blick auf das Verbindende, statt immer auf das Trennende, weiterkommt auf dem Weg hin zu einer (sozial) gerechten Welt. Und immer mehr und immer neue Unterkategorien schaffen immer mehr Trennendes, treiben die Gesellschaft immer mehr auseinander. Das Leben ist mehr als ein Verwaltungsakt. Für einige allerdings scheint der Verwaltungsakt und die Einteilungen zur Sachbearbeitung in Buchstabe L-P die einzige Möglichkeit zu sein, mit den Herausforderungen des Lebens zurechtzukommen. Erst mal Schubladen schaffen und andere Menschen, die man nicht kennt und grundsätzlich als graue, homogene Masse zusammenfasst, dort einsortieren. Bar jeglicher Individualität, warum auch? Sie haben schließlich eine Gemeinsamkeit: Sie sind alt. Und was ist damit in schlichten Köpfen verbunden? Ausrangieren, aussortieren, aus dem Verkehr ziehen, entsorgen.

Nun gibt es Stimmen, die finden, wir alle hätten gefälligst zu schweigen. Wir als graue Masse müssten uns voll Scham über unsere weiße Hautfarbe und kollektive Schuld wegen unserer weißen Herkunft in die Ecke setzen und reuig die Anschuldigungen und Vorwürfe ertragen. Das allerdings werde ich nicht tun. Ich habe mir weder meine Herkunft noch meine Hautfarbe ausgesucht. Im Gegensatz zu anderen habe ich mich immer bemüht, meine Talente zu entfalten, mich zu bilden, zu integrieren, offen zu sein und mich für die Wahrhaftigkeit und die Würde aller Kinder Gottes einzusetzen – egal in welchen Verzerrungen sich diese Kinder Gottes auch zeigen.

Die Menschen, und ich adressiere hier jene, die mir niemals begegnet sind und die meinen, Statuten über mein Leben verhängen zu müssen, sind auf den Umgang mit einem »guten Menschen« gar nicht vorbereitet. Was ist ein guter Mensch? Ich bin ein tugendhafter, guter Mensch. Und das fordert sogar Neid, Eifersucht, Missgunst, Skepsis und Niedertracht heraus. Es genügt völlig, um die Menschen gegen sich aufzubringen.

Ich finde es perfide, vorauszusetzen, dass ein Mensch prinzipiell schlecht ist. Es rückt ihn mit größter Vorverurteilung in ein schlechtes Licht.

Ich habe mich immer für Gerechtigkeit eingesetzt, trete für andere ein, wenn ich Unrecht sehe, erhebe meine Stimme, wenn ich kann. Mir wird trotzdem ans Bein gepinkelt. Von Schmierfinken und heimtückischen Kollegen. Von Verrätern, Betrügern, Lügnern und Frauenhassern.

Ich weiß das, denn ich lerne gern dazu. Genau deshalb bin ich in meinem Leben immer besser geworden. Ich schätze den offenen Dialog, interessiere mich für andere Argumente, prüfe sie, überdenke sie, wenn ich mich im Irrtum sehe. Ich möchte das Recht haben, nicht vorverurteilt zu werden, weil ich eine alte weiße Frau bin.

Ich stehe überall gegen Rassismus auf. Und gegen Diskriminierung. Aus Selbstverständlichkeit und Respekt. Verfolgte müssen eine Stimme haben und gehört werden.

Deshalb trete ich für die AWF ein.

Ich wünsche mir eine Welt von Menschen, die genauso tolerant und humorvoll sind wie ich. Ich möchte eine Welt, in der jedes Individuum so betrachtet wird, wie es ist, nicht, was es ist. Wir alle haben uns nicht ausgesucht, wer unsere Eltern sind, wir müssen dann aber daran arbeiten, der zu werden, der wir im besten Falle sein könnten. Unser Potenzial entwickeln, ausschöpfen, was uns an Tugenden und Talenten geschenkt worden ist.

Wir sind in erster Linie weder weiß, schwarz, schwul, Frau, Mann oder Juden, wir sind vor allem zur gleichen Zeit am selben Ort auf diesem Planeten existierende Menschen. Würden wir uns als genau das betrachten, müssten ganz viele Kämpfe wohl nicht ausgefochten werden.

Leider sind wir von diesem Ideal weit entfernt. Ja, wir sind aus dem Paradies, aus dem Garten Eden Vertriebene – nichts anderes sagt uns die Bibel. Sie verspricht uns nicht das Paradies, ganz im Gegenteil.

Nur: Wir werden auch nie unser Paradies finden, wenn wir immer neue Fronten aufmachen, wenn wir immer mehr neue Gegensätze und Abgrenzungen schaffen, wenn wir uns gegenüber immer wieder anderen, neuen Gruppierungen isolieren.

Allein das Verbindende wird uns zu Menschen unter Menschen machen, nicht das Trennende. Ich erkenne in der Vielfalt einen Reichtum. Im Wissen darum sollten wir unseren Fokus korrigieren und einfach dankbar sein, dass wir so alt werden dürfen.

12 Mein 100. Geburtstag

Welch ein Potenzial wir doch verschenken, wenn wir uns dafür entscheiden, mit dem echten Alter zu schummeln.

Die Jahre, die wir uns jünger machen, fallen natürlich nicht unter den Tisch, nein, sie werden weiterverarbeitet: indem sie auf das Alter der Kolleginnen draufgeschlagen werden, über die wir gerade lästern.

Mit dem Rotstift durch die ehemals handgeschriebenen Dokumente zu gehen und aus einer Drei eine Acht zu machen oder sich auf die in den Kriegswirren verbrannten Urkunden zu berufen, war einst gerade im Showbiz an der Tagesordnung.

Alle möglichen Leute haben über ihr Alter gelogen: Stalin, Nancy Reagan, Sandra Bullock, Eminem, die Gabors. Und die Leute glauben Gerüchten viel zu schnell. Geri Halliwell musste ihre Geburtsurkunde vorlegen, um die Gerüchte zu entkräften, sie sei mit elf Jahren den Spice Girls beigetreten.

Das Onlinedating ist davon durchsetzt. In diesen Portalen werden die Leute von Jahr zu Jahr jünger. Die Suchmaschine kennt eben keine Moral. Männer werden ein paar Zentimeter größer, was in Ordnung ist, solange sie den ganzen Abend im Sitzen verbringen. Frauen geben vor, dass sie sich auf ihren 40. Geburtstag freuen, wenn sie 50 werden. Große Lügen, kleine Lügen. Ich habe sehr viele Kollegen, die ihr Alter nur vage angeben.

Ich lasse die Leute selbst rechnen, denn meine Antwort lautet: Ich bin 39 plus MwSt.

Die mit 85 verstorbenen Schauspielerinnen der Nachkriegszeit waren in Wirklichkeit ja an die Hundert.

Heute ist es dank digital eingespeister Urkunden und persönlicher Dokumente schwieriger geworden, mit dem Alter zu
betrügen. Allein schon die Verknüpfung mit Versicherungen,
der Krankenkasse und Reisedokumenten, Verträgen und Kfz,
Eingriffen und Operationen. Es passt am Ende eben alles nicht
mehr zusammen.

Schaut man genau auf die Lebensläufe, so kann man sich an
seinen bescheidenen zehn Fingerchen ausrechnen, dass eine Zsa
Zsa Gabor also 13 gewesen sein muss, als sie ihre erste Tochter
gebar. Wenn Micaela Schäfer 39 ist, dann muss ich sie nachweislich kennengelernt haben, als sie 19 war. Aber da ist sie
schon jahrelang Apothekenfachverkäuferin und auf der Berufs-
schule gewesen. Hatte sich bereits das erste Geld für Nasen-
und Brust-OP verdient.

Und diese Schummelei kennt kein Geschlecht: Auch unter
Männern wird mit den Zahlen geschachert.

Ich erinnere mich, als ich Roberto Blanco mal in der Künst-
lergarderobe empfohlen habe, sich einfach falsche Wimpern
anzukleben, und er sagte: »Aber die trage ich doch!« Egal wie
straff das Gesicht gelasert und aufgespritzt ist: Gestus, Haltung,
Figur, Agilität, das alles entlarvt die Altersangabe als Scharlata-
nerie, und wenn erst die Haartransplantation, das Kunsthaar,
die Extensions, die Lashes als Hilfsmittel ausgereizt sind, dann
geht es unters Skalpell.

Dauerhaft wird es gerade bei Männern nicht halten, denn
die Haut arbeitet nicht nur, sie ist auch dicker als die einer
Frau. Da wäre es wirklich attraktiver, zu einer männlich ge-
stählten Visage mit dem Faltenwurf des Grand Canyon zu stehen, weil dies Ausdruck von Kraft und Authentizität ist. Ein

glatt gebügeltes Gesicht auf einem krummen Körper macht doppelt alt. Denn der Kontrast zu dem, was morsch und rostig geworden ist, tritt umso eklatanter hervor. Was nützt es, wenn man eine alte Ruine mit einem Penthouse im Bauhausstil krönt? Die Diskrepanz stößt übel auf und der Verfall wird umso krasser dokumentiert. Venedig hingegen, wo alles morbide und homogen vermodert ist, erscheint uns als eine wunderschöne Kulisse. Weil es organisch und ehrlich gewachsen ist, eine Geschichte erzählt, von großer Vergangenheit zeugt und weil alles daran zueinander passt.

Niemand würde jemals sagen, Venedig bröckelte morsch, unzeitgemäß und unmodern vor sich hin. Im Gegenteil, die legendäre Kulisse zieht die Menschen an, eben gerade, weil sie gewachsen, authentisch und einmalig ist.

Gerade die eigene Eitelkeit ist es, die Menschen umso älter erscheinen lässt. Die Eitelkeit gilt in der Kulturgeschichte, in der Religion und Literatur nicht umsonst als eine der sieben Todsünden! Sie ist eine Falle, die den Menschen zu Fehlentscheidungen und falschen Einschätzungen verleitet.

Immerhin erlaube ich mir die Schadenfreude, dass sich auch der ein oder andere Mann zumindest ansatzweise mit dem herumschlagen muss, was Frauen durchzustehen haben, um im Rennen zu bleiben.

Wie viel besser wäre es, zum echten Alter zu stehen? Denn ab 50 kippt die Gleichung, die wir aufgemacht haben, ohnehin.

Zahlen zu frisieren, ist bei Wirtschaft und Finanzen ein legitimes Mittel. Vielleicht jongliert der alte weiße Mann deshalb damit so lässig, weil er es gewohnt ist, alles zu seinen Gunsten umzufrisieren.

Aber er hat sich verkalkuliert, weil er nicht damit gerechnet hat, dass im Gegensatz zu ihm die alte weiße Frau das ihr verpasste Label in der neuen Lebensphase als Auszeichnung versteht. Während diese Zuteilung über das Leben der Männer einen dunklen Schatten wirft, lässt es uns in hellem Glanze erstrahlen. Eine AWF zu sein, krönt unser Leben.

Eine alte weiße Frau zu werden, ist das erstrebenswerte Ziel jeden Mädels ab 30 – denn wir kennen und können alles und sind nicht dominiert von einem Schniedelwutz, an dem wir abmessen, ob wir noch in der Lage sind, den Hengst zu machen. Wir sind Frauen mit Eiern!

Wer also von den Ladys gut und gern zehn Jahre weggemogelt hat, begibt sich mit zunehmendem Alter in ein echtes Rattenrennen: Mag es anfangs noch schmeicheln, den 40. Geburtstag als angeblich 30-Jährige auszukosten, so wird dies zum harten Kampf, wenn die 60-Jährige sich als 50-Jährige darzustellen hat. Das gilt selbstverständlich für Männer und Frauen.

Außerdem bekommen wir ab der Mitte des Lebens umso mehr Bewunderung, je älter wir sind. Was nützt einem 80-Jährigen, wenn man ihn für 70 hält? Wie viel mehr würde man ihn hofieren, wenn er sich noch zehn Jahre älter machen würde? Die 90-Jährige würde Begeisterung und Applaus ernten, wenn sie in Wirklichkeit erst 80 ist. Man würde ihr Respekt und Ehrerbietung zukommen lassen ob ihrer geistigen Fitness und körperlichen Agilität.

Und, Leute, wollt ihr wirklich euren 90. Geburtstag feiern, wenn ihr doch in Wahrheit schon hundert seid? Wie stellt ihr euch das am Ende vor? Man wird sagen, »Ach, wie schade, nun sitzt sie mit ihren 90 Jahren schon im Rollstuhl und kriegt nur noch die Hälfte mit, sieht und hört kaum noch etwas – was war sie doch früher für ein abgerocktes Partyluder.«

Lieferst du dieses Bild aber zu deinem 100. Geburtstag, dann wirst du bejubelt und als Ikone gefeiert.

Eine 90-Jährige, die immer geschummelt hat, muss 110 werden, um den Hausbesuch des Bürgermeisters und die Elogen im Bezirksblatt zu beanspruchen. Darum: Macht euch einfach zehn Jahre älter, damit ihr ordentlich gewürdigt werdet!

Mit 60 Jahren das Herz der Party zu sein und den Dancefloor bei Electronic Dance Music im Club zu rocken, das wird bei mir als Normalität verbucht. Doch würde ich mich als 80 ausgeben, dann wäre ich ein Phänomen. Wahrscheinlich würde man mir einen Tempel bauen und die Zellwände meiner Gebärmutter chemisch kopieren, um auf das Geheimnis meiner nie versiegenden Jugendlichkeit zurückgreifen zu können.

Jedes Jahr, welches wir ausradieren, schlägt ab der Mitte des Lebens grausam und brutal doppelt zurück. Zumal ja der Masterplan, den wir für unsere Zukunftsplanung machen, das Leben ab 80 gar nicht erst in Betracht zieht.

Man sollte beizeiten beginnen, den eigenen 100. Geburtstag zu planen. Und zwar, solange wir noch bei Trost sind.

Wie stellen wir uns diese Party vor? Was wünschen wir uns zum 90.? Warum hört die Zukunftsplanung auf bei einem Alter, welches heute absolut realistisch und zu erwarten ist?

Ich wünsche mir zum 90. ein Chalet und einen Skikurs in Gstaad. Okay, Cross-Country wird wohl reichen. Und wenn das nicht mehr klappt, dann lasse ich mich mit dem Schlitten über die Rodelbahn ziehen. Ab 100 sitze ich dann in der Pferdekutsche und erwarte, dass man mich gefälligst mit einer Thermoskanne voller Jägertee durch die verschneite Winterlandschaft karrt.

Werde ich zum 100. Geburtstag auf Extensions, Bondings oder Perücken zurückgreifen? Den Turban habe ich ja schon mit 30 getragen und er war immer eine Notlösung. Aber wer 50 Jahre auf der Bühne als Entertainerin performt und damit das Studium seines Sohnes finanziert hat, der wird ja wohl noch einige alte Travestiekollegen kennen, die ihren Perückenfundus entrümpeln und den ein oder anderen Fiffi entsorgen wollen. Er dient mir dann zugleich als Mütze.

Fest steht außerdem, dass ich mich nur noch bedienen lassen werde. Möglichst mit Kammerzofe, Dienstmagd und Zimmermädchen. Also, das muss drin sein. Bitte keine Warteschleifen mehr für Maniküre und Pediküre. Auch Shoppen wird Gott sei Dank ein Ende haben. Frühreife homosexuelle Modedesigner, Stylistinnen und Assistenten werden hochwertige Modellkleider auswählen und sie mir in häuslichem Umfeld als Kollektion präsentieren, ausbreiten, anbieten und vorführen. Gern auch als Crossdresser. Endlich kein Geboxe mehr am Wühltisch, kein Gezerre um den letzten Paillettenfummel, keine endlosen Schlangen mehr am Black Friday. Ich lasse mir alles nur noch liefern. Ich bestelle, ordere, verfüge und lasse zustellen. »Dienstboten bitte hinten klingeln«, schreibe ich ans Portal. Bücher diktieren, statt selbst tippen, wird auch etwas werden, worauf ich mich schon heute freue. Lässig drapiert auf meiner Chaiselongue lagernd, meinen weißen Pekinesen oder Malteser kraulend, nebenbei eine Pralinenschachtel verdrückend, werde ich Elogen und Reminiszenzen, Essays, Liebesromane, Wahrheiten, Weisheiten und legendäre Bonmots diktieren – wahrscheinlich einem digitalen Robotersekretär, die man bis dahin auch in diversen geschlechtlichen Orientierungen ordern kann. Meiner wird selbstverständlich pink sein und eine grüne Federboa tragen.

Und vor allem baue ich darauf, dass meine Enkelkinder für mich performen werden: Stepptanz, Bauchtanz, Dudelsack. Jonglage und Magie. Zaubertricks und versaute Operetten. Was für uns ehemals der nostalgische Appeal eines Otto-Reutter-Couplets, das wird für meine Enkel der schrullig anmutende Vintage-Sound von Mowtown sein. Sie sollen Kostüme anziehen, meine Kleiderschränke plündern, sich gegenseitig schminken und für mich Travestieshows aufführen.

An Feiertagen betreiben wir ein wenig Bildungsprogramm und blicken gemeinsam in die gute alte Zeit zurück, als die Welt noch in Ordnung war und Menschen noch etwas auf sich hielten und für das standen, was von ihnen erwartet wurde. Wo jeder in der Gesellschaft an seinem ihm zugewiesenen Platze stand und dadurch auch auf eine gewisse Zufriedenheit bauen konnte

Wir schauen alte Filme und Serien wie Ich heirate eine Familie, Die Unverbesserlichen, Die Feuerzangenbowle und Die göttliche Jette. Kennt kein Schwein, umso besser, so macht es die Insider zu einer Community. So sitzen wir dann gemeinsam in unserem gemütlichen Heimkino und schauen uns RuPaul's Drag Race an. Da gab es noch klassische Drag-Disziplinen wie den Stiletto-Weitwurf und lustige Dehnspiele – wie die Dildo-Competition. Da wurde noch geknobelt, welcher sexuellen Identität man zugerechnet werden möchte und für welche Leihmutter aus dem Katalog der Konkurrent sich wohl entscheiden mag, wenn es um die Familienplanung geht.

Ich werde von den Anfängen der Schönheitschirurgie erzählen, von verpfuschten Visagen, vom Rinderwahn, der Vogelgrippe, der Schweinepest, von den Affenpocken und dem Jahrzehnt der HIV-Epidemie und wie ich das alles überlebt habe. Und ich werde davon berichten, dass ich eine Sache im Leben ausgelassen habe. Meine Mutter hat mich immer gefragt: »Warum hängst du nicht deinen Beruf an den Nagel und heiratest einen reichen Mann?«

Ich habe geantwortet: »Mutti, ich BIN ein reicher Mann! BINGO!!!«

13 Es waren nie Beleidigungen, es waren immer Beobachtungen

Es gibt zwei Arten von Menschen auf dieser Welt: Der eine öffnet eine Tafel Schokolade, gönnt sich eine Rippe und packt sie wieder in den Schrank, der andere kann nicht anders und verdrückt die ganze Tafel Nougat auf einen Sitz.

Wer ist leidenschaftlicher? Wer agiert besonnener? Wer hat mehr vom Leben? Wer bringt es am ehesten zu etwas? Wer genießt das Leben mehr? Wer ist lustvoller und sinnlicher? Wo sortieren Sie sich selbst ein?

Ich lese gelegentlich gern mein Tagebuch, um mich daran zu erinnern, was für ein elendes, entfremdetes, verstörtes, unsicheres Miststück ich früher war. Da war ich noch keine alte weiße Frau. Es geht mir heute 100 Prozent besser als damals!

Es fällt mir schwer, mich selbst zu beurteilen, aber man sagt, dass ich mit den Jahren etwas gesellschaftsfähiger geworden sei, was mein Material angeht; einst als frauenfeindliche Hodenfresserin, Männerhasserin, Dreckschleuder und Zickenkriegerin abgestempelt, fühle ich mich recht kuschelig, wenn ich betrachte, wo unsere Kultur inzwischen gelandet ist.

Vor allem die Nachäfferei, das Mitlutschen, die Kopierer nerven. Wenn irgend etwas irgendwo mal Quote oder einen Lacher gebracht hat, wird es nachgemacht und kopiert bis zum letzten Tropfen.

Die Weltverbesserer, die mit Gendern und als Nahrungsmittelpolizei absolut nichts verbessern, sondern durch immer neue Regeln nur bewirken, dass sich die Menschen noch mehr voneinander trennen. Erst miesmachen, dann wegloben und ausgrenzen, dann aber nachäffen und kopieren – das ist in meiner Branche leider weit verbreitet.

Wofür man mich früher einbuchten wollte, mir Maulkörbe verpassen wollte, mich vor Gericht gezerrt und mit Klagen überhäuft hat, das ist heute in weitaus banalerer Form in der Mitte der Gesellschaft angekommen. Leider nur als aufgewärmter, alter Teebeutel.

Das Komische ist, dass ich mich selbst überhaupt nicht als provokant empfinde. Ich glaube nicht, dass ich es bin. Nicht wirklich.

Generell fehlt es in Deutschland an der Debattenkultur. Dies ist eine völlig etablierte Disziplin, die global an Universitäten trainiert wird.

Es ist wie Gesellschaftstanzunterricht: Gewisse Schritte und klassische Formeln, Grundregeln und Muster bilden ein Rüstzeug, welches einen durchs ganze Leben begleiten kann. Ohne Debattenkultur, ohne Religionsunterricht, hat dieser Bildungsmangel zur Folge, dass jegliche Kritik zum Mobbing deklariert wird. Wer sich erlaubt, festzustellen, dass der neue Haarschnitt, die neue Haarfarbe nicht schmeichelt, sondern ein Fehler war, der wird schon als Mobber gebrandmarkt.

Die Lüge hingegen ist inzwischen ein völlig legitimes moralisches Instrument, um Verwirrung, Unaufrichtigkeit, Hinterhältigkeit, Häme und Heimtücke mitten in der Gesellschaft hoffähig zu machen.

Wir haben Informationen wie nie, das Wissen der Menschheit in unserer Hand, aber dennoch wird die Welt nicht besser. Je aufgeklärter sie ist, desto mehr verhakelt sie sich.

Insgesamt ein Milieu, ein gesellschaftliches Klima, was die Explosion von Demenz und Alzheimer massiv vorantreibt. Im Jahre 2050 sollen der Statistik zufolge 65 Prozent unserer deutschen Bevölkerung Demenzpatienten sein. In allzu naher Zukunft (2030) werden knapp 30 Prozent unserer Gesellschaft über 60 und nur an die 15 Prozent jung (bis 20) sein. Wo steuern wir also hin? Die Welt wird sehr bald aus nichts anderem als alten weißen Männern und alten weißen Frauen bestehen. Auf Letztere wird jeder Greis wahrscheinlich angewiesen sein, denn der alte weiße Mann findet sich ja in einer Küche nicht zurecht. Kann nicht einmal ein Spiegelei braten und weiß nicht, dass er bald wieder Windeln tragen wird. »Hallöchen, ich bin deine Prostata, mir tropft die Nase« wird es eines schönen Tages heißen, und es ergeben sich Probleme, die der scharfe Hecht nie auf dem Zettel hatte. Es passt nicht ins Lebensmodell des alten weißen Mannes, dass er gebrechlich werden wird.

Die alte weiße Frau ist hingegen viel Elend gewohnt und wird mit fortgeschrittenem Alter immer unverzichtbarer. In der Rolle der Unterstützerin, Ratgeberin, Zuhörerin, Köchin, Pflegerin, sie hat schon immer Scheiße weggewischt, trocken gelegt und Launen ertragen, Löcher gestopft und sich in Geduld geübt. Bald übernimmt sie noch die Finanzen und zeichnet amtlich verantwortlich für Wohl und Wehe ihres nicht immer weisen Mannes. Der eventuell immer mehr zum Kind wird, weil der liebe Gott es so will. Wenn erst die Sinne schwinden, wird die alte weise Frau seine Alleinunterhalterin werden und der einzige Draht zur Außenwelt.

Ich glaube, wenn das Gehirn sich mit komplizierten Wörtern auseinandersetzen muss, werden Menschen weniger an Alzheimer erkranken. Mag sein, dass dies wissenschaftlich nicht belegt ist, aber das Hirn lahmzulegen, wird dieselben Folgen haben wie die Stilllegung ganzer Muskelpartien. Was nicht genutzt wird, verkümmert eben. *Use it or lose it.* Das gilt für alle Körperteile.

Was ich als Privileg in meinem Leben betrachte, ist, dass ich in einem Metier unterwegs bin, das mich zur geistigen Hochleistungssportlerin macht.

Wissen Sie, welch eine Gefahr in Humorlosigkeit steckt? Das ist ein Defizit, welches sich umso eklatanter zeigt, je älter man wird.

Es gibt so viele Klischees, die mit psychischer Gesundheit in Verbindung gebracht werden – wie der »feine Grat zwischen Wahnsinn und Genie« –, die im Großen und Ganzen eine Menge Müll sind. Diskriminierungen als AWF nicht hinzunehmen, ist auch ein Teil psychischer Gesundheit, und das ist definitiv kein Müll.

Ich hatte schon immer Lust, Komödiantin zu sein, und als es anfing, einigermaßen gut zu laufen und sich die Gelegenheit für mich ergab, mit Pöbeleien ein paar Mark zu verdienen, damit zu arbeiten, konnte ich es einfach nicht ablehnen. Ich bin das Risiko eingegangen, ich wollte nur sehen, ob es funktionieren würde – und zum Glück hat es funktioniert.

Denn die Publikumsbeschimpfung ist eine der ältesten Unterhaltungsformen des Varietés: Gleich nach dem Kunstfurzer. Oder Zauberer. Oder dem Clown!

Was ich damals nicht wusste, war, dass es Kolleginnen gibt, die die Polizei rufen, wenn sie einen Witz nicht verstehen. Oder gar Anzeige erstatten. Obwohl sie sich Künstlerin nennen.

Und ich wusste auch nicht, dass deutsche Gerichte der Sache nachgehen, den Humor ausblenden und eine Beobachtung mit einer Beleidigung verwechseln.

Es waren nie Beleidigungen. Es waren immer Beobachtungen.

Auch gab es vor 20 Jahren einige sehr extreme Zwischenrufer im Publikum, deren Attacken so hasserfüllt und so gemein waren, dass es bizarr anmutet, wenn so viel Hate durch ein paar satirisch brillante Witze freigesetzt werden kann.

Sagt es Jan Böhmermann, nennt es sich Satire. Sagt es eine Frau, nennt es sich Gezicke. Das ist der Unterschied!

Im Laufe der Jahre habe ich versucht, meinen Stil etwas entspannter zu gestalten, denn die anfänglichen Comedypointen waren so scharf und zugespitzt wie eine Chilischote. Man konnte mich nicht länger als zehn Minuten ansehen, ohne mich umbringen zu wollen. Und das TV hat dafür gesorgt, dass jeder davon erfährt.

Und was lehrt uns dies? An die eigenen Defizite erinnert zu werden, erweckt in manchen Leuten die inneren Dämonen.

TV macht Platz für den alten weißen Mann, blendet aber die alte weiße Frau komplett aus. Weil: Eine Frau, die man öffentlich serviert, hat gefälligst jung zu sein. Und wer im TV vertragsbedingt nicht entsorgt werden darf, muss sich bis zur Selbstverleugnung verbiegen, um noch Attraktivität zu suggerieren. Zumindest unter Spotlight für zehn Millionen Euro, damit es im Studio einigermaßen präsentabel rüberkommt.

Inzwischen bewegen sich Frauen im Comedybereich entspannter und weniger defensiv als früher. Aber wo sind die älteren weiblichen Comedians? Ausgemustert, weggemobbt und gar nicht existent. Sie bekommen einfach keine Plattform.

Und das nennt sich Political Correctness?

Noch dazu ausgerechnet in einem Land, das weltweit ohnehin als defizitär eingestuft wird, was den Humor betrifft.

Im Ganzen herrscht immer noch ein ziemlich sexistisches

Bild von Frauen in der Öffentlichkeit vor. Heute geht es hauptsächlich darum, sich auf den kleinsten gemeinsamen Nenner zu einigen: weichgespült bis zur Konturlosigkeit.

Attraktiv, intelligent, komisch, elegant, sexy und alt – das kann nur eine Hexe sein! Oder Marlene Dietrich. Also eine Göttin. Lateinisch: Diva!

Die Dietrich hatte übrigens nach eigener Aussage längst nicht so schöne Beine, wie sie vorgab. Sie betonte immer wieder, sie wüsste nur ganz genau, was sie damit machen müsste. Was für eine kluge alte weiße Frau!

Meine Beine sind übrigens wesentlich länger als die von Marlene. Aber ich bin auch größer!

Meine Mutter war immer der Meinung, dass Frauen genauso viel verdienen müssten wie die Männer und genauso viel Macht haben sollten. Diese Überzeugung wurde in unserem Hause für eine ebensolche Selbstverständlichkeit gehalten wie Frauenrechte und LGBTQ. Schließlich sind wir alleinerziehend in der dritten Generation – wir vermehren uns offenbar nicht in Gefangenschaft.

Wer im Berlin der 60er-Jahre aufgewachsen ist, den interessiert es herzlich wenig, ob jemand kariert, weiß, schwarz, bunt, Christ, Moslem, Crossdresser, Transgender ist. Das alles wurde bei uns zu Hause unter Normalität verbucht, als Bereicherung unserer Gesellschaft angesehen.

Gepredigt wurde es von einer alten weisen Frau. Sie hat all das schon gelebt, was heute als Errungenschaft propagiert wird.

Also habe ich mich wohl automatisch dafür entschieden, in eine sehr von Männern dominierte Arena zu gehen, um genau mit diesen Voraussetzungen zu starten, die einige Leute als ihre Woke-Erfindung ausgeben.

Ich bekomme immer noch Zuschriften von Typen, die

sagen: »Oh, du hasst wohl Männer, nicht wahr?« Und ich antworte: »Nein, ich hasse nicht alle Männer, ich hasse nur solche Exemplare wie dich.«

Ja, ich liebe es, das entgegenzufeuern, um den ratlosen Ausdruck auf den verwirrten Gesichtern zu sehen.

Bedauerlich ist, dass sich alles in Schweigen hüllt, sobald es um Altersdiskriminierung geht. Wo sind die Allys, wo ist die Community, wo sind die Supporter, die sich gegen diese Form der Diskriminierung mit nackten Ärschen am Familienministerium festkleben? Leider kann ich meinen nackten Arsch nicht zur Verfügung stellen, weil meine Brüste schon am Kultusministerium kleben.

14 Plaudereien im Palais

Ich liebe es, Stand-up zu machen. Ja, ich habe es erfunden! Auch wenn das allgemein verheimlicht werden soll. Besonders von der Comedyszene. Die arbeitet mit Beflissenheit daran, mich zu ignorieren. *I give a shit!*

Bin ich doch 1989 nach dem Fall der Mauer in ein Kellerloch in der Tucholskystraße in Ostberlin gegangen und habe im Glitzerkostüm meine Eindrücke geschildert. Die Welt war geflasht! Seitdem werde ich kopiert. Von Männern und Frauen und allem, was auf halbem Wege stecken geblieben ist.

Für mich war es eigentlich ganz einfach: Du gehst dorthin, du trittst auf, du gehst nach Hause – aber beim Fernsehen sind zu viele Leute mit unterschiedlichen Meinungen beteiligt, und es geht darum, wer am Ende recht behält. Sie haben ein Produkt vorliegen, und alle wollen mitmischen, indem sie es verändern. Weil sie nur damit auf sich aufmerksam machen können, indem sie sich einmischen.

Jeder will der Schlauste sein. Sich unersetzlich machen. Und sich dabei bloß nicht die Finger schmutzig machen. Dann kommt die Marktforschung, trifft die üblichen Fehlentscheidungen und am Ende wird ein weiterer Flop produziert. Von alten weißen Männern. Und dann rollen Köpfe. Wieder und wieder.

Es gibt kein Expertengremium, keinen Konzern, der nach so vielen Pleiten und Fehlschlägen noch existieren würde wie die, die die Marktforschung zu verantworten hat.

Und die Marktforschung hat herausgefunden, dass ich eine Männerhasserin bin. Sieh an! Leider ist das völlig falsch. Ich mag Männer. Sie sind sehr unterhaltsam, aber sie haben viele Mängel, und die muss man einfach im Hinterkopf behalten. Der Körper eines Mannes ist wesentlich besser designt als sein Hirn. Und viele, sehr viele Dinge kann sowohl der alte als auch der junge weiße Mann wesentlich besser als eine junge oder alte weiße Frau. Zum Beispiel, den eigenen Namen beim Strullen in den Schnee schreiben. Das gelingt mir überhaupt nicht. Hinterher ist nur meine Hose bekleckert.

Der junge weiße Mann ist ja leider Gottes überrumpelt worden: vom Frauenbild, welches seine Mutti ihm mit auf den Weg gegeben hat. Es entspricht einfach nicht der Wirklichkeit. Denn auf die Ü50-Generation hat keine Mutti der Welt ihren Sohn vorbereitet. Nun fühlen sich die jungen weißen Männer plötzlich Aliens gegenübergestellt. Ladys, die das Beste in sich vereinen und die jeden Twenty-Something in die Tasche stecken. Klar, dass dies für Störungen im System sorgt. Nicht selten begehrt der junge weiße Mann sogar eine alte weiße Frau! Und dann wird das für pervers gehalten, obwohl niemand sich wundert, wenn der 80-Jährige eine 30-Jährige heiratet.

Wo bleiben bei dieser Terminologie all jene jungen weißen Frauen, die von einem alten weißen Mann träumen, der ihnen in Miami, Gstaad, Kampen, München, Düsseldorf, Starnberg, an der Elbchaussee, in Kensington und Koblenz, in Zürich und Zermatt, auf Ibiza und Mallorca ein Luxusleben bietet?

Es ist durchaus nicht so, dass der alte weiße Mann prinzipiell unerwünscht ist. Er ist fest etabliert im Beuteschema jener Frauen die sich als Trophäe sehen, die *Trophy wifes*.

Wer sind denn all diese jungen Frauen, welche Haute Couture konsumieren, stolz ihre Louboutins für 2500 Euro zur

Schau stellen, Handtaschen für 30 000 Euro beanspruchen, auf den Modenschauen nicht nur in der ersten Reihe sitzen, sondern die Auswahl für 250 000 Euro auch ordern und die Villa in St. Barth bewohnen? Sie alle wollen, suchen und dienen dem alten weißen Mann. Sie haben Besseres zu tun, als Straßenkämpferin zu sein und auf Demos abzuhängen. Sie führen ein Leben auf den roten Teppichen von München bis Miami. Es sind Millionen von Frauen weltweit, die auf gar keinen Fall arbeiten wollen, sondern lieber in der Villa am Meer chillen und einen Hut für 3000 Euro bestellen.

Diese Kategorie junger weißer Frauen wird in der gesamten Debatte um den AWM von Generation Z völlig ausgeblendet. Es ist eine sehr reale, weitverbreitete Welt, zu der sie aber keinen Zugang hat.

Das Beste für den Kosmos des alten weißen Mannes ist, wenn diese Frauen, die sich ihm bereitwillig anbieten, jung sind. Und sie alle feiern sich auf Social Media. Machen einen auf Leonie Hanne, die ja mit ihren 4,5 Mio. Euro wenigstens die Klamotten noch zur Verfügung gestellt bekommt, ohne sie bezahlen zu müssen.

Doch die Konsumentin, die als *#therealhousewife* ein Luxusleben zwischen Polo und Jacht zelebriert, denkt doch nicht daran zu arbeiten: Da ist die Karriere der Ehemann und die Familie. Und dafür muss ein alter weißer Mann als Ernährer her.

Heerscharen von Mädchen treiben sich also an den Eliteunis herum, um dort Ausschau nach einem Erben, nach einem Ernährer, nach einem Prinzen zu halten, dem sie einen anspruchsvollen Haushalt führen dürfen. Bedeutet natürlich, mit mehreren Wohnsitzen zwischen den Bahamas und Sankt Moritz. Verlobungen boomen wie nie zuvor. In Prenzlauer Berg, besiedelt von Menschen, die mit der Hauptstadt absolut nichts zu tun haben und diese bis heute nicht verstehen, auch wenn sie dort die Häuser gekauft haben, rammen sich überqualifizierte Hausfrauen den Einkaufswagen in die Hacken, wenn nicht ordentlich im Bioladen angestanden wird. Zu Hause wartet ein alter weißer Mann auf sie, der sagt, wo es langgeht. Diese jungen Frauen wurden ja von alten weißen Männern erzogen.

Es sind Fakten: Wenn eine Nur-Hausfrau, ausgebildete Juristin und Konzertpianistin – natürlich nie irgendwo auftretend – auf dem Spielplatz rumzickt, hört sich das nur etwas anders an als im Milieu in Marzahn. Dort klingt es wenigstens noch echt und lustig. Berlinerisch und nicht schwäbisch.

Wo sind eigentlich die #altenweissenBerlinerinnen? Keine Sau kümmert sich um die!

Ist die Welt nun durch den ganzen Aktivismus eine bessere geworden? Wenn all die Aggro-Aktionen etwas nützen würden, müssten wir doch längst das Paradies auf Erden haben.

Egal ob Mann oder Frau, die Alten grenzen sich ab. Aber doch bitte nicht bis zur Unsichtbarkeit. Nein, damit muss es vorbei sein. Wir müssen nach vorn preschen, uns jenen anschließen, welche die Ikonen in ihren 90ern sind: Colleen Heidemann, Iris Apfel, Joan Collins, Carmen Dell'Orefice, Daphne Selfe, China Machado, um nur einige zu nennen.

Und all diese Models werden geschlossen bestätigen: 60 ist doch kein Alter! Wenn man 90 ist, ganz gewiss nicht.

Aber ich denke, bis dahin sind noch 35 Jahre Zeit. So alt werden manche erst gar nicht. Die meisten Häuser in Hollywood erreichen nicht mal das Alter von 40.

15 Warum das TV sich selbst abschafft

Sehen Sie sich Comedy-Quizshows auf der ganzen Linie an, sie werden hauptsächlich von Männern moderiert. Insbesondere von AWM. Was für ein Skandal! Für die alte weiße Frau gibt es gar keine Konzepte, und zwar nicht, weil sie weiß, sondern weil sie alt ist. Das haben alte weiße Männer so bestimmt. Und die TV-Praktikantinnen haben nicht einmal protestiert! Sie haben es sich gefallen lassen und noch danach getrachtet, einen alten weißen Mann zu heiraten, der genau diese Muster repräsentiert. Die Zahl derer, die inzwischen die Gattin des Chefs vom Dienst sind, ist höher als meine Körbchengröße.

Television provoziert starke Meinungen, und manchmal versuchen wir ein bisschen zu sehr, alle in der breiten Masse anzusprechen. Das ist nur möglich, indem eine Meinung verwässert und angepasst wird. Aus Angst vor der Quote. Und damit ist der nächste Flop besiegelt.

Als Spross einer unverheirateten Frauendynastie, die schon emanzipiert war, als es das Wort noch gar nicht gab, mag ich, man höre und staune, eher langweilige Dinge: Kochen, Backen, Lesen, Gärtnern, Häkeln – und doch hatten die Leute schon seit Ewigkeiten dieses Bild von mir, dass ich mit einer Kettensäge in der U-Bahn nach einem möglichen Kandidaten für einen medienwirksamen Überfall suche. Das würde doch dem zickigen Klischee entsprechen, oder?

Wer so viel Gepäck hat wie ich, der möchte auch mal sitzen und ausruhen.

Wäre ich nicht Bühnenstar, wäre ich gern Kosmetikerin oder Missionarin geworden.

Ich habe mich immer um andere Menschen gekümmert und ich brauche dafür keinen #.

Ich gendere auch prinzipiell nicht, weil, ich habe Sprachrhythmus und eine große Liebe zur deutschen Literatur, dieser bildhaften Sprache, die auf das Germanische zurückgeht und im Gegensatz zur englischen Sprache voll von männlichen Artikeln ist. Fürs Gendern gibt es wirklich keine ungeeignetere Sprache als das Deutsche. Und jene, die dafür eintreten, sind nicht einmal Linguisten, Dramaturgen oder Literaten.

Obwohl ich gern koche, bin ich ein anspruchsloser Esser. Ich mag schickes Essen nicht sehr, und je mehr Zutaten darin enthalten sind, desto weniger mag ich es. Ich stehe auf schlichte Kost.

Man sagt, Rache sei ein Gericht, das man am besten kalt serviert, aber die meisten Leute haben, wenn es erstmal aufgetischt wird, einfach keine Lust mehr darauf. Ihnen ist der Appetit vergangen. Wahrscheinlich sind sie müde vom Gendern. Und wenn man vom Festkleben nach Hause kommt, freut man sich auch eher auf eine Tofupfanne.

Und was diese weiblichen Comedians von sich geben, entspricht einer einheitlichen Sprachregelung: Sie sollen so ziemlich dieselben Ansichten vertreten und nicht aus einem klar abgesteckten Schema herausfallen, wie es den alten weißen Männern gefällt. Denn die sitzen am längeren Hebel und entscheiden.

Vor allem dürfen deutsche Comedians auf keinen Fall glamourös sein. Opferrolle kommt hingegen in Deutschland immer gut.

Es gibt aber eine Grundregel, die viele nicht kennen: Kunst hat weder eine Hautfarbe noch ein Geschlecht! Ich erkläre es an dieser Stelle nicht, sollen die Leute sich doch die Zähne dran ausbeißen.

Mir wurde neulich ein Drehbuch für ein Theaterstück geschickt, und in den Notizen stand, dass meine vorgeschlagene Rolle »schrecklich fett und hässlich« sei. Das hat mir den Tag versüßt.

Am besten sind sowieso die Rollen, in denen man einen Charakter verkörpern kann, der absolut nichts mit einem zu tun hat.

Ich kann alles spielen. Deshalb bin ich ein Schauspieler! Ich bin ausdrücklich keine Schauspieler:in – eine Schauspielerin kann immer nur eine Frau spielen. Ich brilliere auch als Kerl. Denn ich bin Dragqueen! Die Vergangenheit hat bewiesen, dass ich die gesamte Palette sexueller Orientierungen glaubhaft verkörpern kann. Ich denke, ich kann sehr gut eine Version von mir selbst darstellen – und das ist ungefähr alles, was ich bieten kann, um die Welt zu verändern.

Was wollen wir Weiber wirklich?

Straffe Arme für immer? Einen alten weißen Mann, der unsere finanziellen Probleme löst und auf dessen Schultern wir unser gesamtes Lebensglück legen?

Geben wir uns damit zufrieden, nach einer Küchenschlacht mit hochrotem Kopf überm Bratrohr gesagt zu bekommen: »Schatz, deine Kohlrouladen sind einzigartig«? Oder ordnen wir ganz oben auf der Liste der Komplimente ein, wenn uns gesagt wird: »Wow, hast du eine geile Kiste!«?

Was steht auf der Rangliste ganz oben? Komplimente für den Superbody, ein großes Herz, die Schönheit, unseren grandiosen Stil oder das perfekte Dinner?

Realistischer scheint, dass man uns nach dem dritten Bier gesteht: »Schön, dass du den Nobelpreis abgeräumt hast, aber du bist mir leider zu alt.« Und dann haut er mit einer 23-jährigen Kosmetikerin mit gemachten Möpsen und falschen Haaren ab. Exakt derselbe Mann, dem bei der Partnerwahl in seinem Portfolio Bildung immer über alles ging. Ein Musterbeispiel, global millionenfach kopiert: Gründe eine Familie, *cheat, repeat!*

Und aus diesem Grund will ich so leben, wie ich es mir verdient habe: Ich brauche unbedingt als *#alteweisseFrau* ein riesiges Badezimmer aus rosa Marmor mit einer großzügigen Glasfront, die sich zu einer Parkanlage hin öffnet, in der junge weiße Pfauen ihr morgendliches Rad schlagen. Das wäre die größte Erfolgsproduktion mit der besten Homestory, die das Privatfernsehen je hervorgebracht hat – und das garantiere ich ohne jegliche Marktforschung!

Ich habe mir diesen Luxus mit meinem feministischen Manifest verdient!

16 Fifty Shades of Beige

Ich betrachte es als absolutes Losing-Game, sich für das eigene Alter zu entschuldigen, was nämlich eine Rechtfertigung dafür ist, dass man überhaupt noch am Leben ist. Genau darauf zielt die gesamte Altersdiskriminierung ab.

Und am schlechtesten stehen alte weiße Frauen da, die auch noch attraktiv sind: Denen kann man nicht mal den Vorwurf machen, dass sie scheiße aussehen. Damit ist dem alten weißen Mann das Motiv entzogen, das ihn nachvollziehbar zum Fremdgänger macht. Nach dem Motto:»Der hat sich was Junges gesucht, na, kein Wunder, bei so einer Alten!«

In der Mehrzahl aller gescheiterten Beziehungen lässt ein Gatte die gestresste Karrierefrau, die Haushalt und Kinder perfekt gemanagt hat, für eine jugendliche Insta-Akrobatin sitzen.

Was habe ich schon für Kollegen in der Businessclass-Lounge in Gesellschaft einer vermeintlich hübschen jungen Tochter ertappt, die sich dann auf den zweiten Blick als Personal Assistant und gleichzeitig Geliebte entpuppt hat?

Der alte weiße Mann braucht eben professionelle persönliche Assistenz, wenn es darum geht, noch mal den kleinen Lümmel zu aktivieren. Mit einer weich gekochten Nudel lässt sich eben kein Schlüsselloch öffnen.

Man kann jeder Person, die dieses Muster bedient, wirklich nur wünschen, dass sie niemals alt wird! Und das bedeutet in der Konsequenz, jung zu sterben. Ab 30 ist schließlich keiner mehr jung. Weder junger weißer Mann noch junge weiße Frau.

Somit sind alle, die nicht beizeiten aus den Latschen kippen, die längste Zeit ihres Lebens alt. Auf jeden Fall zwei Drittel davon.

Bereiten wir also die nächste Generation darauf vor, dass sie 70 Jahre ihres Daseins als ALTE SCHACHTEL oder ALTER SACK fristen muss.

Was bedeutet es überhaupt, alt zu sein? Warum ist dieses Image bei uns Menschen so unattraktiv?

Wertvolle Kunstschätze, Antiquitäten, Gemälde, Diamanten – jedes Objekt edler Herkunft nimmt mit zunehmendem Alter an Wert zu.

Warum erfährt das Menschenalter keine Aufwertung wie alter Wein, der erst mit zunehmender Reife sein volles Aroma entfaltet? Auf mich trifft das jedenfalls zu. Natürlich gelingt das nur, weil die Trauben von Haus aus erstklassig sind.

Seien es Kunstschätze, Gemälde, Kostbarkeiten, Antiquitäten, Opern, Reitstiefel, Oldtimer, Familien, Dynastien, Titel – sie alle gewinnen von Jahr zu Jahr an Wert und werden gerade als Relikte aus einer anderen Epoche durch hohes Alter geadelt. Denn nur, was wertvoll ist, kann überhaupt die Zeit überdauern. Billigmist, Tand, Talmi kannst du über kurz oder lang in die Tonne kloppen. Der Trash übersteht nicht die Jahrzehnte. Kennen wir doch alle, wenn der Primark-Pulli nach der ersten Wäsche gerade noch als Putzlappen taugt.

Somit beweist sich allein durch das fortgeschrittene Alter eine gewisse Substanz. Ebenso wie bei der alten weißen Frau.

Dahinter verbirgt sich ein kulturelles Problem.

Womit verknüpfen wir Altern, wenn es so abwertend und negativ besetzt ist?

Bedeutet es, sich der allgemeinen Verwahrlosung hinzugeben? Sich zurückzuziehen, in der Unsichtbarkeit von *Fifty Shades of Beige* unterzugehen? Zu verblassen im Sumpf der schweigenden Mehrheit? Die Dinge, die einem stets wertvoll waren, und damit sich selbst aufzugeben? Keine Inspiration mehr zu sein? Nichts Erstrebenswertes mehr vermitteln zu können? Für nichts zu stehen? Als nicht begehrenswert, als abgelaufen und wertlos ausrangiert zu werden wie verschrumpeltes Gemüse? Als Ladenhüter degradiert zu werden, der zu nichts zu gebrauchen ist?

Unsere Kultur sagt zu diesen Haltungen Ja. Sie sagt Ja, genau zu dieser Liste.

Und zwar zu Frauen ab 50. Was bedeutet, dass an Frauen ab 50 Jahren das Selbstwertgefühl nagt. Nun ja, Frauen weltweit haben bis zu diesem Zeitpunkt in ihrem Leben so viel naturgetreue Orgasmen gefakt, da werden wir doch wohl auch ein bisschen Selbstvertrauen faken können.

Das Alter schlechthin hat ein gigantisches Imageproblem.

Die Gesellschaft erwartet mit hämischem Unterton, dass ich nur so altern darf, wie es für alte weiße Männer/Frauen seit jeher vorgesehen ist. Bloß kein Umdenken, bitte schön, stattdessen auf Altem beharren und nicht von den Lebensmodellen abweichen, die längst überholt sind. Erstaunlich, wo sich doch sonst die »Generation Woke« so gern progressiv und avantgardistisch gibt. Auf einmal jedoch hinkt sie 100 Jahre hinterher.

An welches Modell soll man sich denn nun als Best Ager halten?

Die Oma mit weißem Dutt im Schaukelstuhl Strümpfe strickend geben oder das gebeugte Weiblein in der Kittelschürze die Nachbarschaft schikanierend und die Treppe wischend? Oder gar die lustige Witwe auf Freiersfüßen in Baden-Baden oder Monte Carlo, nach einem gut situierten Rechtsanwalt a.D. für den gemeinsamen Lebensabend Ausschau haltend?

Schleichend schafft unsere ach so liberale und diverse Gesellschaft für Frauen ab 50 neue niederträchtige Kategorien, die widerspiegeln, dass die Welt niemals mit solch begehrenswerten Göttinnen wie uns gerechnet hat.

Die Medien, die Gesellschaft waren nicht vorbereitet auf die intelligenten, gut aussehenden, unabhängigen, smarten und sexy Golden Girls, auf die Millionen von fabulösen, erotischen und vor allem unabhängigen Ladys, denen wir heute weltweit begegnen.

Man empfindet starke Frauen generell eher als bizarr. Sie sind dubios, werden als Kuriosität betrachtet. Bist du als Frau stark und attraktiv, machst du dich verdächtig.

Dass ich nun mal im Alter sogar besser aussehe denn je, das ist suspekt. Bevor man fürs Alter Komplimente bekommt, wird man als Abnormität eingestuft.

Vielleicht bin ich gerade noch geeignet, um in der Fetischabteilung als leicht pervers angehauchte Spielart durchzugehen.

Man kreiert fortan ein bizarres Lexikon von »MILFs«/»GILFs« und »Cougars«, das mir überhaupt nichts sagt. Schau dir doch Madonna an! Aber selbst vor ihr macht #ageism nicht halt. Da kannst du Sharon Stone sein, der Typ wird sich vor den Kumpels rechtfertigen müssen, wenn er die 65-Jährige begehrt.

Und er wird es erst mal für sich behalten – außer er hat die Klasse und das Format eines Emmanuel Macron.

Die ganze Verwirrung spiegelt sich bereits in der Kategorie der MILFs wider. Aha. Der Pullermann bringt sich in Stellung, weil der Typ nicht blind ist und dankbar auf unsere Schlüsselreize anspringt. Aber da wir leider außerhalb seiner vorprogrammierten Altersspanne Lockrufe senden, meldet sein Hirn »ERROR, ERROR«.

Der Virus sind wir, weil wir die festgefahrenen Muster im Kopfe sprengen.

Da der männliche Körper dem männlichen Hirn auch hier mal wieder voraus ist, versetzen wir sein System in Alarmbereitschaft. Fehlermeldung.

Plötzlich will der Typ eine Mutti vögeln. Vielleicht sogar eine Granny. Was sie mit 40 durchaus schon sein kann. Vielleicht sieht er in uns gar seine eigene Mutter? Nun wünscht er sich, mit einer Oma in der Kiste zu liegen, und bekommt Angst vor sich selbst.

Bei einer 16-Jährigen klopfen ihm die Kumpels auf die Schulter. Wenn er mit einer Oma kommt, soll er sich was schämen.

Man sagt uns, dass Frauen in meinem Alter peinlich sind, während Männer in meinem Alter in die Blütezeit kommen – aber in dieser Ära der Selbstidentifikation wissen wir doch alle, dass das Innere nicht mit dem Äußeren übereinstimmt. Ich bin innerlich tatsächlich 14. Ich hoffe, dass ich meine Dokumente vom Amt bald bekomme.

Warum können wir nicht 60 wie 60 behandeln und stolz darauf sein?

Ich bin 60 und ich fühle mich wie 22, *sorry, but I am not sorry!*

Die Angst vor den Wechseljahren ist schon lange verschwunden und hat mich wissen lassen, dass meine Energie jetzt hauptsächlich für mich da ist – ich muss weder neues Leben gebären noch nähren, hegen und pflegen.

Ich bin ab jetzt hauptsächlich für mein eigenes Glück verantwortlich.

Ich habe mein verfügbares Einkommen dafür ausgegeben, mich gut zu erhalten, und als alte weiße Frau wahrhaft weise Entscheidungen in Stil- und Geschmacksfragen getroffen. Ich sehe mich um und erkenne ganz klar die Fehler der anderen, die mich vor falschen Maßnahmen bewahrt haben. Jede, die ein verpfuschtes Lifting hat, ist für mich ein Fallbeispiel.

Ja, ich wahre als weise Entscheidung ein großes Geheimnis, mit dem ich das Alter bezwingen, meistern und aufhalten kann: Es ist die wohlüberlegte Nahrung für Herz und Seele – das einzige Anti-Aging-Serum, das ich empfehlen würde. Es lautet BILDUNG!

Eine Weisheit, die ich mir angeeignet habe, ist, dass es nichts bringt, sich darüber Gedanken zu machen, was andere denken. Denn wer einen nicht leiden kann, wird sowieso schlecht reden. Und je charismatischer und tadelloser wir uns gebärden, desto unaufhaltsamer wächst der Hass.

Man sollte seine eigene Zeit nicht damit verschwenden, andere Menschen verbessern oder gar belehren zu wollen. Es ist sogar besser, Menschen, die einen hassen, immer mal einen Brocken hinzuwerfen, damit man sie unter Kontrolle behält. Wenn man nämlich keine Möglichkeiten zur Polarisierung liefert, dann werden Lügen kreiert, die keinerlei Bestand haben. Die Hater drehen durch, wenn sie nicht hassen dürfen. Ich betrachte sie als wilde Hunde in einem Zwinger. Werft billiges Dosenfutter über den Zaun und es herrscht erst mal Ruhe. Ich erledige das mit meinen Zoten. An denen können sich die räudigen Köter abarbeiten. Sie nennen es dann Beleidigung. Und rennen zum Anwalt. Der freut sich, weil wieder ein unbelehrbarer Depp vor der Tür steht.

Wobei die meisten Menschen ohnehin nur ihre eigenen

Defizite offenlegen, wenn sie ihrer Heimtücke freien Lauf lassen.

Ich mache mir oder anderen niemals etwas vor, was meine Meinung und mein Alter betrifft. Denn ich weiß, Zahlen sind lediglich Nummern und Menschen sind mehr als eine Nummer.

Doch was treibt die Gesellschaft an, uns durchzunummerieren? Und sich auf die Zahl mehr zu verlassen als auf das, was wir fühlen, sehen, empfinden?

Leider lässt man die *#alteweissefrau* spüren, dass sie nicht mehr als eine Nummer ist.

Kaum hören andere Menschen die Zahl hinter deinem Namen, meinen sie alles über dich zu wissen. Die Frage nach dem Alter dient lediglich dazu, die ohnehin verkrusteten Meinungen noch mehr zu zementieren. Und Vorurteile zu bestätigen.

Jede Schauspielerin, die bestätigt, dass sie sich für ihr Alter schämt, die sich rechtfertigt, weil sie überhaupt noch agiert, schadet der Anti-Ageism-Bewegung. Es sind diese Frauen, die proklamieren: »Lasst uns zusammenhalten!«, obwohl sie ein Leben lang gegen jede einzelne Kollegin intrigieren und mich nicht einmal mit dem Arsch anschauen. Die Liste ist lang.

Jene, die öffentlich die Obersympathen geben, das sind die Verschlagensten. Werden sie 50 oder 60, werden sie plötzlich kleinlaut.

Allein, was du weißt, denkst, mitteilst, dir vorstellen kannst, empfindest, das definiert deinen Wert. Wer voller Liebe ist, zum Leben, zu sich selbst, zu seinen Mitmenschen, zu seiner Familie, zu seinen Herzensmenschen, wer seinen Beruf liebt, den Garten, die Musik, seine Freunde, die Familie, seine Kreativität, das Publikum, der hat gar keine Zeit zum Altern.

60 ist für mich nichts weiter als ein Modus an der Waschmaschine.

Und genau diese Freiheit und dieser Spirit ist das Geheimnis der *#altenweissenfrau.*

Merkt euch eins, Folks: We are *#2oldforbullshit!*

17 Liebe zwischen Penisbruch und Scheidenkrampf

Kunst und Leben sind subjektiv. Nicht jeder wird offenlegen und furchtlos die Dinge beim Namen nennen, so wie ich es tue, aber ich behalte mir das Recht vor, Spuren im Universum zu hinterlassen.

Letztlich beschreibt der Begriff »alter weißer Mann« nichts anderes als einen Mann in der Midlife-Crisis. Ein Mann, der sein Terrain verteidigt. Auf Althergebrachtem beharrend, die Veränderung scheuend, untereinander sich solidarisierend und sich hinter Mauern verschanzend.

Aber was würde passieren, wenn eine sagenhaft fabelhafte Frau in diese Domäne Einzug halten würde?

Nehmen wir noch einmal Maye Musk, die Mutter von Elon. Das 70-jährige Model war immer alleinerziehend und ist die personifizierte alte weiße Frau: Nicht nur, dass sie sich nicht die Haare färbt, sie hat ihr Leben gelebt wie ein ganzer Kerl! Mit drei schulpflichtigen Kindern mehrfach die Kontinente gewechselt und immer unverheiratet unterwegs gewesen in ihren diversen Freestyle-Berufen. Von Modeling School bis Ernährungsassistentin, Visagistin bis Influencerin.

Würde Maye Musk mit einem gestrengen Regime aufwarten und sich aufführen wie ein echter Kerl, nämlich der AWM, würde es heißen, sie sei ungefickt, frustriert und verbittert. Die AWF zeichnet sich aber durch Charme, Liebenswürdigkeit, Anpassungsfähigkeit, Humor, Zurückhaltung und Weisheit aus.

Deshalb kann man sie auch nicht so am Nasenring durch die Manege führen wie den AWM. Im Gegenteil: Die alte weiße Frau sollte hofiert werden – denn sie ist eine Königin! Gerade als Kontrast zum AWM.

Der Kampf der Geschlechter hat die Gräben nur umso tiefer werden lassen.

Aber wir als Frauen Ü50 sind klug und aufgeklärt genug, um das Attribut »alte weiße« Frau zu annektieren. Ja, es ist für uns ein Ritterschlag – wir können es nicht nur genauso gut wie die Kerle, wir machen es sogar besser.

Eine alte weiße Frau zu sein, das ist für mich ein Statussymbol! Ich gehe mit erhobener Fackel voraus und leite die uns nachfolgenden Generationen in eine bessere Zukunft. Da kann der alte weiße Mann nur zusehen und bestenfalls meine Schleppe tragen.

Unsere Generation ist spirituell gesehen aus einem guten Grund hier. Ich glaube, ein Teil des Grundes ist, Glanzlichter zu setzen, als Vorbild eine Inspiration zu sein, um die Menschen durch die Dunkelheit zu führen.

Und das Alter birgt besonders aus der Perspektive junger Menschen anscheinend nichts als Dunkelheit.

Das Problem mit Mutter Natur ist, dass sie keine gute Mutter ist! Es ist ihr völlig egal, in welcher wirtschaftlichen Schicht du steckst. Sie gemahnt dich nur, deine beschissene Lage selbst zu ändern. Sie wird dir nichts liefern und dich nicht retten, solange du dich nicht an deinen eigenen Strapsen aus dem Schlamassel ziehst. Und das wird dir nicht gelingen ohne Fantasie, Fleiß und Flexibilität.

Ich kann allen jungen weißen Frauen nur raten: Sei ein ganzer Kerl und benutze deine Fantasie, um dein Gras genauso zu drehen, wie du es haben willst.

Wir sind immerhin aus Erfolg geboren worden. Ja, wir waren von 100 Millionen Spermien das Schnellste! Auch wenn man sich das bei so manch altem weißem Mann kaum mehr vorstellen kann, wie er flitzen konnte, als er noch flüssig war.

Es sind nur immer die anderen, die auf unser Versagen hinweisen beziehungsweise auf das, was sie uns als Versagen überstülpen. Im Grunde sind wir als Erfolg geplant! Dazu gehört, dass wir nicht mehr jung sind – nicht vergessen: ab 30!

Nun ja, für Models gilt das ab 21. In der rhythmischen Gymnastik kannst du dir ab 18 anhören, dass du zu alt bist, ebenso beim Eiskunstlauf. Da gehörst du mit 18 zu den Senioren und bist ab 21 Trainerin. In einem Alter, in dem Moderatorinnen vom Bildschirm verschwinden, also ab 40, tauchte ich dort erstmals auf. Dschungelqueen wurde ich mit 48. Zu einer Zeit, als dies noch Avantgarde war und gesellschaftlich etwas bewirkt hat. Niemand hat mein Alter damals kommentiert, da ich wie 33 wirkte.

Alter ist eine Frage der Perspektive.

Mein Perspektive war immer schlecht, denn als ich mit 14 mit Ballett begann, war ich eigentlich schon zu alt dafür und turnte in der Kinderklasse neben Zehnjährigen herum. Ich habe mich immer außerhalb vorgegebener Schablonen bewegt und fühlte mich von Anfang an im Ballettsaal als zu alt.

Mit 30 wollte ich zur Schauspielschule gehen und durfte mir anhören, dass ich dafür zu alt sei. Von diesem Moment an habe ich den Glauben an Institutionen, Ämter und Akademien verloren. Ich habe mich allein auf den Weg gemacht. Andere hätten sich der Drogensucht, dem Glücksspiel oder dem Alkoholismus verschrieben. Also ging ich nach London und besuchte das Actors' Institute. Jeder kann in UK auf eine Schauspielschule gehen. Das ist wie Reitunterricht oder Golf. Du musst dich nur anmelden (und bezahlen). Kategorien, die dich künstlerisch ausbremsen, gibt es dort nicht.

Die Kraft, dein Leben zu verändern, und dazu gehört auch der Umgang mit dem Alter, geht allein von dir selbst aus. Wenn du bereit bist, die Konsequenzen zu akzeptieren, indem du das tust, was du tun willst, entfaltet sich deine Macht.

Die Kunst liegt darin, sich immer wieder neu zu erfinden.

Was vor 25 Jahren gut für dich war, ist jetzt vielleicht nicht mehr gut für dich.

Das gilt natürlich auch für dein Umfeld oder den Partner.

Sich stetig weiterzuentwickeln und die alte Haut abzuwerfen, das ist die erste Zutat zum Erfolg.

Natürlich ist es schwer, sich von Dingen oder Menschen zu verabschieden, Neues zu unternehmen, aber eine schlechte Situation stoisch zu ertragen, das ist die Hölle auf Erden. Zumindest ist es nicht leicht.

Klar, ich werde älter, aber ich weigere mich, alt zu werden.

Es ist wichtig, sich daran zu erinnern, dass Altern und Altsein nicht dasselbe ist. Jetzt, da ich über 60 bin, schreibe ich mehr, spiele mehr und habe mehr Erfolge denn je. Humor hatte für mich immer eine heilende Kraft, daher fühle ich mich jugendlich, energetisch und frei!

Das Beste daran, älter zu sein, ist, dass sich endlich kein alter weißer Kerl mehr vor mir die Hosen runterzieht. Wirklich! Ich habe Sex immer eher als Belastung und Mühsal empfunden. Natürlich nicht, wenn die Liebe riesig und bedingungslos ist, aber wie oft ist das der Fall und wie lange hält es an, bevor es getrübt wird? Heute empfinde ich Sex als reichlich unbequem.

Die konventionellen Positionen machen mich klaustrophobisch, von den anderen bekomme ich Maulsperre oder einen steifen Hals. Und was ich gar nicht leiden kann, ist, wenn die Kerle laut stöhnen, kurz bevor sie kommen: Davon wache ich immer auf.

Nicht, dass der AWF Orgasmen fremd wären: Es ist diese Welle der Erlösung, dieses Glücksgefühl, welches einen überkommt, wenn man es mal wieder hinter sich gebracht hat

Das fehlte mir noch, zwischen Gartenarbeit, Kohlrouladen, verspäteten ICE-Verbindungen, Gerichtsprozessen, Finanzamt, Gesangsstunden, Nagelstudio und großer Bügelwäsche noch einen Quickie einzulegen. Mein Schönheitsschlaf ist mir wirklich wichtiger. Und ich gehe auch sehr gern früh ins Bett. Und zwar mit einer schön pflegenden Maske.

Als ich jünger war, machten Mobbing und die Angst vor der Humorlosigkeit und dem Neid meiner Kollegen meinen Job sehr stressig. Heute amüsiere ich mich darüber, weil sie doch letztlich nur ihre eigene geistige Beschränktheit amtlich besiegeln lassen. Die wird ja schon dadurch dokumentiert, dass früher oder später jeder Kollege beginnt, mich nachzuäffen.

Ja, ich bin wirklich überglücklich, endlich das Rentenalter erreicht zu haben. Die Vorteile meiner Position in reiferen Jahren sind Selbstvertrauen, weise Intuition, Erfahrungsschätze und persönliche Stärke. Ich brauche fünf Minuten, um zu erkennen, wer ein Arschloch ist, und ich behalte das auch nicht für mich. Reifere Frauen sind darum attraktiver, weil wir uns nicht mehr darum scheren, was andere denken könnten.

Ältere Männer werden unterdessen krummer, kleiner, kahler. Früher kniffen sie der Sekretärin in den Po, heute winken sie mit der Krücke hinterher.

Wer stundenlang auf dem Sofa vor sich hin döst, wird von

minderjährigen Enkeln für tot gehalten. Und wer mit Ü50 immer noch den Champagner aus der Pantolette der Geliebten schlürft, muss aufpassen, dass er nicht an einer Scholl-Schuheinlage erstickt.

Aber dennoch erlauben sie sich, uns als »nicht mehr taufrisch« zu deklarieren. Machen mit Ü80 mit einer 62-Jährigen Schluss, weil »sie in die Jahre kommt«. Es ist eine perfide Diskriminierung, wenn du als alte Braut von Typen der eigenen Generation als »old school« bezeichnet wirst. Wahrscheinlich, weil die Kerle darauf spekulieren, dass du 30 Minuten benötigst, um im Sitzen deine Stützstrümpfe runterzurollen, damit sie glotzend die Zeit überbrücken können, die es bedarf, bis ihre Viagra wirkt.

Dabei ist es doch so: Je gebrechlicher die Mutti ist, desto gleichzeitiger werden beide bereit sein.

Frauen, die sich für einen wesentlich jüngeren Liebhaber entschieden haben, trifft es besonders hart. Die müssen mit 95 noch performen und einen auf Sex-Kitten machen. Und das ist wirklich mühsam – wenn nicht gar lebensbedrohlich.

Sex im Alter ist für beide Geschlechter mit vielen Risiken behaftet: Dann stellt ER den Stock in die Ecke, springt vom Schrank und verheddert sich mit dem Gebiss in deiner Perücke. Falls er überhaupt noch mitbekommt, wo vorn und hinten ist und vor lauter Gleitcreme die Eingänge nicht verwechselt.

Es droht ein Gerangel zwischen Penisbruch und Scheidenkrampf.

Und dabei glauben die Greise noch immer, Frauen seien das schwache Geschlecht. Das allerdings ist wirklich ein untrügliches Zeichen des alten weißen Mannes. Und er merkt nicht einmal, dass wir manchmal vorgaukeln, hilflos zu sein, wenn es uns zum Vorteil gereicht.

Seit Jahrzehnten habe ich mich darauf spezialisiert, zu ergründen, was Männer zu Schweinen macht. Okay, es sind wirklich nicht alle Männer Schweine, manche sind auch Arschlöcher. Oder Vollidioten. Trottel. Das Schöne an dieser Behauptung ist, dass ich nie über Mangel an Beweisen zu klagen habe. Und Millionen Frauen stimmen mir in diesem Punkt aus tiefstem Herzen zu.

Männer werden mit 70 alt, Frauen mit 30. Ab 31 gelten sie als alte weiße Frau und ab 50 aussortiert, während der Typ mit der Visage wie der Grand Canyon noch als Abenteurer, Draufgänger, Charaktergesicht eingestuft wird.

Und das ärgert mich. Doch proportional zum Verlust der ehemals so zuverlässigen Potenz schwindet die Erektionsfähigkeit beim Mann bereits ab dem 40. Lebensjahr mit dramatischer Vehemenz. Und schon stellt sich die Herausforderung nach neuen Formen der partnerschaftlichen Selbstbestätigung.

Oft wird eine 40-Jährige von einem Mann in der Midlife-Crisis wie eine Banknote gegen zwei Zwanziger eingetauscht. Im Gegensatz zu den seit frühester Jugend auf Eitelkeit getrimmten Frauen werden Männer erstmals in der Mitte ihres nicht immer erfolgreichen Lebens mit ihrem äußeren Verfall konfrontiert – und stellen dann alles Erdenkliche an, um diesen zu verleugnen.

Wenn ein Mann keine Haare mehr hat, wird er einfach Argumente finden, die ihm dies als Vorteil erscheinen lassen. Die Typen glauben, ihr Schädel sei eine Solarplattform für den Generator einer Sexmaschine – aber nicht etwa, dass sie weniger attraktiv für Frauen sein könnten.

Der aktuelle Tiefpunkt im Geschlechterkampf basiert auf der Überfälligkeit alter Rollenmodelle. Was die Eltern uns gepredigt, gilt für keinen mehr.

»Meine Eltern haben sich in 45 Jahren nur einmal gestritten – der Streit dauerte 45 Jahre«, sagt Bianca M. aus Böblingen. Und trotzdem hätten Ehepaare wie dieses nie an Scheidung gedacht. Sagte mir doch neulich einer meiner Interviewpartner: »Ich schwöre, dass ich seit 35 Jahren in dieselbe Frau verliebt bin. Wenn meine Frau das wüsste, würde sie mich erschießen!« Diese Lebensmuster nehmen Männer und Frauen heute immer weniger in Kauf.

Die sexuelle Revolution, die freie Liebe, die Gleichberechtigung haben unterm Strich dazu geführt, dass Männer und Frauen sich noch nie so schlecht verstanden haben wie heute. Obwohl Millionen von Frauen ein Studium absolviert und längst die Führung übernommen haben, werden wir noch immer belächelt, wenn wir einparken. Frauenparkplätze sind doppelt so geräumig angelegt, weil es amtlich festgelegt ist, dass wir zu blöd zum korrekten Einparken sind.

Hausfrauen trennen ja auch brav den Müll, der dann wieder aus den farblich diversen Tonnen auf der Deponie zusammengekippt wird, um nach Rumänien gefahren und dort verbrannt zu werden.

Und als hätte es die Gleichberechtigung nie gegeben, wird eben auch über das Altern von Männern völlig anders geurteilt als über die Reifungsprozesse von Frauen.

Wenn ich das faltige Gesicht von Dieter Bohlen sehe, dann frage ich mich: »Wie müssen wohl inzwischen seine Eier aussehen?«

Wenn Sie also einen Mann in der Midlife-Crisis halten wollen, dann muss es Ihnen gelingen, sein Vorderhirn so zu programmieren, dass das »Treuehormon« Vasopressin vermehrt ausgeschüttet wird. Dadurch wird Ihr Partner sein Streuverhalten und seinen Jagdtrieb einstellen und zum kuscheligen

Schmuser mutieren, der gekrault werden will. Leider funktioniert das nur bei Mäusen und Affen.

Wer also heute zur blauen Pille greift, um den Partner bei Stange zu halten, der wird vielleicht zehn Jahre später eine braune Kapsel Valium unters Essen mischen, wenn Papi uns noch mal beweisen will, dass er ein Sexgott ist.

18 Zu jung für Bingo – zu alt für Ecstasy

Wie alt ist eigentlich der alte weiße Mann? Das fragt eine alte weiße Frau. Und sie hat jedes Recht dazu, denn sie schlägt sich schon ab 30 mit dem Attribut, nicht mehr taufrisch zu sein, herum.

Wenn der alte weiße Mann also fürchtet, als solcher tituliert zu werden, kann die alte weiße Frau nur müde lächeln, weil sie gegen Diffamierungen dieser Art bereits durch eine dicke Hornhaut auf der Seele geschützt wird.

Starrsinnig kann man aber schon als Teenie sein. Also lange bevor das biologische Alter uns den Starrsinn verordnet.

Wenn eine Frau sich redlich den Status und die Privilegien erarbeitet hat, die dem AWM zugeschrieben werden, dann ist sie aller Wahrscheinlichkeit nach nicht mehr blutjung.

Die alte weiße Frau, unsichtbar selbst in ihrer biologischen Marginalisierung, muss sich möglicherweise sogar den Vorwurf gefallen lassen, dass sie zu empathisch und zu attraktiv sei, um als Feindbild herzuhalten.

Außerdem ist ihr Alter schwerer identifizierbar. Schließlich färbt sie sich die Haare, gibt sich nicht dem Verfall preis, investiert in Botox, ihre Garderobe und ihre Looks und grenzt sich gegenüber jeglichen Klischees ab, die einer reifen Frau jegliche Attraktivität absprechen wollen. Sie ist fit, sportlich, eloquent, weit gereist und unabhängig. Kurz, sie taugt nicht als Opfer. In einer Gesellschaft, die Attraktivität als Kapital preist, macht die alte weiße Frau, im Gegensatz zum alten weißen Mann, nicht einmal als Feindbild etwas her.

Wir stehen also nicht nur mit weniger marktwirtschaftlichem Kapital da, sondern in einer Gesellschaft, die als möglichst progressiv und divers gelten will, sinkt unser Marktwert täglich.

So verliert eine alte weiße Frau schneller als der alternde weiße Mann an sozialem und kulturellem Wert, da der Greis in spe immerhin ein vorgefertigtes Rollenmodell bedient.

Das soziale Konstrukt der Gleichberechtigung im Alter krankt daran, dass die alte weiße Frau mit zunehmendem Alter »alt gemacht« und damit in ihrem Wert als Frau gemindert wird.

Der alte weiße Mann taugt immerhin bis zur Rente noch als honoriger Draufgänger, der für etablierte Werte steht und als Porschefahrer in mittleren Jahren ambitioniert und glücklich in eine agile Zukunft als Motorradfahrer blickt. Er darf weiße Haare haben und gilt als erfolgreich, wenn ihm eine Art von Karriere gelungen ist, mit der er Haus und Hof repräsentativ nachweisen kann. Eine Frau kann mit derselben Leistung bestenfalls eine alte Zicke sein. Mit Haaren auf den Zähnen.

Mit Alterszuschreibungen lassen sich soziale Zugehörigkeiten legitimieren. Und eine alte weiße Frau hat sich still zu verhalten, abzutauchen und nicht begehrenswert, attraktiv, sexy und erfolgreich zu sein. Denn das Verfallsdatum ist offiziell abgelaufen.

Ab 40 siehst du in unserer Gesellschaft definitiv alt aus, und bis Ende 70 musst du deine Arbeitskraft verkaufen, weil die Rente nicht reicht.

Es gilt als ausgesprochen kurios, mit über 40 noch zu studieren, ab 50 Sprachen zu erlernen, ab 60 zur Open University zu gehen und mit 70 ein Start-up zu gründen. Aber wenn es ein AWM macht, dann ist es cool und richtungsweisend.

Mag im Geschlechterkampf die junge weiße Frau ihr Terrain markieren und siegen, wird die alte weiße Frau prinzipiell als Verliererin abgestempelt. Was für ein Kollateralschaden für den Feminismus, die Gerechtigkeit und Gleichstellung!

Dadurch aber, dass die alte weiße Frau übergangen wird, wenn vom AWM die Rede ist, existiert ihr Problem erst gar nicht. Sie wird einfach ignoriert.

Wohin damit? Sie passt sich nicht an althergebrachte Rollenzuschreibungen an und dient erst recht nicht als abgehalfterte Oma fürs Grobe. Weil sie zu lebenslustig, unabhängig und zu agil ist. Sie amüsiert sich, hat vielseitige Interessen und genießt die Freiheiten, die das Leben bietet, wenn Partnerwahl, Berufswahl, Hauskauf, Ausbildung, Kredite bewältigt worden sind. Vielleicht entsorgt sie sogar Altlasten, entledigt sich unguter Partner, beschreitet neue Wege, findet sich auf Bali und begibt sich in den zweiten Frühling. Übernimmt am Ende noch einen Firmenkomplex, sattelt um.

Frauen dieser Art gibt es weltweit. Eine Bekannte von mir hat in Boston einen entzückenden Frauen-Buchladen eröffnet, wie es ihn kaum ein zweites Mal gibt. Eine Mischung aus Interieur-Design, Kaffeehaus, Kinderbuchladen, mit ausgewähltem Lifestyle-Flair und den Abteilungen Mode, Architektur, Garten, Dekoration, Kunst, Kultur, Kochbuch, Film, Kosmetik, Roman, definitiv ausgerichtet auf Mütter mit Kindern, gleich einer Kontaktbörse mit eigener Community, Mitgliedschaften und zahlreichen Events. Die Idee kam ihr nach der eigentlichen Rente. Sie hat alles miteinander verknüpft, was sie je in ihrem Leben mit Leidenschaft verfolgt hat. Sie hatte

Kapital und hat sich den Traum einer eigenen, unabhängigen Geschäftsidee verwirklicht. Sie hat den Mut dazu gehabt, der ihr als Hausfrau und berufstätige Mutter immer gefehlt hat, da sie ihre Pflicht darin sah, einem erst jungen, dann alten weißen Mann den Rücken freizuhalten. Als alte weiße Frau aber lässt sie jeden Jungspund alt aussehen.

Auch die Wendeverlierer hatten schon darunter zu leiden, dass sie einst als zu alt abgestempelt wurden und ihnen keine Zukunftsperspektive zugetraut wurde, weil der Jahrgang eben nicht der richtige war. Persönliche Eignungen, individuelle Fähigkeiten, ausgefeilte Inselbegabungen, all das wurde einfach weggeschleudert. Kämpferische junge Frauen dampften ab in den Westen oder haben sich gleich die USA zur neuen Heimat auserkoren.

Das Prinzip lautet generell bei all den Debatten um die alte weiße Frau: Hauptsache ausbremsen. Ausbremsen von Möglichkeiten, Freiheit und Entfaltung all seiner Talente. Merkwürdig, dass die viel gepriesene Frauenbewegung bislang die Ageism-Problematik komplett übersehen hat. Wenngleich die Babyboomer doch insgesamt die größte Bevölkerungsgruppe darstellen, die wir überhaupt haben. Wir sind keine Minderheit, und gerade dies wird zum Anlass genommen, uns zu ignorieren.

Und die mittelalte, mittellose Westfrau nach der Scheidung ist an ihrem Schicksal selbst schuld. Hätte sie mal voll gearbeitet wie die Frauen im Osten. Oder einen ordentlichen Ehevertrag gemacht.

Aber immerhin werden wir soziologisch dann doch irgendwie vom Marketing berücksichtigt, weil wir schließlich das Portemonnaie haben: Wir sind jetzt Best Ager. Wir taugen immerhin etwas, weil wir als konsumfreudige, kaufkräftige Zielgruppe gelten, an der keiner vorbeikommt.

Das gesamte Homeshopping mit seiner Mischung aus volkstümelnder Unterhaltung, Dauerberieselung und Vertrieb möglichst massentauglicher Waren richtet sich an die große Altersgruppe jener, die am liebsten vom Ohrensessel aus ihre Heizdecke, den Zimmerspringbrunnen und den Sauerbraten bestellen.

Die Werbung bildet Senioren mit aktivem Blick, bequemem trittfestem Schuhwerk, legeren sandfarbenen Klamotten und gern im Huckepack ab. Oder in einem Monstrum von elektronisch kippbarem Ohrensessel.

Ganze Apothekenketten kämen ohne derartige Werbung aktiv gebliebener, rüstiger Rentner gar nicht aus, weil: Die sind ja noch nicht richtig alt. Die unternehmen noch etwas.

Richtig Alte sitzen in Deutschland immer auf einer Parkbank und gehen am Stock. Sie könnten auch in schicken Schluppenblusen an der fein gedeckten Tafel im Restaurant sitzen, im Cocktailkleid in die Oper gehen, auf einem Kahn an der Lorelei vorbeischippern, nein, sie sitzen am Stock auf einer Parkbank, und zwar in einer Art Trevira-Trenchcoat. Dass eine blond gefärbte, auftoupierte Oma in einem lilafarbenen Pulli ein leckeres Brathuhn auftischt und liebevoll eine Schokoladentorte dekoriert, sieht man so gut wie gar nicht.

Weil die alte weiße Frau entweder arm oder gebrechlich sein soll, deprimiert oder hinfällig. Es soll ihr nicht gut gehen. Sie schürt geradezu die Angst vorm Älterwerden und lässt es alles andere als erquicklich erscheinen.

Überhaupt, was medial der alten weißen Frau so alles übergestülpt wird. Erscheint sie dann doch im TV, handelt es sich meist um eine Kommissarin mit verhärtetem Charakter, kompliziertem Beziehungsstatus und generell einem erbärmlichen Privatleben. Gebeutelt von Job und Karriere und gezeichnet von persönlichen Enttäuschungen. Noch besser macht sie sich allerdings in der Opferrolle mit psychotischen Zügen. Dann denkt jeder Crime-Fan:»Na, kein Wunder, die Alte nervt, weg mit Schaden!«

Nobelpreise für Lebenswerke gehen unter Umständen schon mal an grau gelockte Wissenschaftlerinnen und verdiente Literatur-Veteraninnen. Das ist nicht verwunderlich, da die Errungenschaften eines langen Wirkungszeitraums nun einmal mit der Tatsache einhergehen, auf ein erfolgreiches Schaffen zurückblicken zu können. Als junge Frau kannst du ja gar nicht für dein Lebenswerk ausgezeichnet werden, außer du bist Kunstturnerin im Kommunismus.

Und werden Medaille und Orden tatsächlich an eine alte weiße Frau geheftet, wenngleich sie auch keiner so benennt, dann gilt sie als Heldin. Ich finde, alte weiße Frauen sind prinzipiell Heldinnen. Auch ohne Nobelpreis. Das ist schon seit den Trümmerfrauen so. Und weil wir es nachweislich sind, muss ja nicht noch mit Nachdruck darauf verwiesen werden.

Der alte weiße Mann hat eine gigantische Lobby, denn jeder Fünfte in Deutschland gehört zu diesem Club. Zudem übernimmt der alte weiße Mann die Hauptrolle in der *#MeToo*-Debatte, die selbstredend niemals von uns Frauen eingenommen werden könnte. Weil wir eben nicht den Drang haben, mit Abhängigen geschäftliche Besprechungen im Negligé im Hotelzimmer zu vollziehen, da wir prinzipiell abends die Schnauze voll haben und froh sind, wenn wir die High Heels in die Ecke pfeffern und im muckeligen T-Shirt vor Netflix abhängen können. Jetzt noch in der Kiste performen, na, danke schön.

Im Allgemeinen benehmen wir uns wesentlich angepasster und empathischer als generell der alte weiße Mann. Diese Umstände lassen klar erkennen, dass die alte weiße Frau in ihrer

Omnipräsenz die positive Spiegelung des alten weißen Mannes liefert.

Und wahrscheinlich übersieht man uns, weil wir eben nicht genauso wie der alte weiße Mann dafür verantwortlich gemacht werden können, dass die Welt so rasant den Bach runtergeht. Übersehen zu werden gereicht uns dabei mittlerweile zur Stärke. So können wir uns unauffällig mausern. Denunziert werden wir lediglich von jüngeren Frauen. Die übermorgen auch alt sein werden. Wie Sophie Passmann.

Der jüngere Mann denunziert uns nicht so sehr, weil er schemenhaft noch an unsere biologische Nutzbarkeit für ihn erinnert wird: Wenn wir gar nichts mehr für den Macho hergeben, taugen wir immerhin noch als Beaufsichtigung für die Enkelkinder oder um für zwölf Personen Kohlrouladen zu machen. Er weiß, dass wir es sind, die die Stube sauber halten, und sieht in uns die Königin im eigenen Reich. Fest verankert in seinem Frauenbild aus der Steinzeit, gewährt der Mann uns Respekt, wenn wir die Kittelschürze mit Stolz tragen, Haus und Hof gewissenhaft unter Kontrolle behalten und uns nützlich erweisen, wenn der Abwasch von Hand gemacht werden muss.

Eine junge Frau sieht in uns anthroposophisch gar nix. Sie will nicht werden wie wir, sie hat Angst vorm Alter, wir haben sie weder geboren noch gestillt und sie ist Veganerin. Sie fürchtet sich davor, solche Brüste zu haben wie wir. Sie befindet ja schon ihren eigenen natürlichen Busen als mangelhaft, weshalb es zum Abitur zwei neue Hupen gibt. Oder sie muss dafür kellnern, bis sie 25 ist.

Da wir die Wechseljahre hinter uns haben, hält sie uns unterbewusst wahrscheinlich für ein Fossil. Doch die Zeit arbeitet gegen junge weiße Frauen. Wenn sie nicht außerordentlich hübsch sind, dem Bild entsprechen, das als attraktiv vermarktet wird, werden sie gar nicht erst wahrgenommen. Schon gar nicht vom alten weißen Mann. Der sieht in einer Frau nämlich nur dekoratives Beiwerk und Statussymbol. Junge Männer sehen in der jungen weißen Frau Beute, Opfer und Sexualobjekt.

In einigen Jahrzehnten wird ein Großteil der jungen weißen Männer selbst zum alten weißen Mann mutieren – es sei denn, sie unterziehen sich einer Geschlechtsumwandlung. Dieser Weg bietet ja für eine Vielzahl sensibler Einzelkämpfer heutzutage auch eine Option, sich althergebrachten Erwartungen der Gesellschaft zu entziehen.

Was mich mit der Transgender-Community vereint, ist, dass wir unheimlich stolz auf unsere Mumus sind. Ich habe ihnen sogar etwas voraus, da meine Muschi echt ist. Und ich finde es ausgesprochen schade, dass so wenig Leute sie zu sehen bekommen. Sie ist nämlich wesentlich attraktiver als mein Gesicht. Keinerlei Chirurgie, kein Plastik. Natur pur. Es ist bedauerlich, dass sie nicht für das gewürdigt wird, was sie ist: einfach perfekt und alterslos.

Ich wünschte wirklich, ich trüge meine Vagina mitten in meiner Visage.

19 Königinnen per se

Würde der Begriff der alten weißen Frau als neues Feindbild Beachtung finden, dann wären wir emanzipatorisch wesentlich weiter.

Ja, ich ringe darum, als Gruppe gleichberechtigt durch den Kakao gezogen zu werden. Wahrscheinlich findet es deshalb nicht statt, weil wir die Säulen des gesamten gesellschaftlichen Systems sind. So attraktiv, dass viele junge Männer aus der LGBTQ-Bewegung auch eine Frau sein wollen und als Model, Liebesdienerin, Moderatorin, Prostituierte oder Bibliothekarin in unsere Fußstapfen treten. Sie finden einen Ehepartner:in, werden manchmal lesbisch, heiraten, adoptieren Kinder und führen liebend gern genau jenes bürgerliche Leben, gegen welches die Feministinnen einst zu Felde gezogen sind.

Starten unsere Kinder im Jahr 2030 ins Berufsleben, wird ihnen ein Heer von arbeitswütigen Rentnern gegenüberstehen.

In naher Zukunft wird die alte weiße Frau endgültig zur gesellschaftlich dominierenden Figur werden, da Frauen nicht nur älter, sondern länger aktiv, agil und unternehmungslustiger bleiben als Männer – und dann sind wir auch noch massiv in der Überzahl. Deshalb sind wir Königinnen per se!

Im Gegensatz zum AWM zupfen wir uns die Augenbrauen, lassen hier und da mal etwas lasern, unternehmen etwas gegen Leberflecke, Warzen und Nasenhaare und tragen ein Stretchkleid im Leopardenlook. Aus der Entfernung werden wir mit unserer Gleitsichtbrille gar für eine JWF gehalten. Es gibt ja Haarteile, die man unproblematisch hochzwirbeln kann und mit Microblading-Augenbrauen und leicht aufgepolsterten Lippen kann der alte Sack noch immer erkennen, wo bei uns vorne und hinten ist. Und wir federn Niedertracht, Häme, Dummheit und Hass mit Pride ab!

Da unsere Sprache ein gesamtes Menschenleben von 100 Jahren in nur zwei Kategorien einteilt, nämlich alt und jung, kann der nicht mehr junge Mensch folglich nur alt und damit verderbliche Ware sein. Das macht nicht einmal vor Couturiers, Fotografen, Frisören, Visagisten, Floristen, Gastronomen und Trendsettern halt.

Alt zu sein ist ein Argument, was alle Errungenschaften, Erfolge und Qualifikationen mit einem Federstreich vom Tisch wischt. Was für eine bizarre Schräglage, aber weithin akzeptiert. Legitime Diskriminierung halt.

Ich finde, wir sollten für die unterschiedlichen Lebensphasen eines ganzen Menschenlebens sprachlich mindestens so viele Nuancen haben wie die Eskimos für Schnee.

Es scheint aber wichtiger zu sein, die Bewohner der Polregionen vor dem Wort »Eskimo« zu schützen, als für 100 Jahre Menschenleben ein drittes oder gar viertes Adjektiv zu etablieren.

Gut, ein AWM mag ja noch sein Aufgabengebiet haben und den Zweck erfüllen, mit seinem Altersstarrsinn gewisse wirtschaftliche Güter zu sichern und regelmäßig Beute heimzuholen, aber die alte weiße Frau? Oje, sie beansprucht Zeit, Sauerstoff und Raum und man kann sie nicht einmal mehr als Wichsvorlage nutzen.

Dann weiß sie auch noch alles besser, erledigt Dinge mit links, bei denen sich andere die Haare raufen, parkt rückwärts supergut ein, rennt Marathon in High Heels und geht mit 55 zur Bruststraffung.

Und deshalb bin ich dankbar, dass ich meinen Lebensabend im Kreise so vieler junger Menschen verbringen darf. Ich bin Inspiration und Hoffnungsgeberin zugleich, dass es eben auch anders funktioniert. Schließlich werden meine Fans auch immer älter. Ich habe im Sommer auf einem Schiff gearbeitet. Das Publikum war so alt, dass anstatt Standing Ovations mit den Krücken gestampft wurde: »Zugabe! Zugabe!«
Die jungen weißen Frauen mögen denken: »Alt werden, Wechseljahre? Bäh, so was wird mir nie passieren.« Ich persönlich habe das Alter auch nicht kommen sehen. Es ist klammheimlich ungefragt von hinten über mich hergefallen.

Im Nu wird die JWF 39 Jahre alt sein, sie geht eines schönen Tages ins Bett, döst vor Netflix ein, nach zehn Minuten glaubt sie, sie sei die Hauptfigur in Bridgerton, dann wacht sie am nächsten Morgen auf und alle rufen: »HUHU, DU BIST 40.«

Dann gibt es jede Menge rosa Luftballons, eine dekorative Cremetorte mit einer Caption und Pics, die auf Instagram viele Follower bringen, natürlich mit bengalischem Feuer und lustigen Girlanden, ein paar Videos für TikTok und der Geburtstag wird gepostet.

Seit dem Tag, da meine Geburtstagstorte so hell erstrahlte wie ein loderndes Lagerfeuer, weiß ich, dass ich alt werde. Als ich ins Zimmer kam, dachte ich, die brennen da bengalische Feuer ab, so hell leuchtete mein Flur. Dabei waren es nur 40 Geburtstagslichterchen. Ich habe versucht, die Kerzen auszupusten, aber ich hab's nicht geschafft – es war mir in der Nähe der Torte einfach zu heiß.

Heutzutage kann man ja froh sein, wenn das Polyesterkleid

von SHEIN in der Nähe der Torte nicht explodiert. Aber Alter wird natürlich nicht nur anhand der Kerzen zum Geburtstag erfahrbar.

Alt ist, wer noch erlebt hat, dass Theatervorstellungen ausverkauft sind.

Alt ist, wer sich an einen Boxkampf zwischen Gustav Knuth und Max Schmeling erinnern kann.

Du bist alt, wenn du als Kind über Dieter Hallervorden gelacht hast.

Und wenn dein Lieblingsessen Hawaii-Toast war, dann bist du richtig alt.

Du wirst alt, wenn du keine durchsichtigen Nachthemden mehr trägst, weil dein Kerl nicht mehr in der Lage ist, durch sie hindurchzusehen. Deshalb sollte man immer einen Mann aus der gleichen Generation heiraten: proportional dazu, wie deine Cellulitis fortschreitet und die Titte erschlafft, schwindet seine Sehkraft …

Wenn der Umfang des Wissens mit dem Umfang der Taille die Plätze tauscht, dann wird man alt.

Und wenn sich etwas einstellt, was der Generation Z völlig abgeht: Weisheit!

Als weise Frau weißt du einfach, dass hinter jeder erfolgreichen Frau ein Korb mit dreckiger Wäsche steht. Natürlich hat man Abstriche machen müssen, wenn man als alleinerziehende Tingeltangeltante on Tour lebt. Wie soll das sonst gehen? Zumal ich leidenschaftliche Hausfrau bin und größten Wert auf ein gepflegtes Heim lege. Da musst du jonglieren können.

Was meinen Sie, wie oft ich vor einem Interview meine gesamte Bügelwäsche im Garten vergraben habe?

Als ich das letzte Mal etwas fürs TV gekocht habe, hat es die Katze weggerollt und im Katzenklo verscharrt.

40 ist das Alter, in dem man endlich seinen Kopf sortiert hat und der Körper anfängt, in sich zusammenzufallen. Man muss sich die Beine nicht mehr so oft rasieren, dafür den Damenbart pflegen. Aber es gibt ja heutzutage Laser. Das Gesicht von so mancher Schauspielerin wurde öfter hochgezogen als die Unterhosen von Michel Friedman. Eine geliftete 55-Jährige sieht nicht aus wie 35. Wenn sie Glück hat, sieht sie aus wie eine geliftete 50-Jährige. Wenn sie Pech hat, sieht sie aus wie eine Halloween-Fratze. Dann kann sie sich im Oktober als Schreckgespenst ins Fenster stellen, mit einem Streichholz im Maul.

Die gute Nachricht in der Mitte des Lebens ist: Wir alten weißen Frauen sind die Ikonen des Feminismus. Selbst unseren Verfall haben wir besiegt. Weil, wir unternehmen etwas. Sitzen nicht untätig herum.

Ich habe sogar meine eigene Therapie für Brustvergrößerungen erfunden: Ich reibe mir täglich fünf Minuten mit Klopapier zwischen den Brüsten ... Immer auf und ab! Irgendwann müssen die größer werden, bei meinem Arsch hat's doch auch geklappt.

Ich habe gesehen, wie schnell es bei den Kolleginnen gehen kann, dass der Lack ab ist. Als ich das letzte Mal Bea Fiedler traf, ging es ihr nicht gut. Da hatte sie andauernd stechende Schmerzen unter ihrer linken Brust. Es war dann aber nur ein Meniskusschaden.

Im Gegensatz zum AWM haben wir die Möglichkeit, aus Furchen zumindest Falten zu machen. Und ich wünsche jeder Frau als Visitenkarte eines geglückten Lebens jede Menge Lachfalten.

Allein schon das Wissen darum, dass der AWM auf Botox, Hyaluron und besonders gern auf Haarimplantate zurückgreift, einen Großteil der Freizeit am Stemmeisen verbringt und sich die Beine rasiert, beschert mir jede Menge Lachfalten, die Zeugnis davon ablegen, dass ich genau Bescheid weiß, was läuft. Bald rennen die Kerle in Dessous herum und lassen sich den Anus bleachen. Und dann löschen sie ihren Spamordner von der Flut von Schwanzverlängerungen. Die Mutti pfeift sich die Valium rein und der Vati die Viagra.

Der JWM hingegen unterspritzt noch nicht. Er sitzt im Vorzimmer des plastischen Chirurgen und fragt nach einem Kostenvoranschlag für Jawline und Bauchmuskelimplantate.

Die jungen weißen Männer sind heute wesentlich weiter. Sie wurden nicht selten von Männern mit Dutt erzogen. Dank der Metrosexualität. Sie wollen auch eine Queen sein! So wie ich.

20 Das Böse wohnt in meinem Schrank

Der AWM ahnt ja nicht, was für ein Elend die AWF allein schon unter ihren Klamotten auszustehen hat. Alles an körperlichen Mängeln, worüber man sich im Alter von 35 Jahren aufgeregt hat, erscheint einem ab 45 als Idealversion seiner selbst. Ich sehe mir alte Bilder an und weiß genau, wie ich mich seinerzeit über Hüftpolster oder einen hängenden Po geärgert habe. Wenn ich das Bild jetzt betrachte, sehe ich ein Supermodel mit Weltklasseformat. Es überkommt mich Nostalgie, wenn ich mich selbst bestaune, wie elfenhaft ich aussah, obwohl ich damals schon viel an mir zu kritisieren hatte. Als makellos empfand ich mich nie – und das war das uneingeschränkte Ziel!

Selbst jene JWF, die dünn wie eine Stecknadel sind, kriegen ab 55 oberhalb der Taille eine hängende Speckfalte – egal, wie viel Sport sie treiben. Dasselbe gilt für den unteren Rücken, direkt unterhalb des BHs. Dort sitzt der Muttispeck. Wenn man sich nach vorn beugt, staucht sich das Taillenfett über dem Nabel zu einer dicken Wurst und in der Hocke bilden sich wolkenstoreartig drapierte Fettwellen. Es sind Wülste aus purem Fett. Landet dort der Latte? Die Fettwülste fallen besonders von der Rückseite ins Auge. Aber wenn Gott gewollt hätte, dass die alte weiße Frau ihre Rückseite im Spiegel betrachtet, dann hätte er die Augen bei uns nach hinten gesetzt.

Diese Umschichtung des Fettes wird die AWF früher oder später dazu zwingen, die Hälfte ihres Kleiderschrankes auszumisten, besonders jedes einzelne weiße T-Shirt. Denn dies zeichnet deutlich die Konturen der Fettwülste nach. Das weiß jede Frau, die sich nicht nur von vorn im Spiegel betrachtet. Saugt man die Speckrollen ab, wie eine äußerst eitle und attraktive Freundin aus München, die ihr Leben lang sehr schlank war, sucht sich genau dieses Fett einen neuen Weg. Fett arbeitet wie Wasser: Es wird immer einen Weg finden, wo es wieder auftauchen kann. Bei meiner Freundin sammelte es sich nach diversen Fettabsaugungen am Genick. Also an der Rückseite des Halses, über dem Wirbelknochen. Nun hat sie dort ein Fettpolster wie ein Dromedar. Natürlich sieht sie das nicht, da sie durch ihr Spiegelbild aus der Frontalansicht ruhiggestellt wird. Und natürlich weist sie niemand darauf hin. Eitelkeit versus Taktgefühl einer Freundin gegenüber, die einem wertvoll ist, verbieten es, ihr einen Dolch ins Herz zu stechen. Trägt sie einen Rollkragenpullover, wirkt es, als hätte sie einen Buckel. Am besten sähe sie nun in einem Hoodie mit Kapuze dran aus, aber das passt nicht zum Dirndl und schon gar nicht zur eleganten Restgarderobe.

Wenn also in der Mitte des Lebens nur ein Drittel des sorgsam aufgebauten Kleiderschrankes noch zu verwenden ist, dann können Sie ausgesprochen stolz auf sich sein. Denn ein universelles Gesetz im Leben der frischgebackenen AWF zwischen 38 und 45 besagt, dass sich über Nacht der eigene Kleiderschrank gegen uns wendet. Die Fummel verweigern sich. Der Schrank streikt. Unsere liebevoll zusammengetragenen Klamotten wenden sich in einem Komplott kollektiv gegen uns. *They turn evil* – ich sage das auf Englisch, damit es weltweit verstanden wird. Es ist wie ein Aufmarsch: Die Fummel haben sich verabredet, verweigern sich, blockieren die Straßen und haben heimlich beschlossen, uns zu hassen.

Es kann ein schöner Frühlingstag sein, voller Vogelgezwitscher, an dem Sie fröhlich pfeifend im Nachthemd Ihre Schranktür öffnen, um ein farbenfrohes, lebensbejahendes Outfit zusammenzustellen. Eine halbe Stunde später werden Sie heulend zusammengekauert in einer Ecke liegen! Umgeben von all Ihren Klamotten, die Sie in einer Panikattacke vom Bügel gerissen und in die Ecke gepfeffert haben. Während Sie arglos schliefen, haben die Einzelteile sich konspirativ zusammengerottet, um sich individuell auf unterschiedlichste Weise zu verweigern. Die gesamte Garderobe ist nur noch scheiße. Zu eng, zu kurz, zu floral, zu nuttig, zu verrückt, zu altmodisch, zu outdated, zu weit, nicht kurz genug, nicht floral genug, nicht nuttig genug, nicht altmodisch genug, zu klassisch, nicht klassisch genug. Als würde in meinem Kleiderschrank der Geheimdienst hausen. Eine konspirative Attacke, damit ich aussehen soll wie ein Statist aus The walking dead.

Nicht nur, dass die Klamotten schlecht sitzen, ich kann sie zum Teil gar nicht anziehen, weil ich überhaupt nicht reinkomme. Was früher ein Skinny-Fit-Hosenbein war, taugt jetzt gerade mal als Ärmel. Gut, ich könnte mir in den Schritt der Röhrenjeans ein Loch schneiden, mit dem Kopf durchschlüpfen und so ein sportliches Tanktop kreieren. Der Hosenstall wäre dann der Reißverschluss an meinem Dekolleté. Wahrscheinlich würde ich einen Trend erschaffen. Warum hat das noch kein Designer getan?

Die bittere Wahrheit ist, dass gewisse Teile, in die wir nicht mehr hineinpassen, nicht etwa eingelaufen sind. Nein, der Körper hat sich verändert. Oder wir sind fett geworden.

Das Schlimmste aber ist: Ich finde auch Sachen im Schrank,

die ich in geistiger Umnachtung erworben haben muss: ein Hoodie aus Fleece mit einem bei blauem Mondschein heulenden Wolf! Ein oversized Polyester-Katzen-T-Shirt mit funkelnden Strassaugen. Ein rosa Mini-Stretch-Netzkleid. Westernstiefel und ein halb zerrissenes, türkises, viel zu kurzes Fetzenkleid im Batiklook mit ausgerissenen Fransenbordüren. Wahrscheinlich hatte ich vor 15 Jahren darauf abgezielt, wie Dolly Parton auf Crack auszusehen.

Und dieser Zustand war nicht etwa eine Panikattacke, die vorüberzog wie ein dunkles Gewitter, nein, mein Aufenthalt in dieser ZONE war nicht ambulant, sondern stationär. Mein Kleiderschrank war durchseucht. Nicht etwa von Motten, sondern mit einem Virus aus dem Narnia-Universum. Eindeutig ein Multiversum, in dem die Zeit viel schneller vergeht, als ich sie erlebe.

Was der Grund dafür ist, dass meine Klamotten still und heimlich vor sich hin gefault sind. Vergammelt wie ein alter Weichkäse, der in einem verwaisten Kühlschrank die Wände hochgekrochen ist und einen Flaum entwickelt hat.

Dies ist eine schreckliche Diagnose, welche die AWF zu weiteren Verzweiflungstaten verleitet:

1.) dem ausschließlichen Tragen von bequemen, gepolsterten Turnschuhen, welche Waden- und Fußmuskulatur abbauen, den schmalen Fuß praktisch in seinen Funktionen lahmlegen und zu Fehlhaltungen des gesamten Skeletts führen.

2.) der Selbstaufgabe, weil figürlich eh nichts mehr zu retten ist, was zu Kummerspeck und der Zunahme von zehn Kilogramm führt.

3.) dem Entschluss, den Rest des Lebens in einer ausgebeulten Jogginghose mit Stretchbund, einem muckeligen Sweatshirt und einem abwaschbaren Anorak mit Fellkapuze zu fristen. Das Tragen eines BHs erübrigt sich unter diesen Umständen auch.

Besonders jene Klamotten, von denen man glaubt, sie würden ganz bald zu einer besonderen Gelegenheit hervorragend passen, entpuppen sich als Illusion. Ich besitze mehrere Caprihosen, die ich nicht einmal mehr über meine Oberschenkel wuchten kann. Ich habe Kostümjacken, in deren Ärmel ich nicht mehr hineinschlüpfen kann. Dass diese Teile 20 Jahre alt sind, hat damit zu tun, dass ich die schleichende Bedrohung, aus meiner eigenen Kleidung herauszuwachsen, stets verleugnet habe. Verleugnung ist legitimer Selbstschutz. Es ist allemal besser, als sich deshalb gleich umzubringen.

Der 60. Geburtstag ist wahrlich kein Freudenfest! Da muss man nach Las Vegas oder Dubai reisen und Blödsinn machen, sich verwöhnen lassen und in irgendeiner spektakulären Weise Zeichen setzen. In die Spielbank gehen, eine Kreuzfahrt machen, ein Rockfestival besuchen oder in einen Aschram auf Bali abtauchen.

Man sollte aber vorher schon seinen Kleiderschrank ausgemistet, sich den besten Haarschnitt aller Zeiten gegönnt, eine Dermatologin des Vertrauens gefunden, die Sache mit den Zähnen unter Kontrolle gebracht und schon Jahre vorher liebe und lustige Menschen eingesammelt haben, die einen an den Roulettetisch, zum Tanztee oder nach Paris begleiten.

Man sollte sich frühzeitig informieren, wo man eine farblich abgestimmte Schärpe mit passender Rosette bestellen kann, die man stolzgeschwellt, drapiert wie ein Pfingstochse, quer über die Schulter hängt wie eine Schönheitskönigin. Leider steht in güldenen Lettern nicht »Miss World« drauf, sondern »ALTE WEISSE FRAU«.

Ich bin nun schon einige Jahre über 60. Ich habe alle diese Geburtstage durchgestanden und wollte mich nicht für meinen 65. Geburtstag hochleben lassen. Und ich werde auch nicht begeistert sein, wenn ich 70 werde. Außer wenn ich dann endlich Fotos von mir im Brautkleid bekomme, weil, so etwas fehlt noch in meiner Biografie.

Es gibt jede Menge Dinge, welche Trübsinn ins Leben der AWF bringen, die langen dunklen Schatten tauchen überall auf: Freunde, die sterben, Freunde, die gegen Krankheiten kämpfen. Nachrichten und Schlagzeilen Prominenter, die jünger sind als man selbst und mit Mitte 50 aus den Latschen kippen. Böse Diagnosen bei jenen, an denen man sich stets orientiert hat, die man teils bewundert und verehrt hat, und plötzlich entlarvt sich deren Zustand und das ganze Leben als ein einziges Drama.

Wie konnten sie nur so lange die Fassade aufrecht halten?

Eine Melancholie begleitet selbst die schönen Ereignisse, zwingt einen in der Rückblende Fehlentscheidungen und Enttäuschungen zu akzeptieren.

Manche Träume müssen wir uns als unerreichbar oder als Irrglaube eingestehen, Ambitionen als unrealistisch hinnehmen.

Aber dafür gewinnen wir Erkenntnisse, die uns zur Meisterin des Universums machen: die Freiheit, nicht mehr jede Entscheidung, das Wohl und Wehe der Kinder verantworten zu müssen, schlechte Einflüsse, ungute Beziehungen losgelassen zu haben, die entsetzlichen Unterleibskrämpfe mit dem Blähbauch des menstruellen Syndroms überwunden zu haben, am Arbeitsplatz seinen eigenen Modus gefunden und heimtückische Kolleginnen hinter sich gelassen zu haben.

Ist die AWF noch im Rennen mit ihrer Karriere, kann sie

davon ausgehen, dass sie umgeben ist von JWF, die mit aktuellem ZEITGEIST auf den Markt drängen. Sie wollen unseren Job und werden ihn auch bald bekommen. Außer, wir sind einzigartig.

Der Sex wird plötzlich auch zu einer großen Sache: Vorsorge, Nachsorge – Vorbereiten, Pediküre, Waxing, so ein Rendezvous bereitet mehr Aufwand als ein Dreigangmenü für acht Personen. Wer sich glücklich schätzt, einen festen Partner zu haben, wahrscheinlich einen AWM, wird feststellen, dass der Sex an sich auch nicht mehr das ist, was er einmal war.

Plus: äußerste Obacht bitte schön, wenn es um das Tragen von Bikinis geht. Insbesondere angesichts dessen, was es heute für Exemplare auf dem Markt gibt: asymmetrisch mit Strippen, winzig kleine Dreiecke, aufgehängt an Perlenschnüren, Zaumzeug von Agent Provocateur – ich kann wirklich jeder Frau bis 26 nur empfehlen, die Jahre zu nutzen und permanent und täglich im Bikini herumzulaufen, damit dieser aufs gesamte Leben umgerechnet seine zeitliche Berechtigung eingeräumt bekommt.

Irgendwann wird es nämlich brisant: Es ist eine heikle Angelegenheit, ab 32 im Bikini herumzulaufen. Posing im knappen Zweiteiler unterliegt ab 40 sogar eisernen Regeln. Auf dem Liegestuhl drapiert mit großem Sonnenhut mag es noch kontrollierbar sein. Ein Pareo in Griffnähe kann beim Vornüberbeugen beim Aufstehen wertvolle Dienste leisten, um unerwünschte Perspektiven zu verschleiern.

Nicht so beim Freilauf am Strand, wo bei der Muschelsuche Bücken und Beugen unvermeidbar ist. Von wilder Brandung umspieltes Aalen am Wellensaum ist strategisch empfehlenswerter als ein Köpper vom Dreiersprungbrett im Stringtanga.

Man muss also stets die Kontrolle behalten und kann nicht freiheraus die Umwelt mit unkontrollierten Auftritten in Dessous belasten. Schnell wird das Punktmuster der auf winzig kleine Puppenkleiderbügel aufgespannten Dessous zu Wellen und Quadraten verzerrt, wenn es erst mal dreidimensional mit Leben ausgefüllt wird.

Mit Tanktops sieht es auch nicht besser aus.

Neckholderdresses sind ebenso ein Fallstrick, da all diese neckischen Teile wirklich nur ohne BH funktionieren. Und leider Gottes sieht sich auch so manche JWF verführt, hineinzuschlüpfen, wenngleich sie korpulenter ist als so manche Rentnerin.

Und wehe, man macht sie gelinde darauf aufmerksam, dass die Wahl des Outfits nicht unbedingt schmeichelhaft ist: Kritik dieser Art nennt die JWF »Bodyshaming«.

Na, dann such dir doch etwas raus, was besser zu dir passt, ganz einfach!

Wenn die AWF im Netzkleid bei der Poolparty herumturnt und darin scheiße aussieht, nennt sich das dann auch »Bodyshaming« oder ist sie die »verrückte Alte«? Ich glaube, kein AWM würde sie schützen und mit dem Argument, »Jeder soll tragen, was er möchte« verteidigen.

Okay es gibt einen Punkt, wo ich freiwillig das Zepter in die Hand der JWG (junge weiße Gören) lege. Wenn es um die Funktionen elektronischer Devices geht! Denn leider muss ich sagen, dass bereits meine 30-Zentimeter-Remote-Control, sprich Fernbedienung für mich ein Buch mit sieben Siegeln ist. Drückt man den falschen Knopf, habe ich Schnee auf der Mattscheibe und muss für 300 Euro die »Fernsehkummer-Jägernummer« wählen oder jemanden bestellen, der dem TV-Gerät einen Fußtritt verpasst, damit es wieder anläuft. Auch ein

Nachteil vom Syndrom des leeren Nestes, wenn im Haushalt keine Kids mehr sind, die im Nu die Elektronik verwalten, als leiteten sie selbst einen Mediakonzern. Ganz zu schweigen von i- und anderen Smartphones. Ich weiß nur, dass alle JWF und JWM nach Selfies schreien, wenn ich aufkreuze, weil ich auf TikTok 100 Millionen Likes habe. Das scheint aber nichts zu bedeuten, weil völlig unbekannte Gesichter, also Z-List-Promis die keiner kennt, dort 60 Millionen Follower haben und sie trotzdem nie im Mainstream angekommen sind. Nicht ich, sondern die Technologie ist eine Bitch. Ich komme ja nicht mal mit Spotify und dem CarPlay meines Wagens klar, um endlich, endlich die Playlist abzurufen, die ich wirklich hören will. Dafür werden mir aber ungefragt Finanzpodcasts und Backrezepte aus den USA zugespielt, wenn sie nicht gleich von selbst anspringen. Nie im Leben wäre ich in der Lage, ein Elektrofahrrad zu bedienen. Allein schon der Desktop bereitet mir mit all den Möglichkeiten der Gangschaltung einen Pflaumensturz. Ich würde Geld bezahlen, um keine Wristwatch tragen zu müssen. Wenn irgendjemand das liest, der mir eine Freude machen will, bitte schenken Sie mir niemals etwas Digitales.

Die Frage ist, warum es zwar *#bodyshaming,* aber kein *#ageshaming* gibt?

Um dafür Scham zu empfinden und mich zu entschuldigen, dass ich noch am Leben bin, bin ich viel zu alt. Das habe ich zwischen 30 und 40 getan. Dann wurde ich Mutter und von da an habe ich alle Kategorien über den Haufen geworfen.

Denn *ageing sucks.*

Die AWF ist nicht nur aktiv – zum Teufel damit –, wir sind proaktiv, progressiv und wir haben Macht. Wir nehmen Anregungen ernst: Wenn Prozac hilft, schlucken wir es. Wenn es heilsam ist, bekifft zu sein, kiffen wir. Wenn wir lesen, dass die neueste absurd teure Gesichtscreme unsere Uhr 20 Jahre zurückdreht, kaufe ich sie, obwohl ich weiß, dass die letzten fünf Cremes für die Hälfte absolut ineffektiv geblieben sind.

Die AWF liebt Puzzles, Sudoku und Kreuzworträtsel als Prophylaxe gegen Alzheimer und isst jeden Tag sechs Mandeln, um Krebs abzuwehren. Wir gehen zum Scannen in die Röhre des Kernspintomografen, um zu überprüfen, was man bei uns noch abschneiden kann. Wir halten die Chirurgen auf Trab.

Die AWF greift noch zum Stift und macht eine Liste. Sie fährt unfallfrei und behält die Kontrolle, wenn es gilt, Fallstricke zu umschiffen. Wir informieren uns über die Optionen, die wir haben, und wir surfen im Netz.

Und wir wissen, dass trotz G5 und aller Navigation die wichtigsten Dinge im Leben sowieso unkontrollierbar bleiben.

Und so kennt die AWF sämtliche Antworten auf die Fragen, die gar keiner stellt: Verschenken oder horten Sie?

Machen Sie aus jedem Tag das Beste oder knausern und knapsen Sie für den theoretischen Fall, dass sie noch 40 Jahre leben?

Scheint Ihnen das Leben zu kurz oder zu lang?

Wie viele Sommer haben Sie noch?

Arbeiten Sie, so viel Sie können oder setzen Sie sich hin und genießen den Duft der Rosen?

Und wohin mit den Kohlehydraten?

Ist Brot wirklich Heroin?

Bringt uns Zucker tatsächlich um?

Und was ist mit Schokolade?

Glauben Sie an Wunder?

Logo, denn was wäre die Alternative?

Aber werden Sie weise und misten Sie Ihren Schrank aus. Üben Sie sich in Großzügigkeit und verschenken Sie alles, was nicht mehr passt, an JWF. Die nennen das dann Vintage.

21 Hier geht's um den Hals

Ich habe einen schönen Hals. Einen langen Hals. Denn ich bin ein silberner Schwan!

Bei ungünstigem Lichteinfall habe ich jedoch einen Hals wie aus Krepppapier. Das stelle ich jedes Mal fest, wenn ich mein Bad schrubbe.

Man muss eine alte Eiche aufschneiden, um zu sehen, wie alt sie ist, aber das müsste man nicht, wenn dieser Baum einen Hals hätte.

Um dagegenzuarbeiten, sind hohe Instandhaltungskosten erforderlich.

Auch wenn die AWF weiß, dass ihre Maßnahmen sinnlos bleiben, wird sie nicht ihren Hals aufgeben, denn was zählt, ist das Prinzip Hoffnung.

Aufgrund meines Schwanenhalses habe ich auch mehr Angriffsfläche für Falten.

Halslose Kardashians bekommen keinen faltigen Hals, weil sie keine Schwäne sind.

Menschen, die keinen Hals haben, besitzen meistens einen zu großen Kopf, weil es sich um einen Typus handelt, bei dem generell die Proportionen nicht stimmen. Dafür ist der Arsch umso größer. Er ist so gigantisch, dass man meint, er gehört zu einer anderen Person. Insgesamt wirken solche Leute wie Comicfiguren, aber das transportiert sich auf einem handtellergroßen iPhone optimal.

Da ich in *real reality* existiere und meine Identität sich nicht aus Filterfotos ergeben hat, fühle ich mich zutiefst beleidigt, wenn ich dieses unbekannte Gesicht im Spiegel sehe – pummelig, zerknittert –, ein Gesicht, das in seinen markanten Zügen zu stark und zu übertrieben ist, um mein eigenes zu sein. Der Vorteil meines Gesichtes ist, dass es Weitenwirkung hat. In einem Theater aus der Ferne sieht alles geradezu perfekt aus. Die hübschen Püppchen, die im Backstage niedlich aussehen, verschwinden durch die Distanz.

Künstlerinnen wie Édith Piaf, Kylie Minogue, Liza Minnelli sind zwar klein, haben aber aus der Nähe alle etwas Verrücktes in ihrem Gesicht. Die Augen sind zu groß, der Mund zu riesig, der Ausdruck zu tiefsinnig, die Nase zu dramatisch, doch genau das verleiht ihnen ihre unvergleichliche Expressivität.

Aus der Nähe betrachtet entdecke ich komplizierte bräunliche Pigmentflecken und dunkle Augenringe. Aber mein Blick ist klar, rein und frisch. Ich sehe nur Lachfalten, keine dramatischen Furchen.

Daher möchte ich an dieser prekären Stelle allen Koryphäen danken, die hart an mir gearbeitet haben, um der Erdanziehungskraft entgegenzuwirken, sofern es mich und meine Visage betrifft. Als Resultat der unermüdlichen Bemühungen diverser Experten meines Vertrauens sehe ich ungefähr ein Jahr jünger aus, als ich tatsächlich bin.

Was meinen Schwanenhals anbelangt, können aber auch diese Meister ihres Faches leider nur ein Lifting vorschlagen. Das gönne ich mir erst ab 80.

Das Merkwürdige ist, wann immer ich meinen Hals kommentiere, der noch nicht einmal ein Truthahnhals ist, so wie bei einigen meiner Kolleginnen, sondern lediglich nicht mehr der Alabaster-Hals, der er einmal war, wird mir entgegnet: »Ich weiß gar nicht, wovon du sprichst!«

Ich weiß, dass ihr lügt, aber ich vergebe euch.

Beklagt eine Freundin ihre Tränensäcke, würde ich auch nicht sagen, dass es besonders grauenvoll aussieht, wenn sie die Sonnenbrille abnimmt und sich die Ränder in den Tränendrüsen abzeichnen wie rote Schneisen. Theoretisch könnte ich sagen: »Meine Liebe, ich empfehle dir einfach alles: Lidlift, Liposuction, Lifting und Nasen-OP. Danach siehst du besser aus!« Botox zählt nicht, das gehört inzwischen ja fast schon zur Kosmetik. Doch ich verkneife mir diese Empfehlung aus reinem Selbstschutz. Am Ende wird mein Rat befolgt, und meine geschätzte Kollegin lässt sich die Augen liften, kann nie wieder mit geschlossenen Lidern schlafen, wird von Paparazzi mit ihren erschrockenen Eulenaugen abgelichtet, endet auf dem Titelblatt eines Boulevardblattes, verklagt die Presse und den Chirurgen und ich stehe als Zeugin vor Gericht. Ich werde dann noch als Anstifterin beschuldigt. Es wäre alles meine Schuld.

Und genau das ist es, was mich abschreckt. Ich habe eine Freundin, der ich nie verziehen habe, dass sie mir abgeraten hat, direkt nach der Wende eine heruntergekommene riesige Altbauwohnung am Wasserturm in Prenzlauer Berg für ein paar Tausend Westmark zu kaufen. Ganze Wohnblöcke hätte ich für einen Appel und ein Ei haben können, aber man hat mich davor gewarnt.

Ich halte mich also raus, wenn es um Empfehlungen für chirurgische Eingriffe geht. Aber ich setze auf distinguierte Weise nicht selten diplomatische Zeichen. Zum Beispiel schenke ich der Truthahnfreundin zu Weihnachten einen Rollkragenpullover. Dies könnte doch ein Indiz sein. Ein Indiz dafür, dass die beste Freundin einen Hals hat wie ein altes Suppenhuhn.

Es gibt Hälse mit Furchen und Hälse mit Falten, die kurz davor sind, sich zu Runzeln zu entwickeln. Erstaunlich, was sich in diesem verräterischen Körperteil alles tun kann: Es gibt spröde Hälse, krause Hälse, Ziehharmonikahälse, Truthahnhälse, sehnige Hälse, erschlaffte Hälse, Plisseehälse. Und es gibt jede Menge Hälse, die eine erstaunliche Kombination all dieser Hälse sind. Von der Seite betrachtet haben die meisten ein Doppelkinn. Nicht selten entwickelt es sich im Laufe der Jahre zu einer sogenannten Wassersuppe. Auch beim Mann.

Meine berühmte Dermatologin sagt, ab 42 ist es mit dem Hals nun mal vorbei.

Die AWF kann sich Make-up auf das Gesicht klatschen, Concealer über die Augenringe, die Haare färben, Extensions einflechten, Collagen, Botox und Restylane injizieren, aber abgesehen vom Halslifting gibt es nichts, was man für den Hals tun kann.

Unsere Gesichter mögen eine glatte Maske sein, der Hals erzählt die Wahrheit.

Wenn es sich die AWF wirklich geben möchte, an einem echt beschissenen Tag Bestätigung braucht, dass *life a bitch* ist, dann setzt sie sich auf die Rückbank eines Autos direkt hinter den Fahrer und schaut in den Rückspiegel, um ihren Hals zu betrachten. Es ist ein absolutes Mysterium, warum der Rückspiegel im Auto die fieseste Waffe ist, wenn es darum geht, unsere Würde und unser Selbstvertrauen zu zerstören.

Es gibt keinen übleren Halsspiegel als den Rückspiegel im Auto. Diese Dinger sind lebensgefährlich, denn suizidal Gefährdeten verleihen sie den Todesstoß. Aber es soll nicht um Autos gehen, sondern um Hälse.

Die einzige Alternative wäre also dieses verdammte Halslifting. Na, dann sprechen Sie mal mit einem Chirurgen darüber. Er wird der AWF sagen, dass ein Halslift immer mit einem Full-Facelift verknüpft werden muss. Er lügt nicht einmal, und er will Sie auch nicht in eine Falle locken, um noch mehr Geld aus Ihnen herauszuquetschen.

Am Hals ist nämlich die gesamte Visage aufgehängt. Stellen Sie sich eine Kugel aus Wachs vor. Wenn Sie auf der einen Seite kneten und drücken, verformt sich die Kugel an einer anderen Stelle.

Und ein Full-Facelift will ich nicht. Auch nicht als AWF. Das überlasse ich den JWF in Los Angeles ab 30. Meghan Markle soll ja einen Full-Facelift gemacht haben. Das gehört sich so in *good old Hollywood,* wenn man ab 30 im Showbiz am Ball bleiben möchte.

Ich möchte aber nicht fremde Menschen mit einem erschrockenen Gesichtsausdruck anstarren, und ich will auch nicht, dass mein Mund aufschnappt, wenn ich mich bücke.

Also, ihr JWF, ihr solltet euch vor den Spiegel setzen und gegenseitig eure wunderschönen, faltenfreien Hälse bewundern, geradewegs so, als wäre der Hals ein Fetisch.

Es wäre mir als JWF niemals eingefallen, dankbar dafür zu sein, dass ich einen glatten Hals habe. Man nimmt es als Selbstverständlichkeit. Das ist es aber nicht.

Ihr werdet es erst begreifen, wenn ihr eure Kleider mit tiefem Ausschnitt entsorgt und plötzlich realisiert, dass euch dicke Kaschmirschals um den Hals geschlungen am besten stehen! Hohe Stehkragen und Schluppenblusen mit großer Schleife werden plötzlich euer Favorit sein. Zu Weihnachten wünscht ihr euch einen Choker, diese breiten Colliers, die eng anliegend am Hals getragen werden und ihn praktisch komplett verdecken.

Geht mal ins Museum und schaut euch in der Galerie der

alten Meister um: Da gibt es kaum eine AWF ohne Choker. Queen Camilla trägt auch am liebsten Choker. Sie weiß, warum.

Madonna verpackt sich neuerdings komplett in Lack, Leder und Latex-Chaps. Latex ist überhaupt immer eine gute Lösung, da es den Zweck einer Wursthülle erfüllt, damit der gesamte Inhalt an Ort und Stelle bleibt. Wenn es also bei der Currywurst heißt,»mit oder ohne Darm?«, und Sie die Wurst sind, entscheiden Sie sich bitte immer für den Darm. Schon aus Rücksicht auf die gesamte Gesellschaft.

Die absolute Ikone hinsichtlich der Kontrolle altersbedingten Verfalls ist und bleibt Cher. Mit knapp 80 sieht sie aus wie 35 und steht damit ihrer nahezu 100-jährigen Mutter in nichts nach. Gott hab sie selig, denn sie hat die 100 nicht mehr erreicht. Aber sie wirkte noch mit 90 wie ein Frühlingsküken.

In Los Angeles gibt es einfach keine Falten mehr – sie wurden ebenso ausgerottet wie die Filzlaus in Europa.

Cher lebt jetzt übrigens in einem Altenstift für anonyme Megastars in Santa Fe. In ihrem Führerschein steht, sie sei schon 101. Dann wäre die Mutter wahrscheinlich 116 gewesen. Aber wer soll das bejubeln, wenn man sich Jahrzehnte jünger macht? Um das wahre Alter von Cher zu identifizieren, müsste ein Detektiv ans Werk. Die Sozialversicherungsnummer von Cher ist die 2. Der einzige Grund, warum sie nicht auf der Arche Noah war, ist, dass sie kein anderes Tier gefunden hat, das aussah wie sie.

Man munkelt, ihre Schamhaare seien bereits schneeweiß geworden. Bei günstigem Licht soll das aussehen, als wenn Richard Gere vor ihr niederkniet.

22 Haare auf den Zähnen

Ich bemühe mich seit Monaten darum, meine exorbitanten Maintenance-Investitionen zu Papier zu bringen, aber es hat sich als ein prekäres Kapitel entpuppt, und zwar aus einem sehr einfachen Grund: Mein Unterhalt beansprucht so viel Zeit in meinem Leben, dass ich kaum noch Zeit finde, jemals am Computer zu sitzen.

Darum liebe ich Pediküre: Man kann obenherum mit dem Finger am iPhone Bücher schreiben, während unten saniert wird.

Überhaupt hat sich viel getan, ja, es ist eine Industrie geworden, für kleines Geld breit gefächerte Maßnahmen anzubieten, welche die Angst der AWF vorm Altern betäuben.

Zumindest hier ist die alte weiße Frau eine willkommene und akzeptierte Zielgruppe – im Beauty- und Wellness-Sektor. Dort sind wir sogar unverzichtbar. Wir sind die Säule dieser Industrie.

Wobei festzustellen ist, dass paradoxerweise in der Werbung die Verträge an 18-jährige Modells vergeben werden, die beweisen sollen, dass die Gesichtsmaske oder die Augencreme Wirkung zeigt und das Alter tatsächlich aufschieben kann.

Und wir fallen nur allzu gern darauf herein.

Unterhaltsinvestitionen sind das, was man persönlich unternehmen muss, um erhobenen Hauptes in den Supermarkt zu gehen und sich nicht hinter einem Turm von Campbell-

Tomatensuppen zu verstecken, wenn einem dort per Zufall die Jugendliebe über den Weg läuft.

Ich kenne eine deutsche ehemalige Partnerin eines großen Hollywoodstudio-Bosses, die ungeschminkt auf dem Marktplatz in München einem wichtigen Medienmanager begegnet ist. Noch am selben Tage schrieb sie ihm eine E-Mail, dass sie von ihrer Zwillingsschwester gehört habe, dass ER es möglicherweise sein könne, der heute auf dem Viktualienmarkt gesichtet worden sei.

Eine Zwillingsschwester zu erfinden ist überhaupt eine raffinierte Lösung, um das Paralleluniversum, in dem man lebt, zu untermauern.

In Sachen Sanierungskosten gilt es, diese in zwei große Gruppen einzuteilen: einmal den Status-quo-Unterhalt, der anfällt, um die Fassade täglich, wöchentlich und monatlich aufrechtzuerhalten. Diese Investitionen sind notwendig, um den Standard zu erhalten, nicht, um ihn zu optimieren.

Und dann gibt es die Großinvestitionen, die monatlich oder jährlich anfallen, um die Uhr zurückzudrehen: Kiefersanierung, Krampfaderentfernung, Vampirlifting, Dermabrasion, Bauchdeckenstraffung und dergleichen, nicht zu reden von Lifting und Fettabsaugung.

Inzwischen haben sich Institute etabliert, die gleich dazu den Kredit beschaffen. Nicht nur in Osteuropa.

Nehmen wir Sylvie Meis: Sie lebt hauptsächlich von Bikinifotos und Werbeverträgen für Haarverlängerung, Restylane, Juvéderm und CoolSculpting, also Entfernung unerwünschter Fettpolster durch Vereisung.

Um all diese Verträge zu erfüllen, müsste sie eigentlich ihr gesamtes Dasein zu den handelsüblichen Bürozeiten in der Eisbox, beim Frisör, Chirurgen und Dermatologen verbringen.

Mit dem Ergebnis, dass sie bei all dem Einsatz gerade mal normal attraktiv aussieht. Ich meine, sie ist ja kein Supermodel, das uns alle flasht und durch seine Attraktivität neue Maßstäbe setzt oder nie gesehene Ideale verkörpert.

Sie ist eher gewöhnlich. Aber hübsch, das lässt sich nicht leugnen. Jedoch erreicht sie meiner Meinung nach nicht einmal das Niveau eines Katalogmodells wie Heidi Klum. Umso erstaunlicher, dass sie mit größtmöglichem Einsatz von dem Geschäftsmodell zu leben scheint, uns zu suggerieren, sie sei eine holländische Beauty Queen.

Ich ziehe den Hut vor Sylvies heldenhaftem Kampf, weil ich weiß, was es heißt, Dinge zu verkörpern, die sich nicht von selbst ergeben. Um dann letztlich der Welt noch Natürlichkeit vorzugaukeln.

Und diese ganze Kunstfertigkeit erreicht höchste Virtuosität, wenn sie von einer AWF wie Sylvie Meis exerziert wird. Es erinnert an eine alte Zirkusartistin, die im Backstage ordentlich malocht und Hand anlegt und dann bei ihren acht Minuten am Trapez im gleißenden Rampenlicht für eine 18-Jährige gehalten wird. Momentaufnahmen, die, bitte schön, kaschieren sollen, dass Sylvie Meis, wie es charmant auf Englisch heißt, »is pushing fifty«.

Bei mir fängt der Kampf ja schon mit den Haaren an.

Ich glaube, keine AWF ist sich bewusst, wie gesegnet sie ist, wenn sie ordentlich viel Kraut auf dem Kopf hat. Wie beneide ich jene Frauen, die einfach ihre dichte Matte hochzwirbeln und schwuppdiwupp eine Frisur haben.

In den 70er-Jahren meiner Kindheit haben sich Hausfrauen noch schamlos einen Dutt, sprich, eine Zweitfrisur wie eine Mütze aufgesetzt, um wohlfrisiert zu erscheinen. Was für eine logistische Zeitersparnis!

Heute bindet uns ein Viertel unseres Lebens an den Frisier-salon, um dort stundenlang beim Einknöpfen von Tressen, Extensions und Haarverdichtungen zu verharren – Lebenszeit, in der man gemächlich am iPhone eine neue Sprache lernen oder die gesamte Büroarbeit erledigen kann.

Eigentlich ist mein Frisör mein Büro geworden und so geht es Millionen anderer Frauen auch. Dies wird der Grund sein für den Niedergang der Gewerbeimmobilien. Wer benötigt noch ein Büro zwischen Homeoffice und regelmäßigen Terminen im Haarstudio?

Ich hasse Haarpflege. Es ist so ermüdend, zu entfilzen, zu waschen, zu föhnen, zu glätten, zu toupieren, zu ondulieren, zu frisieren – ich lobe mir jede Frau, die eiskalt die logistisch einzig intelligente Entscheidung fällt, die Perücke aufzusetzen.

Ich glaube, der Tod ist eine gigantische Erlösung von der Sorge ums Haar. Das Leben der AWF endet mit dem Loslassen des Anspruches, ob das Haar nun sitzt oder nicht. Manche Dinge des menschlichen Körpers sollen stehen, andere sitzen. Irgendwann wird alles zum Erliegen kommen, das steht schon mal fest. Bis es so weit ist, müssen wir nach allen Regeln der Kunst aufrecht bleiben.

Ich kenne viele Leute, die mir nichts, dir nichts täglich ihre Haare waschen. Sie investieren jeden Tag eine ganze Stunde, sieben Tage die Woche, an die 52 Wochen im Jahr, nur, um Haare zu waschen und zu föhnen. Das sind 365 Tage im Jahr, 365 Stunden. Haben Sie sich das mal ausgerechnet? Wir kommen hier auf neun Arbeitswochen! Es ist mir ein Mysterium, wie die Leute überhaupt noch ein Leben haben können.

Theoretisch könnte man sich für einen Pixie Cut entscheiden und dann über zwei Monate Urlaub machen, einfach faul irgendwo in Flip-Flops abhängen und die gewonnene Zeit in Urlaubstage umrechnen.

In neun Arbeitswochen erledigt sich heutzutage eine ganze Ausbildung. Denn es genügen ja schon zwei Wochen, um sich Visagistin oder Make-up-Artist zu nennen.

Egal!

Hallo, und hier ist noch nicht mal die Zeit eingerechnet, die es bedarf, um Shampoo zu kaufen! Haben Sie das in letzter Zeit mal gemacht? Ich gemahne an die Lebensmittelabteilung des KaDeWe, wo man zwischen 100 Sorten gekochtem Schinken und 200 Sorten Brot wählen kann. Genauso viel Fläche nimmt neuerdings im Drogeriediscounter die Abteilung für Haarpflege ein. Was ist das, bitte schön? Was müssen Leute alles tun, um das Haupthaar in den Griff zu kriegen?! Offenbar auch JWF. Vielleicht wollen die so viel Lebenszeit unter der Dusche und mit dem Föhn in der Hand verbringen, weil sie sich das Sperma aus den Haaren waschen müssen.

Man kann von Glück reden, wenn man überhaupt eine Tube oder Flasche findet, auf deren Etikett noch »SHAMPOO« steht. Angeboten werden Produktpaletten für krause Haare, ölige Haare, verfilzte Haare, kaputte Haare, sensible Haare, fettige Haare, Straightener, etwas gegen Spliss und Volumizer. Alles in Englisch natürlich. Und selbstredend für sämtliche Nuancen aller Haarfarben von Blond über Brünett bis Kastanie und Blauschwarz.

Wie kaputt müssen Haare eigentlich sein, um als »kaputt« zu gelten?

Neuerdings gibt es verschiedene Sorten von Ansatzpuder, ehemals »Frottee« von Schwarzkopf, das angeblich die Haarwäsche ersparen soll. Offenbar saugt das Produkt Fettabsonderungen auf und verleiht Standfestigkeit und Volumen – natürlich auf Kosten des Glanzes. Aber dafür kann man ja ein Glanzhaarspray kaufen.

Leute, ich habe hier nur von Shampoos geredet! Hinzu kommen die Conditioner, Haarfestiger, Haarschaum, Haarkuren, Hitzeschutz, Haarwachs, Haargel, Haarsprays, Mousse in allen möglichen Varianten.

Dies alles auf einer Reise im Gepäck mitzuführen, nimmt schon einen halben Koffer in Anspruch und läuft auf die Zahlung von Übergepäck hinaus, außer man urlaubt in einem Nudistencamp.

Nicht selten werde ich von superreichen Freunden auf eine Jacht eingeladen. Was für eine Misere es doch wäre, fünf Tage in einer winzig kleinen Schlafkabine, in der man sich kaum umdrehen kann und die – weil sie schwimmt – Millionen wert ist, unter dem Rinnsal einer luxuriösen Pseudodusche das von Salzwasser geschädigte und hoffnungslos verfilzte Haar per Föhn … Tja, was? Zu retten? Zu glätten? Zu »detangeln«?

Es gibt auf einsamen Inseln der Karibik ja keine Frisöre. Nur Marktstände, an denen Zöpfe mit Perlen eingeflochten werden. Und das bekommt meinem nordosteuropäischen Haar gar nicht. Diesem dünnen, feinen Haar bekommt prinzipiell gar nichts. Ich glaube, meine DNA hat vorgesehen, dass mein Haar mit einem Naturhornkamm mit Silbergriff sorgsam und liebevoll ausgekämmt und dann zu zwei Zöpfen geflochten wird. Gut, man könnte sie auch um den Kopf herumlegen wie bei Gretchen oder zu Schnecken oder gar Affenschaukeln stecken, so wie ich es als Kind oft trug. Auch der Chignon, der kunstvoll im Nacken verschlungene Ballerinendutt bei schlicht zurückgekämmtem Haupthaar, steht mir ausgezeichnet.

Ja, ich könnte erwägen, mit langem Hals und einer großen Sonnenbrille aufrecht im Wasser mit sorgsamem Brustschwimmen, möglichst ohne nass zu werden, mitzuhalten. Aber ich bin umgeben von jungen, alten und bunten Frauen, die lässig vom Sprungbrett einer Jacht im Nudebikini per Kopfsprung abtauchen und mit einem Seestern in der Hand irgendwo anders wieder auftauchen. Alle mit goldenem Teint, angeblich ungeschminkt, und mit langen, blonden, fülligen »Beach-Waves«, die lässig auf den Schultern aufliegen wie bei einer Meerjungfrau.

Ganz klar, dass dies eine AWF entmutigt. Und ich bin mir nicht zu schade, öffentlich herauszuposaunen, dass manche VIPs auf diesen Schiffen, die als hochdotierte Partygirls unterwegs sind, es meiden, überhaupt ins Wasser zu gehen. Sie machen sich bestenfalls die Fußspitzen nass. Aus Angst, dass alles wegschwimmt: die Buseneinlagen, die Wimpern, die Slipeinlage, die herausgewachsenen Extensions, die nur noch am seidenen Faden hängen. Was ist, wenn eine Welle kommt?

Entweder bist du top als Jacht-Girl oder du gehörst zu denen, die in Panik verfallen.

Am Ende schwimmt noch das Veneer davon, denn à la Meghan Markle setzt sich der omnipräsente Jetset ja auch passend zum Event die falschen Zähne ein. Klick, klick und fertig. Mit den mir bekannten Veneers lässt sich gar nicht sprechen, aber das ist ja bei Fototerminen und Selfies für Insta ohnehin nicht erwünscht. Ich kenne viele Promis, die für jeden Anlass verschiedene Veneers zur Auswahl bereithalten, geradewegs wie diverse Ohrringe aus der Schmuckschatulle. Kommt natürlich aus Hollywood und ist dort seit Jahrzehnten nicht weniger verbreitet als Brustpolster für den BH. Achten Sie mal auf die Gesichter der Heldinnen von Sex and the City: immer andere Zähne, ganz nach Tagesform – natürlich nur, wenn nicht gesprochen wird.

Bei vielen Infuencern ist das ja sogar ausgesprochen wünschenswert.

Ich jedenfalls kann nicht nur in allen Lebenslagen eloquent zu allem quatschen, ich besitze auch die Produktpalette, um mir nach neuestem Standard die Haare zu föhnen. Denn ich bin den Kampf mit sprödem Haupthaar gewohnt. Sogar an Land!

Zwar habe ich Föhnbürsten mit raffinierten Aufsteckdüsen, Heißwickler, Velcro-Wickler, automatisch aufblasbare Heißlufthauben, Gel, Mousse (!), Spray, aber mein Haar sieht unprofessionell frisiert aus, egal, was ich davon anwende. Deshalb gehe ich zweimal die Woche zum Frisör, um es föhnen zu lassen. Das ist billiger als Psychoanalyse.

Am Ende des Jahres habe ich somit 80 Stunden beim Frisör verbracht, nur für die Basics, was zwei Arbeitswochen ausmacht. Natürlich kommen noch Sondermaßnahmen on top, wie Nachfärben, Schneiden, Trimmen etc. pp.

Vielleicht macht es der Hundesalon billiger, man sollte es wirklich in Erwägung ziehen.

Wäre ich weniger eitel und hätte ich von Natur aus seidiges, dickes, asiatisches oder indisches Haar, dann hätte ich in all diesen Stunden auf eBay dicke Geschäfte gemacht oder mich in den Aktienmarkt eingearbeitet. Aber ich kann keine Hedgefonds verwalten, da ich ja zum Frisör muss.

Der Frisiersalon ist für mich fast zum Zweitwohnsitz geworden. Die dort Angestellten gehören praktisch zur Familie. Ich verbringe mit ihnen schließlich mehr und vor allem regelmäßiger Zeit als mit großen Teilen meiner Kollegen oder Freunde.

Wenn man heutzutage regelmäßig zum Frisör geht und gleichzeitig täglich der Postzusteller von Amazon kommt, ist man überhaupt nicht mehr einsam. Gibt man großzügig Trinkgelder, hat man sich wie in die Mafia eingekauft, und sie würden alles für einen tun. Es gibt Champagner und Latte macchiato gratis, jeder Wunsch wird mir von den Augen abgelesen. Gazetten muss ich auch nicht mehr kaufen, die üblichen Boulevardblätter stehen für mein generelles Update an Klatsch und Tratsch gratis zur Verfügung, und neulich hat sogar jemand den Fehler gemacht, mir beim Frisör eine internationale *Vogue* hinzulegen. Das hat mich 30 000 Euro gekostet. Aber Sie sollten jetzt mal meine neuen Zähne sehen! Für eine AWF, die Haare auf den Zähnen hat, gehören Haare und Zähne natürlich zusammen!

23 Die AWF und ihr Polydiadem

Früher – und damit meine ich das vorige Jahrhundert – war 60 das neue 40. Folglich muss 50 das neue 30 sein. Und 70 ist demnach das neue 50.

Und Restaurants sind das neue Theater. Selten sieht man dort grauhaarige Frauen.

Es gibt natürlich einen Grund für all diese Veränderungen. Wenn 40, 50, 60, 70 nicht mehr so aussehen wie früher, liegt das weder am Feminismus noch an der Ernährungswissenschaft. Okay, der Chirurg und der Dermatologe verhindert das Gröbste, aber nicht die Sit-ups sind das Geheimnis der Konservierung einer AWF, sondern eine Maßnahme, dessen Erfinder um den Nobelpreis betrogen worden ist. Genauso wie ich um meine Kulturpreise!

Die Fackel in unserer Hand, mit der wir gegen die JWF zu Felde ziehen, ist Wasserstoffperoxid!

Es gibt kaum eine Frau, die kein Polydiadem trägt. In den Metropolen dieser Welt gibt es keine grauen Haare mehr. Diese sind ohnehin ein Trugschluss fürs Alter, weil sie den JWF schon ab 30 wachsen. Vielleicht liegt das am Ecstasy.

Beim Haarfärben wird chemisch die Schuppenschicht der Haare geöffnet. Dann werden die natürlichen Farbpigmente entzogen und die Schuppenschicht wird aufgeraut. In dieses somit farblose Haar wird im Anschluss die neue, ausgewählte Wunschpigmentierung eingeschleust.

Ich glaube, dass es allein Polycolor ist, welches Frauen dazu verhilft, ab 40 den Job zu behalten und noch eine Karriere zu haben. Nichts beeinflusst die Mode mehr als die Haarfarbe! Ab der Mitte des Lebens färbt nicht selten sogar der AWM die Haare, um seinen Posten im mittleren Management zu behalten.

Die neue Haarfarbe ist der Todfeind des Hutes.

Die Generation meiner Großmutter Anneliese, geboren 1918, pünktlich zum Ersten Weltkrieg, hat sich noch, um das graue Haar nicht preiszugeben, einfach einen Hut aufgesetzt.

Modistinnen hassen Frisöre. Der Modellhut hat einst zu jedem wohlsortierten Kleiderschrank gehört, keine einigermaßen gepflegte Dame wäre auf die Idee gekommen, in einer Großstadt das Haus ohne Kopfbedeckung zu verlassen.

Ich liebe Hüte über alles! Ich bedauere es zutiefst, dass Hüte nicht mehr tagtäglich unser Outfit abrunden.

Zur Strafe hat man uns dazu verhaftet, alle vier bis sechs Wochen noch mal 90 Minuten beim Coloristen verbringen zu müssen. Blond zu sein, ist schließlich die Basis einer Karriere. »Blondine« ist zur Berufsbezeichnung geworden. Ich trage es regelmäßig als meine Berufsbezeichnung bei Behörden ein. »Diseuse« verstehen sie ja nicht.

Und ich bin froh, dass mein Label nicht »Daniela Katzenberger« ist. Wenn ich beim Frisör ankomme, sitzt sie schon da und lässt sich seit dem frühen Morgen neue blonde Haare bis zur Taille anschweißen, und wenn ich den Salon verlasse, wird bei ihr gerade mal die Ansatzfarbe aufgetragen.

Wem das Quartal, das eine normale AWF beim Frisör absitzt, noch nicht genügt, der kann auf Strähnchen umsteigen. Dafür werden die Haare millimetergenau in Strähnen unterteilt, diese sorgfältig mit Blondierung eingestrichen, wie es beim Backen eines Baumkuchens zu erfolgen hat, und liebevoll einzeln in kleine Pakete aus Aluminiumfolie gewickelt, um dann über 90 Minuten unter Hitzeeinwirkung bestrahlt zu werden. Das ist natürlich Hardcore-Coiffeur-Porn. Eine Vergewaltigung ist es aber nicht, weil Frauen jeglichen Alters ja damit einverstanden sind, darum bitten und der Frisör nur auftragsgemäß handelt.

Wem der Hardcore-Porn too much ist, wer nicht in Alufolie eingewickelt werden will, dem werden als Einstiegsdroge Highlights angeboten. Sie sind so etwas wie der erste Joint gratis, den der Dealer dir in Jamaika anbietet.

Die AWF wird nach einer stundenlangen Prozedur mit vier bis sechs glossartigen Glanzlichtern auf dem Haupthaar entlassen, welche in der Tönungsnuance nur wenig vom Haupthaar abweichen, und sich als naive Novizin fragen, ob der eigene Ehemann, vermutlich ein AWM, sie noch wiederkennen wird, wenn sie nach Hause kommt. Dieser AWM wird vermutlich nicht einmal registrieren, dass sie für 500 Euro den halben Tag beim Frisör gesessen hat. Was aber auch völlig egal ist, denn die AWF wird von diesem Tag an nach mehr verlangen, eine tiefe Bindung mit ihrem Coiffeur eingehen, alle vier Wochen für drei Stunden im Salon ihres Vertrauens abtauchen, dort intime Gespräche führen, ihr Herz ausschütten, Ratschläge über das richtige Viagra erhalten, sich über die angesagtesten Reisedestinationen, Restaurants und Clubs informieren und in zwölf Monaten für die Highlights so viel Geld investieren, wie die JWF für ihren ersten Gebrauchtwagen cash beim Händler auf den Tisch legt.

Wenn sie durch die Highlights bei ihrem Frisör eine neue Busenfreundin gewonnen hat, die fast genauso berühmt ist wie Beyoncé, wird sie als gute Kundin sogar zu Events des Salons eingeladen, wo sie bald mit der Champagnerflöte in der Hand auf einen jugendlichen Liebhaber treffen wird, der sie besser durchkachelt als ein AWM. Damit hat sich die Investition in das Haupthaar doch allemal gelohnt.

24 Lass waxn, Baby!

Ich bin so froh, dass ich keinen Damenbart habe! Er begleitet das Leben vieler AWF. Wo wären wir bloß ohne den Laser unseres Dermatologen? Der Ansatz eines leichten Oberlippenflaums kann nach der Menopause also zum Problem werden. Man kann jedoch etwas unternehmen gegen unerwünschte Gesichtshaare an den falschen Stellen. Und es muss gar nicht unbedingt der Laser sein. Genauso, wie seit der Jahrhundertwende plötzlich die Welt von koreanischen Nagelstudios übersät ist und man zusätzlich zu der vergeudeten Lebenszeit beim Frisör einen Großteil des Lebens in Mani- und Pediküre investiert, verbreitet sich gerade die traditionell aus dem Orient stammende Fadentechnik zur Entfernung der Gesichtshaare.

Die Zeiten von Bleichcremes sind offenbar vorbei. Und nirgends begegnet uns eine Frida Kahlo, die mit Stolz, sprich Pride, ihren Damenbart als Trend propagiert.

Was Osteuropäerinnen uns voraushaben, das ist das gestrenge Beautyregime. Ohne Schmerzen lässt sich ein Körper eben nicht umformen. Das wissen wir schon vom Russischen Ballett. Da macht denen keiner was vor und wir machen uns gesenkten Hauptes vom Acker. Im Gegensatz zu einem kommunistischen Regime sind wir hierzulande eben doch alle aus Zucker.

So geriet ich in London an eine Akrobatin namens Svetlana,

die mit Fadentechnik ihr Leben finanzierte. Mit einem sehr langen Bindfaden, den sie zwischen ihren Zähnen verankerte, entfernte sie auf die Schnelle gründlichst mit drehenden und reißenden Bewegungen ihrer schlanken Finger alle Haare meines Gesichtes. Mir kam es fast wie Klöppeln vor. Wie im Nagelstudio war ich eine von vielen JWF und AWF, die in bequem gepolsterten Sesseln leicht zurückgelehnt ihr Gesicht präsentierten, damit diesem Schmerz zugefügt werden würde. Svetlana konnte das sehr gut. Nach 15 Minuten hatte ich für die nächsten vier Wochen eine samtweiche Babyhaut. Kinnpartie, Damenbart, Augenbrauen – alles makellos wie ein Babypopo. Jede Maquillage entfaltete sich fortan wesentlich schmelzender in der Konsistenz, jede teure Creme konnte endlich ungehindert in meine Poren eingeschleust werden, alle Barrieren, die ich durch feinste Körperhaare meiner Haut ein Leben lang aufgebaut hatte, waren endlich entfernt.

Um als AWF die Möglichkeiten der Haarentfernung auszuloten, sah ich mich durch diesen unerwarteten Erfolg dazu aufgerufen, es doch einmal mit Brazilian Waxing zu probieren. Klar kannst du dir alles selbst rasieren, aber abgesehen davon, dass es Fehlschläge gibt, bei denen du blutest wie ein Schwein, geht die Mär, dass durch Rasur die Haarwurzel eher gefestigt wird und du bald an deinen Beinen und überall sonst, wo du dich rasierst, von dicken Borsten übersät sein wirst, um am Ende auszusehen wie ein Bär.

Das kommt für mich nicht infrage.

Modemagazine und auf jeden Fall der angestrebte Erfolg auf Social Media setzt voraus, dass bei der notwendigen Routine einer gepflegten jungen weißen Frau professionelles Bikiniwaxing unvermeidbar ist.

Aalglatt, sandgestrahlt sollen wir uns präsentieren und der

Filzlaus kein Habitat mehr bieten. Eingewachsene Haare werden keine Chance mehr haben, die entzündliche Pickelage einer schlechten Rasur in die falsche Richtung wird umschifft und kein einziges Schamhaar kann sich mehr im Klebestreifen der Slipeinlage verfangen, sodass wir zur Bushaltestelle humpeln, weil es im Schritt zwickt und zwackt.

Wie sonst könnte man auch im Stringtanga posen, wenn seitlich die Schamhaare sprießen?

Mag die alte weiße Frau noch eingesehen haben, dass es appetitlich ist, sich seitlich vom Kraut zu befreien, so reicht dies der JWF bei Weitem nicht. Schon allein, um in der Leistengegend eine Freifläche für die dort vorgesehenen Begrüßungstattoos zu schaffen.

Eine Einfahrt, die in Benutzung ist, muss sich natürlich auch zugänglich präsentieren. Es ist wie bei einem Restaurant: Da verrät schon der Eingang, was in den hinteren Bereichen und auf der Speisekarte zu erwarten ist. Vor allem, wenn Fisch serviert wird.

So wird sich eine Nacktschnecke nicht nur mit einem Tattoo in der Leistengegend, sondern zusätzlich einer Palme, dem Peace-Zeichen oder einem rosa Dreieck auf dem Venushügel präsentieren.

Und auf OnlyFans ist diese Landschaft gar als Profilbild vorgesehen.

Wozu sonst hat man sich das Arschloch auf Apricot bleachen lassen? Nach der Brustvergrößerung zum Abitur in den USA und dem Aufspritzen der Lippen mittlerweile einer der weltweit am häufigsten verbreiteten Eingriffe.

Aber zurück zum Thema: Ich weiß nicht, was schmerzhafter ist, ein Bikiniwaxing oder eine Zangengeburt?

Da jedoch alle losen Luder durchtätowiert sind und sich

ohne Betäubung die Lippen mit fiesen Nadeln vergrößern lassen, ohne dabei etwas zu empfinden, gehört der Dammriss quasi zum Standard körperlicher Belastung.

Vor mir war eine JWF dran, die sich den Venushügel noch zusätzlich mit einem Herz dekorieren ließ. Der zunächst getrimmte Bereich wurde erst pink eingefärbt und dann mittels einer Schablone vom Waxing ausgespart.

Ich hätte meine Ausstechförmchen aus der Backschublade mitbringen sollen, die ich seit Urzeiten für die Lebkuchenbäckerei verwende. Überhaupt wären auch alle meine Utensilien für die schönen Puderzuckerdekorationen hilfreich für die Waxingbar. Man könnte sie gleichzeitig für das Topping des Latte macchiatos verwenden.

Auf diese Weise könnte man die getrimmte Schamhaarpracht einer JWF auf dem Venushügel auch mal um ein niedliches Schaukelpferd, einen Christbaum oder ein Häschen erweitern.

Ich habe die Prozedur nur überstanden, weil ich meine Lamaze-Atemtechnik aus dem Geburtsvorbereitungskurs angewandt habe. Schließlich wird flüssiges, heißes Wachs auf die empfindlichsten Stellen der Schamzone aufgebracht, um dieses dann nach Erkaltung und Verfestigung ruckartig von einer AWF abreißen zu lassen.

Kennen Sie das, wenn man einen Leuchter von alten Wachsresten befreit und Überreste herauspopeln muss? Das ist dann der Abschluss der Prozedur.

Während die Geburtsschmerzen einer Frau in Vergessenheit geraten, bestätige ich hiermit, dass ich den Schmerz dieses unbetäubten Eingriffes in der Zone meiner Vulva nie vergessen werde.

Und dies tut sich eine Generation junger Feministinnen an,

die gleichzeitig für die Gleichstellung der Geschlechter auf die Straße geht!

Die Tierschutzpartei setzt sich für die schonende Stallhaltung von Ferkeln ein, aber die JWF legt sich freiwillig auf die Schlachtbank, um sich bei vollem Bewusstsein die seit der Evolution tief verwurzelte Behaarung der Schamzone abreißen zu lassen.

Ich hätte wirklich angenommen, dass es mir weniger ausmachen würde. Ich dachte immer, ich sei hart im Nehmen.

Und ich hatte keine leichte Geburt: Wenn man nämlich ein Kind zur Welt bringt, das eine Krone auf dem Kopf trägt, ist der Dammriss wesentlich größer.

Warum tut sich die JWF das an? Um einem wahrscheinlich AWM eine aalglatte Ebene zu bieten, an der er sich oral laben kann, wie sie selbst es gern an ihrem Softeis täte? Dann wird abkassiert und Tschüss!

25 Botox? Da muss ich lachen, wenn ich könnte

So viel wird über die Attraktivität einer JWF geschrieben, warum öffnet niemand die Augen für die Schönheit einer AWF?

Ich will Ihnen verraten, warum ich an den ungelifteten Gesichtern der AWF niemals Anstoß genommen habe: Wenn das Leben mit dir lieblos und hart umgegangen ist, gehe ich völlig d'accord damit, diese Botschaft als Warnung visuell rüberzubringen.

Warum sollen sämtliche junge und alte Frauen unterschiedlichster ethnischer Herkunft aussehen wie mit derselben Schablone ausgestanzt? Wie nach einem fast schon faschistoiden Schema von jeglicher Individualität, die sie einzigartig und unverwechselbar macht, befreit? Wie Soldatinnen aus der chinesischen Massenproduktion. Jede will aussehen wie eine andere! Was soll das?

Ich würde vorziehen, dass die Menschheit mir ansieht, wie viel Scheiße ich zu bewältigen hatte.

Umso früher ich wie eine alte Echse aussehe, umso eher kann ich anfangen, bei öffentlichen Auftritten ein schwarzes Cape mit Kapuze zu tragen und in der Hand einen Eichenstab zu schwingen. In der Presse würde stehen: Sie hat sich mal wieder neu erfunden.

Intoleranz, Shitstorms und Wut würde ich locker wegstecken.

Was ich hingegen gar nicht hinnehme, ist, beim Blick in den Spiegel traurig und müde auszusehen, wenn ich gar nicht traurig und müde bin. Ich bin ja nicht Lady Gruffalo. Manche Leute haben eine Visage, die aussieht wie eine Bitch, die gerade Pause macht. Ja, es gibt AWF, die als traurige Witwe daherkommen und eine Visage wie eine ausgebombte Turnhalle haben. Sie haben nicht selten den Champagner zum besten Freund erkoren, klammern sich an billige Schlagzeilen, präsentieren ihren Digital Creator aus der LGBTQ+-Community aus Einsamkeit als ihren postpubertären Liebhaber und verkünden, sie wollen mit 65 erstmals Mutter werden. Unabhängig von der Tatsache, dass dieser gelebte Fantasyroman der Hilfeschrei einer verkrachten Existenz ist, halte ich Verzweiflungstaten dieser Art für gebündeltes Leid, ererbtes Trauma, welches aus Narzissmus öffentlich ausgeschlachtet werden soll wie ein Flugzeugabsturz, der ja auch eine erschreckende Aufmerksamkeit generiert. Eine menschliche Katastrophe.

An einer Rentnerin vorgenommene Zeugungsakte sind Kriegsführung gegen Mutter Natur.

Ich persönlich bin als AWF schon voll ausgelastet mit der Kriegsführung gegen meine eigene Visage. Ich war mir nicht einmal zu schade, diese analogen Spielereien zu kaufen, die manuell gegen den Verfall eingesetzt werden. Schon meine Großmutter hatte einen ovalen Rollstab aus poliertem Amethyst, mit dem sie meinte, ihre Züge glatt polieren zu können.

Der Wirkung von Edelsteinen werden ja große Heilkräfte nachgesagt. Manche Menschen legen sich einen Amethyst unter das Kopfkissen, da er angeblich für erholsamen, ruhigen Schlaf sorgt und vor Albträumen schützt. Der Amethyst wirkt beruhigend auf Nerven und Herz und er fördert die Konzentrationsfähigkeit. Außerdem stabilisiert er den Blutdruck.

Die Wirksamkeit der Heilsteine löst im Körper Frequenzen aus, mit denen sich Befindlichkeiten steuern lassen. Zum Beispiel sollen Kristalle negative Energie abwenden.

Ob für Schönheitsideale oder die Heilung von Krankheiten, schon alte Kulturen wie die Maya und Ägypter haben daran geglaubt, dass der Rosenquarz durch seine gebündelte Energie Selbstheilung und Liebesenergie aktiviert.

Gute Wangenknochen sind praktisch wie der Büstenhalter des gesamten Gesichtes. Sie bilden das Gerüst und gleichen vieles aus. Da ich meine gesegneten Wangenknochen behalten möchte, tue ich, was ich kann. Und so entdeckte ich jüngst ein Revival dieser mir vertrauten Gesichtsroller, die inzwischen in vielen Varianten in den Drogeriemärkten ihre Wiedergeburt erleben. Ich konnte einfach nicht daran vorbeigehen. Immerhin nix Batteriebetriebenes, Elektronisches, was als Massagestab daherkommt, sondern Spiritualität, in Plastik abgepackt. Man kann die rund geschliffenen Kugeln der Halbedelsteine und Kristalle auch in eine Karaffe legen und das Wasser dadurch mit Mineralien anreichern.

Schaden kann es gewiss nicht. Genauso wenig wie Reichtum von Nachteil wäre.

Warum also nicht ausprobieren? Face-Yoga als Weg zum Glück für 53,06 Euro. Vielleicht erspart es den Full-Facelift?

Hübsch sah das Teil aus Rosenquarz ja aus. Das Skin-Care-Tool versprach Elastizität und Spannkraft. Es helfe bei verkrampften Lymphdrüsen und versteiften Faszien. Der handliche Rollstab versprach die Bildung von Elastin und Collagen zu stimulieren, was mein Hautbild jünger erscheinen lassen soll. Quasi durch Eigenheilung. Arterien und Venen sollten von dem Druck des Massage-Effektes stimuliert werden, wodurch die Durchblutung der Gefäße verbessert und die Haut mit Nähr- und Sauerstoff versorgt werden soll. Natürlich nur, wenn man sich täglich acht bis zwölf Stunden in liegender Position abrollert. Sie wissen, wovon ich spreche. Es gibt die Dinger bei QVC.

Wie ein Athlet habe ich nach meinen 50 morgendlichen Sit-ups, von denen bislang nur der Teppich unter meinem Arsch dünner geworden ist, einen Monat lang meine Gesichtsmuskulatur trainiert. Auf natürliche Weise. Wahrscheinlich aber falsch, weil zu kurz. Außerdem weiß ich nicht, ob eine eventuelle Verbesserung der pflegenden Kosmetik zuzuschreiben ist, die ich mir gönne.

Ich weiß nur, dass, wenn ich in der Sauna liege und danach in den Golf von Finnland springe und dort schwimme, meine Haut auch durchblutet und aktiviert wird. Das dauert 15 Minuten. Bei drei Saunagängen komme ich mit einer Stunde plus Ruhezeit aus und kehre rosig und prall wie eine Brühwurst wieder heim. Und zwar nicht nur partiell behandelt, sondern rundum.

Da ich ein öffentliches Profil habe und eine Marke bin, stelle ich mich gern als Testimonial zur Verfügung. Ich bin eine AWF und repräsentiere damit meine gesamte Generation.

Folglich gab ich nicht auf und sondierte die Möglichkeiten, die Millionen anderer Frauen angeblich auch zu jugendlichem Flow und faltenfreiem Antlitz verholfen haben. Und es gibt heute allerhand: Im nächsten Schritt testete ich eines dieser Schlafkissen, die vermeiden sollen, dass die Nachtcreme aus dem 400-Euro-Tiegel von La Prairie in die teure Biberbettwäsche mit hübschen Pferdemotiven eingerieben wird, anstatt in meine durch eine Maske geöffneten Poren. Das Kissen mit dem Memoryfoam ist innerhalb der ersten Nacht allerdings zu einem Kissen für ein Puppenhaus zusammengeschrumpft.

Kuschelig war es nämlich nicht gerade, sodass ich es von allen Seiten ausprobierte, wodurch es zu einem verbeulten Ball mutierte.

Schließlich wurde mir auf dem iPhone eine App zugespielt, eine Beauty-App. Stündlich sendet sie nun ein Erinnerungssignal, damit ich nicht vergesse, per Selfie zu kontrollieren, ob meine Visage nicht unter meinen Verkrampfungen kollabiert und in sich zusammengefallen ist. Ich soll dann tief einatmen und meine Gesichtsmuskulatur entspannen. Die App meines auf dem Schreibtisch abgelegten iPhones fotografiert mich heimlich aus ungewohnten Perspektiven, zum Beispiel, während ich am Laptop sitze und tippe, damit ich selbst erlebe, wie ich aus der Perspektive einer Fliege aussehe: als würde Heinrich VIII. seine acht Ehefrauen kritisch beäugen und krampfhaft abwägen, welche er zuerst köpfen lassen soll.

Ich sah bislang noch nicht besser aus und wollte mich nicht geschlagen geben. Da ich das Einkommen einer Karrierefrau der oberen Mittelklasse erwirtschafte, erkundigte ich mich, was denn heutzutage an sogenannten Facials zwecks Optimierung machbar wäre. Natürlich in einem Kosmetikstudio, welches das Vertrauen von Weltstars genießt. Ich wollte dann schon dort behandelt werden, wo sich Kate Middleton und Meghan Markle ihren goldenen Glow holen.

Die A-Lister greifen ja heutzutage in den Top-Kosmetikinstituten auf die verrücktesten Maßnahmen zurück: Massagen innerhalb der Mundhöhle sind der Geheimtipp, Stromstöße zur Zellerneuerung, Radiofrequenzen und partielle Vereisungen.

Was ich ganz toll fand, war, dass Svetlana mir mit einem Komedonenquetscher die Mitesser aus meiner Ohrmuschel entfernt hat. Die sehe ich selbst ja nicht, und das war super.

Anschließend hatte ich für 24 Stunden ein glänzendes Kortisongesicht, und ich sah genauso aus wie vorher – nur rundum gerötet. Der hauptsächliche Davor-danach-Unterschied bestand darin, dass ich jedes Mal um 500 Euro ärmer war.

Zwei Jahre habe ich diese Prozeduren und Investitionen aufrechterhalten, doch niemals habe ich auch nur ein einziges Kompliment dafür bekommen, während ich die wirklichen Weltstars aus Hollywood akribisch beobachtete, die inzwischen AWF sind: Cameron Diaz, 50; Kate Winslet, 47; Jennifer Lopez, 53; Jennifer Aniston, 54; Sarah Jessica Parker, 58; Kim Cattrall, 66; Kristin Davis, 58; Cynthia Nixon, 57; Julia Roberts, 55; Lisa Vanderpump, 67. Und ich spreche hier nicht einmal von einer Helen Mirren, 77, die bei ungünstigem Lichteinfall aussieht wie ihre eigene zehn Jahre ältere Haushälterin. Oder von Glenn Close, 76. Oder Joan Collins, 89 Jahre. Das sind ja keine AWF, sondern Lichtgestalten!

Bis mir jemand aus royalen Kreisen, mit denen mein Sohn verwandt ist, zuflüsterte: »Die nehmen doch alle Botox!«

Jede Pop-Göttin ist voll mit Botox. Schon ab 25. Die warten gar nicht erst bis 30, wenn die Zielgruppe Kids sind, wie bei Miley Cyrus oder Ariana Grande. Sie sollen weder Diven noch voll entwickelte Frauen sein, sondern ihrer Marke – dem Kindchenschema – treu bleiben. Wie alt sind eigentlich inzwischen die Olsen Sisters? Sind das auch schon AWF? Ja! Die Babyfaces sind 37 und gehen auf die 40 zu. Jetzt nennen sie sich Modedesignerinnen.

Immerhin gehört Paris Hilton mit fast Mitte 40 auch bald zum Club der AWF, wenngleich man sie für die Schwester ihrer eigenen Mutter hält. Auch Kim Kardashian ist mit 42 schnurstracks eine AWF. Und ich frage mich, warum sie nichts für die Anti- *#ageism* -Bewegung und die entsprechenden -Kampagnen tut?

Wenn also bei all den Weltstars, insbesondere bei einer 50-jährigen Heidi Klum, Botox quer über das Gesicht geschrieben steht, wüsste ich nicht, warum ich die einzige Frau der Welt sein sollte, die auf diese Maßnahme verzichtet. Wenn Weltstars Filter benutzen, warum darf ich nicht darauf zurückgreifen?

Ich fände es in einer Welt, die sich per United Nations »Gerechtigkeit« auf die Fahnen schreibt, äußerst ungerecht, mich von alldem auszuschließen, was jene Ikonen nutzen, denen wir in Entertainment, Kunst und Kultur zujubeln.

Zumal eine Botox-Behandlung 300 Euro kostet, zehn Minuten dauert und circa sechs Monate hält.

Neun kleine Stiche über der Augenbraue beziehungsweise unterhalb der Stirn, rechts und links zwei Stiche nasolabial und unterhalb der Jawline rechts und links am Kiefer.

In ein paar Wochen sollte ich mich zwecks Nachkontrolle vorstellen und in 14 Tagen wären erste Ergebnisse sichtbar. Von Tür zu Tür eine Investition von 90 Minuten, einschließlich Parkplatzsuche am Gendarmenmarkt in Berlin.

Schon auf dem Heimweg bemerkte ich den ersten Effekt: Mein Gesicht wurde von einer wärmenden Entspanntheit überzogen, als hätte ich eine Propofol eingeworfen.

In den nächsten Tagen entspannten sich meine Gesichtszüge merklich, als wären sie im Urlaub an meinem Traumstrand auf Antigua.

Weil ich meinen Anblick im Spiegel wohlwollend betrachtete, entspannte sich wiederum auch mein ganzer Körper. Ich fühlte mich, als unterstünde ich der Betreuung eines buddhistischen Mönches.

Ich blickte in den Spiegel und fragte: »Wie werde ich in Zukunft zurückschlagen, wenn die Neider aus ihren Löchern gekrochen kommen, weil ich so gut aussehe? Weil das Alter um mich einen Riesenbogen macht und ich das Mysterium der Jugendlichkeit besitze?«

Und ich gab mir selbst die Antwort:»Nein, mein Liebling«, sagte ich zu mir,»das Universum setzt in eleganten Kurven seine unendliche Ausdehnung fort. Alles ist so, wie es sein sollte, damit dieser Kosmos weitere 100 Millionen Jahre besteht. Bestell dir eine Pina Colada und chill, Baby!«

Ich spreche im Zweifel immer gern mit mir selbst. Meist bekomme ich ausgesprochen freundliche Antworten.

Ich würde den Effekt von Botox so beschreiben: Die Behandlung lässt mich ohne persönliche Anstrengung einfach entspannter aussehen. Deshalb reagiert die Umwelt freundlicher auf mich, und das Leben ist schöner, als es ohne Botox wäre. Ich erschrecke mich nicht mehr vor der fremden Frau, wenn ich in den Spiegel schaue. Das ist doch schon ein guter Anfang.

Botox hat denselben Effekt, den eine AWF aus der Arbeiterklasse von ihrem Kurzurlaub mit dem Campingwagen an der Ostsee erwartet: Du kommst erholt nach Hause, hast keine Bikinistreifen und bessere Laune als zuvor!

Wenn die Botox-Polizei dagegen etwas einzuwenden hat, versagt sie in Sachen Frauensolidarität so, wie es einst die Vagina von Eva Braun im Jahre 1936 tat.

Man könnte anstatt Botox natürlich auch ein Ei aus Rosenquarz in der Mumu spazieren tragen, um die Muskulatur von innen heraus zu entspannen.

Was im Mund helfen soll, funktioniert ja wohl auch unterrum.

Da muss ich lachen – wenn ich könnte!

26 Mein Tutorial für die JWF

Wer redet eigentlich von Falten? Die AWF führt einen einzigen Feldzug gegen Furchen, die zu Runzeln werden. Da sind Falten nur der Anfang.

Manche Tage blickst du in den Spiegel und was du siehst, ist nichts anderes als ein massiver Kollateralschaden. Wenn du da nicht stark bist, gibst du einfach auf.

Nie zuvor in der Menschheitsgeschichte musste sich die AWF mit aufgepimpten Vorlagen von Filterfaces auf Social Media messen und vergleichen lassen, die selbst Endzwanzigerinnen dermaßen unter Druck setzen, dass sie gegen sich selbst mit Hammer und Meißel vorgehen.

Oder sich hassen, wenn sie in den Spiegel schauen. Und andere hassen, die nicht diesen Science-Fiction-Idealen entsprechen. Es gibt Mädels, die nie Freundinnen finden werden, EINFACH, weil sie falsch aussehen. Sie wirken altmodisch. Ein »Bücherwurm« zu sein, das heißt, dich als JWF zu bilden, wird ja schon als abnorm und abwegig vermarktet.

Was ist bitte falsch an einer JWF mit Brille, die ungeschminkt ist, Faltenröcke trägt und gern Bücher liest? Es genügt heutzutage bereits, um sich als Außenseiterin zu fühlen.

Um die Sucht nach Likes zu befriedigen, muss jeder Anflug von Personality, Alter, Reflexion, Einsamkeit oder Traurigkeit weggewischt werden, um ein dynamisches, junges Image zu präsentieren.

Sich großzügig unter den Augen einschmieren, um damit diese dunklen Schatten direkt neben der Nase zu verdecken, das macht heute schon jedes Schulmädchen früh um sechs Uhr. Was mich bewegt, ist die Frage, was die optimierten 30-jährigen jungen weißen Frauen überhaupt noch tun können, wenn sie eines Tages 40 oder 50 werden? Diese JWF sind die Töchter und Enkelinnen von AWF und wurden von uns erzogen. Deshalb kann man die Thematik der AWF gar nicht von unseren Nachkommen trennen.

Offenbar reicht unser Einfluss völlig aus, auf dass sich die Mädels nicht so akzeptieren, wie die Natur sie schuf, und alles Mögliche unternehmen, um den krassen Vorlagen von künstlichen Insta-Idealen zu folgen.

Liegt es etwa daran, dass wir als emanzipierte Feministinnen ein schlechtes Vorbild geliefert haben, weil unsere Seelen von der Schlaflosigkeit nach aufreibenden Demonstrationen in den 70ern nachhaltig gezeichnet sind oder weil unsere runzeligen Gesichter im Used-Look ein hemmungsloses Sexualleben dokumentieren, das unseren Töchtern Angst macht?

Frauen über 30 oder solche, die unter einem schlechten Stern geboren sind, wie zum Beispiel die Blondinen, die dünnere Haare haben als die Brünetten, oder die, die im Fadenkreuz von Drogen, Zigaretten, Pillen oder Alkohol standen, die sollten zu diesem Zweck vielleicht prophylaktisch an ihrem 30. Geburtstag liften lassen. Einfach als Vorsichtsmaßnahme.

Ich bin nicht gelifted. Ich benutze diese fabelhaften, fantastischen kleinen, in China hoffentlich von Erwachsenen hergestellten Silikonschwämmchen, die es mir erlauben, meine teuren Produkte einzuklopfen, aber gleichzeitig verhindern, dass sich mein Make-up in den Rillen ansammelt, diesen kleinen Vertiefungen, die sich mit dem Alter ins Gesicht eingraben und es meinen Tränen gestatten, dort in Rinnsalen abzufließen. Ja, ich habe beobachtet, dass AWF anders weinen als JWF.

Ob sich das Alter nun Furchen gräbt oder dein Gesicht absacken lässt, die Welt reduziert sich jedenfalls auf zwei menschliche Kategorien: Entweder wird man ein Totenkopf und das Gesicht höhlt sich im Alter aus, oder die gesamte Visage sackt nach unten ab. Sackt sie ab, dann helfen nur noch Eingriffe. Wenn ein Gesicht sich aushöhlt und mager aussieht, ist das ein Kriterium dafür, dass man als Frau weiterexistiert. Wir haben alle die Freiheit, mit den Gesichtern zu leben, die wir haben – oder uns selbst nicht zu akzeptieren.

Okay, ich als AWF scheine alldem die Stirn zu bieten und sehe besser aus als in der Jugend. Aber damals hatten wir auch noch andere Schönheitsideale!

Soll ich mir etwa den Kopf rasieren, mich komplett abschminken und mir meine Brille auf die Nase setzen, den Pyjama anlassen, damit ihr über mich lästern könnt, dass die Alte nun gaga sei, und mir dazu ein Glas Rotwein mit Käsewürfeln und Weintrauben gönnen? Das wäre doch schön, was?

Im Alter verrückt zu werden, das steht nämlich auch auf der Agenda der AWF.

Das Schöne ist, ich war immer schon schrullig und originell, stets ein bisschen exzentrisch und in meiner eigenen Welt. Da wird man später den Unterschied zur Senilität gar nicht groß merken.

Noch die Generation meiner Mutter, deren Schicksal von einer Kindheit und Jugend inmitten der Kriegswirren überschattet war, also die heutigen wirklich richtigen AWF, hat das Leben und die Liebe gemeistert, als der Typus, der sie wirklich sind. Und in das strahlende Gesicht einer völlig runzeligen AWF zu blicken, zu erleben, wie die Augen leuchten, die abgeklärten Spuren eines langen Lebens zu erkennen, das verströmt etwas zutiefst Menschliches.

Wen stört in hohem Alter eine Frau mit dunklen Augenringen, weil sie zu viel getrunken, gevögelt, ihre Babys gewiegt hat, weil sie sie nicht weinen lassen wollte? Die Generation der heute 90-Jährigen hat Hunger, Not und Vertreibung, Verlust von Söhnen, Brüdern und Männern kennengelernt, und sie hat tagtäglich um ihr Leben gebangt. Angst und vor allem Schmerz ist tief in unserer DNA verwurzelt. Wenn ich in die Gesichter dieser Frauen blicke, würde ich niemals sagen, dass sie hässlich sind. Ich empfinde sie als ausdrucksstarke Charaktergesichter.

Die primäre Sorge um die Existenz hat den richtigen AWF Eigenschaften verliehen, welche die JWF gar nicht im Visier hat.

Die JWF hat andere Ideale: Sie orientiert sich an skelettartigen, halb anorektischen Frauen, weil Magerkeit sich optisch auszahlt, das kann ich euch versichern. Magerkeit zahlt sich aus, Fettsein und üppige Formen nicht, die sind nur für das echte Leben, der Hintern und die Oberschenkel, die sind nur für die Kiste, für die Nacht mit dem Lover in der Dunkelheit und der Hitze des Bettes gut, nicht für Filme oder Fotos oder das Fernsehen, und alle JWF haben gut reden, dass sie natürlich sein wollen, und die Aktivistinnen lehren uns, dass wir alles falsch gemacht und ihre Welt verseucht haben.

Die AWF und die AWM, das sind die Schuldigen in den Augen der Generation Z, welche die Kunstwerke der Menschheitsgeschichte mit Kartoffelbrei bewirft. Eine komplett autoritäre Aktion übrigens, da Werke angegriffen werden, die sich nicht einmal wehren können.

Aber wenn ihr Mädels einen Typen aufgetan habt, der euch

richtig durchknattern soll, dann malt ihr euch einen Mund wie dreidimensionale Theater-Trompe-l'Œil-Malerei und zwingt euch in Extra-Small-Bikinis von Victoria's Secret.

Die AWF hat sich ja wenigstens noch mit einem Lippenstift zufriedengegeben. Aber wir sind ja inzwischen die Blöden: Die junge weiße Frau, die geht ganz anders ans Werk. Die weiß Bescheid. Die braucht einen Werkzeugkasten, nur um sich die Lippen auszumalen. Da gibt es nämlich dieses unglaubliche Gerät, eine Art große Lefzenpumpe, die man in China bestellen kann und die die Lippen aufbläst, damit sie so aussehen wie die von Angelina Jolie. Das ist aber schon so ziemlich das einzig Dicke, was die Mädels an sich haben, außer den Titten, dicke Titten und dicke Lippen, dann natürlich noch die falschen Haare und die überlangen Acrylnägel.

Dann brauchst du einen Lippenumrandungsstift, einen Lippenstift derselben Farbe und einen kleinen Pinsel. Ich empfehle euch eine blasse, perlmuttartige Farbe, wenn ihr dünne Lippen habt. Eine dunklere Farbe, ein Burgunderrot, zum Beispiel, wenn ihr sehr dicke Lippen habt. Bei perfekten Lippen ein schönes lebhaftes Rot.

Das ist sehr gut, das funktioniert. Wie bei Evelyn Burdecki. Dann erkennt der Typ, wo vorne ist. Dann noch ein Augenpinsel mit hellbraunem Lidschatten. Ein neutrales Lipgloss bitte nicht vergessen.

Wie gesagt: Meidet lebhaftes Rot bei sehr dicken Lippen, denn dann seht ihr aus wie ein Clown. Ein Clownsgesicht ist nicht schön, wenngleich es weit verbreitet ist. Besonders in der Drag-Szene. Zumal sich viele Bitches die Mundwinkel künstlich nach oben spritzen lassen, was ein Dauerlächeln verleiht wie von Chucky, der Mörderpuppe. Durch Injektionen können die Mundwinkel in einem ansonsten bösen Gesicht nach oben modelliert werden. Dies ergibt einen grotesken Fratzeneffekt.

Ihr braucht außerdem auch einen Concealer. Passend zur Farbe eurer Haut.

Als Erstes müsst ihr euren Mund löschen: Wischt ihn einfach weg. Radiert die Lippen aus, zeichnet ihn neu, fangt von vorne an, malt euch einen Mund nach dem eigenen Geschmack, dabei kann man oberhalb oder innerhalb des Lippensaums der Kontur folgen, und einen Moment lang werdet ihr dann aussehen wie ein abstraktes Gemälde, und das wird wunderschön sein. Und dann füllt ihr das Innere der Linie mit dem Lippenstift aus. Wie ein Ausmalbild, Malen nach Zahlen, das alles ist nicht schwer.

Schaut euch an. Jetzt ein Selfie machen. Und posten!

Und vielleicht werdet ihr euch da, in genau diesem Augenblick, endlich einmal für einen kurzen Moment schön finden, im Lichte des Spätnachmittags, gefiltert durch einen weißen Vorhang, mit einem sehr weit entfernten Vogelgezwitscher und dem Geräusch des Windes, einen Augenblick von zwei Sekunden lang Frieden und Leichtigkeit im Chaos eures nicht realen Lebens finden.

Damit ist der perfekte Mund aber noch nicht fertig. Denn er soll ja aufgeplustert werden, selbst wenn ihr 95 Jahre alt seid, wenn kaum noch Wasser in eurem Körper ist und euer Gesicht aussieht wie der rissige Grund eines ausgetrockneten Sees.

Man nimmt also den Concealer und setzt mit einem Pinsel zarte Tupfer Blässe ins Zentrum, um dem Mund den Anschein von Rundheit zu verleihen, außer der Titten ist das der einzige Ort, an dem das gestattet ist.

Dann muss die Partie unterhalb des Mundes mit hellbraunem Lidschatten modelliert werden, Barbie zum Beispiel hat ein perfektes Oval, gekrönt von wohlkonturierten Wangen, weil sie viel Salat isst.

Lasst euch niemals mit einem Teller Schweinebraten mit Kartoffelbrei und Buttererbsen erwischen, oder esst nur die Erbsen, aber nur 13, wegen der Butter. Dann empfehle ich euch hohe Wangenknochen, rosa angehaucht, denn die JWF ist ja ständig sexuell erregt und jederzeit bereit, mit jemandem in die Kiste zu springen.

Eure Nase muss kurz und stupsig sein, wie bei einem kleinen Mädchen, mit einem winzigen spitzen Ende, um ganz sicher zu gehen, dass sie nicht im Wege ist, wenn ihr Oralsex mit eurem Lover habt. Lange Hakennasen stören beim Blasen. Für Mädchen mit einer großen Nase ist Oralsex eine Last.

Zu viel Willensstärke und Eloquenz ist außerdem schlecht, lieber sollte man unterwürfig und ein bisschen blöd sein, so findet die JWF bei der Demo gegen den Klimawandel auf jeden Fall einen Kerl!

Euer Job wird sein, die Kinder aufziehen, die Toiletten zu schrubben, Wäsche zu waschen, die Kleidungsstücke zusammenzulegen, über das Essen zu entscheiden und bitte schön unbedingt alles zu tun, damit ihr niemals eine AWF sein werdet!

27 Die Rosenkavalierin

Vor 120 Jahren durften Frauen nicht wählen, durften keinen Grundbesitz erben, die eigenen Kinder gehörten rechtlich dem Ehemann, und wenn dieser erlaubte, dass seine Frau arbeitete, wurde ihr Gehalt auf SEIN Konto überwiesen. Denn ein Konto durfte eine Frau damals nicht einmal eröffnen.

Die Arbeit, die sie verrichten konnte, war sehr beschränkt, da sie als Qualifikation weder Bildung noch Arbeitserfahrung hatte. Kartoffeln und Spargel durfte sie ernten. Hühner halten. Die Treppe fegen, putzen und Kochwäsche machen. Umsonst. Für Brot und Logis.

Wenn der Ehemann die Frau nicht mehr leiden konnte, ihrer überdrüssig war, bei der Feldarbeit auf etwas Jüngeres traf, dann konnte er seine Alte ungefragt in der Irrenanstalt oder einem Asyl für psychisch Kranke entsorgen.

Tat sie hingegen auf Freiersfüßen etwas Besseres auf, war sie eine Hure und wurde an den Pranger gestellt. Da durfte man uns Frauen anpissen, den Nachttopf über uns auskübeln und uns in die Fresse spucken.

Da kann man von Glück reden, dass man nicht noch 200 Jahre früher geboren worden ist. Da hätte man uns gleich als Hexe verbrannt.

Es ist gar nicht allzu lange her, dass im 18. Jahrhundert in Bamberg öffentlich die letzte Hexe Deutschlands verbrannt worden ist.

Wenngleich es weltweit tagtäglich immer noch Unterdrückung, Diskriminierung, Missbrauch und Gewalt gegen Frauen in diversen Kulturen gibt, sind unsere Voraussetzungen heute wesentlich besser als die unserer Mütter, Großmütter und Vorfahren.

Frauen dürfen jetzt Kanzlerin, Präsidentin, Kommissarin und Pilotin sein, Konzerne leiten, Pornos produzieren, einen Bagger fahren, Dachdeckerin werden oder Dirigentin, sie dürfen offen über ihre Sexualität reden, ihren Arsch vergrößern lassen und ihn ungestraft in eine Kamera halten, Hosenanzüge tragen, Professorin werden, mit Immobilien jonglieren, Marathon laufen, die Welt umsegeln, per Fuß zum Nordpol laufen, Popstar werden, Soldatin und Offizierin sein, wir dürfen uns neue Gesichter kaufen, Fußballerin werden, uns die Knie blutig schlagen und Goldmedaillen heimholen, unseren Kinderwunsch und/oder das Datum der Empfängnis selbst kontrollieren oder Miss World werden. Oder Greta Thunberg. Oder Cheerleaderin. All das darf die JF jeglicher Couleur.

Und was haben die Jungs in den letzten 200 Jahren erreicht? Nichts!

Vielleicht üben sie deshalb Schulmassaker aus und organisieren sich in der Kriminalität?

Das Leben hat sich für Frauen in unserem Kulturkreis massiv verbessert.

Lassen Sie uns hingegen das Leben des Patriarchats betrachten: Was hat sich für die Kerle getan? Null! Okay, sie dürfen einen Dutt tragen, sich die Beine rasieren und einen Vollbart pflegen, obwohl sie sich gleichzeitig die Lippen anmalen und eine Perücke tragen. Oder auch nicht. Wenn sie mit langen grünen Acrylnägeln das Portemonnaie zücken und unsere Rechnung bezahlen, interessiert es uns nicht einmal, wie viel

Löcher sie sich haben stechen lassen, damit sie endlich auch Ohrringe tragen dürfen.

Der Hauptunterschied zu ihren Großvätern ist, dass unsere Söhne selten einen Zylinder tragen. Sie tragen ihn wahrscheinlich nur, wenn sie Musicaldarsteller sind und in My Fair Lady auf der Bühne stehen, als Magier im House of Horror on Tour sind oder auf irgendeinem Geburtstagsevent in einer Fotobox landen, wo man sich mit lustigen Hüten dekoriert seine launigen Porträts direkt selbst ausdrucken kann.

Ich finde es wundervoll, wenn Männer Zylinder tragen, und ich reise überallhin, wo sie es tun – nur um es zu erleben. Abgesehen davon sehen Männer heutzutage genauso aus wie zu Beginn des 20. Jahrhunderts. Vor allem, wenn sie gepflegt sind. Dann dürfen es stattliche Mäntel, Galoschen und Westen sein, schnittige Nadelstreifenanzüge und smarte Fliegen.

Greift die gemeine Hete in Deutschland zu solchen Accessoires, lässt sich kaum der Unterschied zur Kostümierung aus dem Scherzartikelfundus ausmachen. Es sei denn, man bewegt sich in der Upperclass. Da wird keiner mit Zylinder ausgelacht.

Das Leben für uns Frauen wurde seit dem Kampf der Suffragetten um Freiheit, Freude, Macht, Selbstbestimmung, Bildung, Einkommen, Unabhängigkeit und Orgasmen bereichert. Früher haben Hausfrauen Kuchen gebacken und Orgasmen simuliert, heute haben Frauen Orgasmen und simulieren, dass sie backen können.

Fortschritte für uns an allen Fronten. Wir brauchen nicht einmal mehr einen Luden, wenn wir anschaffen gehen wollen. Wir brauchen dazu nur ein iPhone.

Die Männer hingegen verharren anthropologisch gesehen in Erstarrung. Kein Wunder also, dass der AWM sich als Verlierer sieht.

Frauen haben sich inzwischen organisiert. Historisch gesehen haben wir das, was wir an Gleichberechtigung erreichen wollten, mit einem Wimpernschlag erlangt. Dank der Frauenbewegung. Und die ist auf der Skala der Menschheitsgeschichte gerade mal fünf Minuten alt. Wir Weiber haben das Patriarchat herausgefordert, seitdem wir aus politischen Gründen in den 60er-Jahren unsere BHs verbrannt haben. Und das alles, ohne den Kerlen den kleinen Lümmel abzuschneiden, die Klöten auf einen Haufen zu werfen und sie zu verbrennen.

Weder haben die Typen im Gegenzug die Möglichkeit, den Feminismus herauszufordern und sich gegen uns zu stemmen, noch können sie uns wegnehmen, was wir besitzen. Der AWM ist auf dem Niveau seiner Ahnen stagniert. Er hat sich nicht weiterentwickelt. Jetzt wundert er sich. Man nennt ihn einen AWM, und er will nicht einmal sein, was er nun mal ist.

Die Frauen arbeiten konstant weiter am Konzept von Gleichberechtigung und Freiheit. Zur Not marschieren wir auf.

Als Frau, da kannst du noch jede Menge Geschichte schreiben. Die Erste sein, die einen Preis gewinnt, den Pokal heimholt, die erste Präsidentin der USA werden, als erste Frau auf dem Mount Everest oder dem Mond ankommen. Für Männer gibt es keine ersten Preise mehr zu erringen.

Deshalb sind die Typen sauer. Wenn sie sich zum Abendessen verabreden, fressen sie aus der Hand einen Kebab und gruppieren sich um einen Mülleimer. Dazu eine Flasche Bier und der Abend war meeeega.

Man sieht es ja am Vatertag, was das Leben für sie bereithält: Der Himmel auf Erden besteht für den Mann darin, im Rudel Bier zu trinken, ins Stadion zu gehen oder Golf zu spielen und sich an Autos zu berauschen. Das Leben des Mannes ist sehr limitiert.

Früher war es einfacher. Da gab es klare Regeln: Am Wochenende wurde gebadet, und zwar immer in derselben Reihenfolge: erst die Kinder, dann die Hunde, dann der Großpapa. Der AWM trauert einer Zeit nach, in der der Arzt auch der Frisör war.

Schauen Sie sich nur die Damentoiletten in den Hotels oder der gehobenen Gastronomie an! Duftkerzen, Orchideen, Parfümspender, saubere Handtücher, angenehmes Licht, heimelige Musik vor polierten Spiegelwänden mit professioneller Beleuchtung – das alles ist die Welt der Frau. Und was wird für die Männer getan? Eine Reihe von Urinalen und die Kerle pissen immer noch daneben. Da müssen sie doch aufschrecken.

Frauen haben gelernt, aus jeder Situation das Beste zu machen: Du kannst in einer Damentoilette immer neue Freundinnen finden. Es ist durchaus möglich, einsam in einem Damenklo zu verschwinden und mit einer neuen Busenfreundin wieder herauszukommen. Außer du bist Kate Middleton, dann leihst du einer Meghan Markle deinen Lipgloss nicht!

Es fängt mit einem Kompliment zu den Klamotten an, führt über Make-up-Tipps um den neuesten Concealer zu einem geliehenen Toupierkamm, zu einem geschenkten Tampon und der Telefonnummer mit einem Tipp für den besten Scheidungsanwalt. Oder Zahnarzt.

Unser Old-Boys-Network beginnt auf jedem Damenklo.

Welcher Mann würde nicht gern mit uns tauschen?

Als Frau kannst du tragen, was du willst: strenge Hosenanzüge, zerrissene Jeans, enge Kleider, Babydolls, Schluppenblusen, Paillettenminis, elegante Abendkleider, Nuttenlook von Gucci.

Männer? Jeden Tag Hosen! Es ist sooo langweilig. Immer nur Hosen. 80 (oder sogar 100) Jahre lang. Und dann werden

sie abgeschnitten und als Topfkratzer benutzt, weil der Reißverschluss so schön die eingebrannte Kruste wegscheuert …

Eine Frau kann sich jeden Tag neu erfinden und vor ihrem
Kleiderschrank entscheiden, wer sie sein möchte. Ja, sie kann
sich dreimal am Tag umziehen – das ist ein kreativer Prozess,
der viele Stimmungen widerspiegelt. Der Tag kann mies beginnen, du gefällst dir in einem Oberteil, schon hast du bessere Laune.

Männer? Keine Experimente, keine Abwechslung. Immer
derselbe Charakter. Außer beim Karneval. Vielleicht schlagen
sie deshalb so über die Stränge, wenn sie mal im Kleid herumrennen oder als Clown geschminkt ausgehen dürfen.

Das Dilemma ist: Was bleibt, wenn es den Kerlen nicht einmal erlaubt ist, sich durch ihre Outfits auszudrücken, wenn
sie sich verbessern wollen? Was hat die Kultur für den AWM
vorgesehen? Neuer Haarschnitt? Neue Haarfarbe? Bitte schön,
Frauen nutzen nun einmal die Milliardenindustrie der Kosme-
tikbranche, weil sie mit Make-up, Rouge und Lippenstift besser
aussehen, sich selbstbewusster fühlen und verwandeln können.
Dem Anlass gemäß eine neue Facette von sich zeigen können.

Was tut ein Mann, wenn er sich hässlich findet? Wenn er in
den Spiegel schaut und feststellt, er ist alt, fahl und grau geworden? Lässt sich die Augenringe weglasern, und das passt dann
nicht zum Rest des Schädels.

Dass das Leben auch für ein durchschnittliches, pickeli-
ges, unattraktives, unscheinbares hässliches Entlein verdammt
schwer sein kann, das fällt den Männern gar nicht auf. Wer
für sie als Objekt der Begierde nicht in Betracht kommt, wird
übersehen.

Was macht hingegen die JWF? Sie holt sich Informationen, vertraut sich Freundinnen und ihrer Mutter an, stellt fest,

dass eine Tönung und ein Stufenschnitt besser zu ihr passt als eine kaputte Dauerwelle, findet einen sportlichen Pulli, der mit ihrer Augenfarbe harmoniert, sucht sich einen guten Hautarzt, geht zur French Manicure, kauft ein paar hübsche Ballerinas und optimiert sich. Sie findet ihren Typ.

In der Hit-Show Queer Eye geht es um nichts anderes, als dass eine Truppe von Gays unglücklichen, unzufriedenen Heten beibringt, wie man mit weiblichen Hilfsmitteln mehr aus dem Leben und seinem Lifestyle machen kann. Alles mithilfe von Elementen, die seither den Frauen zugeschrieben werden.

Einsame, unglückliche Männer, die sich in ihrer Haut nicht wohlfühlen, sollten sich nicht auf Social Media mit anderen einsamen, unglücklichen Männern vernetzen und auf Onlineportalen Unsinn treiben, nein, sie sollten die Mittel nutzen, die den Frauen seit jeher mitgegeben sind: statt der Pizza für 4,50 mal einen Avocado-Dip probieren, statt der Neonröhre im Wohnzimmer vielleicht mal bessere Leuchtmittel installieren, statt des verstaubten Gummibaums frische Blumen auf den Tisch stellen, statt des ausgeleierten Hoodies ein gut sitzendes Hemd und die richtige Chino anziehen. Sich austauschen, reden, zuhören, ins Theater gehen, die Handtasche schwenken. Statt Online-Hatespeech und Shitstorms lostreten, lieber mal Prosecco trinken und ein Konzert besuchen.

Viele können es ohne fremde Hilfe nicht. Man muss es ihnen beibringen, sie anlernen. Wären die Beraterinnen Frauen, wäre es sofort ein Datingformat.

Das Patriarchat bietet seinen Mitgliedern kein Rezept gegen Traurigkeit an. Es kennt nur eine Maxime: keine Schwäche zeigen. Ein ganzer Kerl sein. Traurigkeit zu unterdrücken war aber noch nie heilsam.

Männer sind gar nicht konditioniert, miteinander über ihren Schmerz zu reden.

Sie kennen nicht das Heilmittel der Weiber, die eine Flasche Champagner auf den Tisch stellen, und wenn sie leer ist, sind die Fronten geklärt. Wodka tut's auch.

Und wie schlecht geht es dem AWM, wenn er einsam und unglücklich ist?! Unfähig, sich selbst zu helfen, unfähig, darüber zu sprechen, woran er wirklich krankt, unfähig, ein Lied zu singen, eine Nacht im Club abzutanzen, damit er sich besser fühlt. Weil er nicht mehr in der Lage ist, seine AWF dazu zu bringen, dass sie ihn wieder begehrt. Unfähig, den Mann hinter sich zu lassen, der er heute ist, sich zu verändern und aus seiner Schale auszubrechen.

Die AWF kauft sich immerhin eine Duftkerze, damit es riecht wie in einer Kathedrale, hängt sich Fairy Lights über ihr Bett, schaut alte Hollywoodfilme, strickt sich einen Schal oder Socken, krault ihre Katze, backt einen Kuchen, kreiert niedliche Cupcakes, liest Kitschromane, schreibt Gedichte und stellt einen Strauß Sonnenblumen auf den Tisch.

Niemand schenkt den Männern Blumen. Die Hälfte der Menschheit erhält nie einen Blumenstrauß! Weil ganze Kerle so etwas nicht wollen.

Blumen gibt es überall. Für jedermann. In jeder Preisklasse. Man überreicht sie, um einen Hauch Bewunderung und Respekt zu vermitteln. Um den Alltag zu erhellen. Um Freude zu schenken. Um mit einer Geste ein wenig Kultur ins Leben zu bringen. Nicht so die Männer.

Wir AWF können auch das verändern! Wir schenken ab sofort dem AWM zum Wochenende ein Bouquet: aus Sonnenblumen! Oder einen Strauß rote Rosen! Als Trostpreis. Denn Frauen sind die Veränderer!

Wir besitzen immerhin die Fähigkeit, zu verzaubern. Besinnen wir uns auf das, was wir am besten können: ganz Frau sein! Das macht der AWF keiner so schnell nach.

28 War unser Leben nicht schön?

»War das Leben früher nicht einfacher?«, frage ich mich oftmals, wenn ich erlebe, dass absolut gar nix mehr klappt in Deutschland. Und als AWF habe ich ja wohl das Recht, mich zu wundern.

Ich überspringe mal die Streikbereitschaft der Flugfahrtgesellschaften, das Chaos gestrandeter Passagiere und die apokalyptischen Szenarien von Reisenden, die aus ihrem defekten ICE mit Koffern und Kindern über die Gleisbetten der Deutschen Bahn in überfüllte Bahnhofshallen geleitet werden, in denen man die Sitzbänke abgeschafft hat, um den dort herumlungernden obdachlosen Junkies entgegenzuwirken.

Du kannst dich dann zwei Stunden anstellen, um dir einen Stempel am Informationsstand zu holen, um drei Monate auf die Rückerstattung deiner Fahrkarte zu warten.

Bei easyJet wird prinzipiell nichts erstattet. Da gibt es Gutscheine, die dich zu einer Spritztour nach Montenegro bringen, was eigentlich nie der Plan war. Aber nun gut, es ist ein Gutschein mit Ablaufdatum.

Ich blicke mit Nostalgie und Dankbarkeit auf eine Epoche zurück, in der man sich noch Postkarten schrieb und Briefe noch zugestellt worden sind. In der man sich überhaupt noch persönliche Briefe schrieb und schon die Wahl des Briefpapiers, der Aufbau einer Seite, der ganze optische Stil und natürlich die Handschrift eine Botschaft war. Schon bevor man den Brief geöffnet hat, war ersichtlich, um welches Anliegen es wohl gehen mag, wie viel Sorgfalt der Verfasser investiert hat.

Ich bedauere zutiefst, dass diese subtile Art der Kommunikation verloren gegangen ist. Dagegen geht es doch in der digitalen Welt mit Messages per WhatsApp direkt barbarisch zu. Man bekommt einfach keine schöne Post mehr. Einst wurde man gezwungen, die Gedanken zu sammeln, zu reflektieren und zu formulieren. Man nahm sich dafür Zeit. Zündete vielleicht sogar eine Kerze an und kochte sich einen Tee. Ging es um Herzensangelegenheiten, wurde jedes Schreiben akribisch verfasst: mit Bleistift vorgeschrieben, mehrfach abgeschrieben, damit es attraktiv aussieht, es wurden Entwürfe angefertigt, um schließlich mit Gottes Segen und einer präzise ausgewählten Sondermarke auf den Weg gebracht zu werden.

Heute betreibt ein Jugendlicher mehrere Fake-Accounts und verabredet sich über Tinder zum Fickdate, aber bitte nur im Umkreis von fünf Kilometern, ist ja sonst so unpraktisch.

Die JWF ist heute verführt, überhaupt nichts mehr zu Papier zu bringen, sondern stattdessen nur schweigend Emojis, Wackel-GIFs und Memes zu versenden. Irgendetwas hopst und tanzt ständig auf meinem iPhone.

Und, meine Güte, null Feinmotorik hat die Jugend von heute, dringend nötiges Feingefühl, um einen Tintenfüller zu führen, ist abhandengekommen, diese Handschriften, die man teilweise sieht, da denkt man, es wurde mit der gebrochenen linken Hand gekliert.

Wie aus der Steinzeit komme ich mir vor, wenn ich berichte, dass wir in der Schule noch Noten für Schönschrift bekamen. Natürlich ist es wichtiger, WAS gesagt wird und nicht WIE es aussieht, aber erstens schließt das eine das andere nicht aus, und prinzipiell darf eine Debatte doch nicht darauf abzielen, dass man keine Sorgfalt walten lässt.

Überhaupt diese Entweder-oder-Argumente: Kann sich wirklich niemand vorstellen, dass sowohl der Inhalt als auch die Handschrift exzellent sein können? Mir wurde vermittelt, dass »Sehr gut« bedeutet, in jeglicher Hinsicht tadellos abgeliefert zu haben. Ansonsten war es eben nur gut. Standards, die einmal verloren gegangen sind, kehren nie zurück. Und was ist damit gewonnen, dass es einst hieß, »Scheiß auf die Handschrift«? Gewonnen wurde gar nichts, im Gegenteil, es ist Kultur verloren gegangen.

Vieles dreht sich um nachhaltigen Kulturverlust. Manchmal glaube ich, die Leute geben sich erst zufrieden, wenn wir alle wieder auf einem Baumstumpf hocken, wie die Barbaren hausen und unsere Mungomandelmilch schlürfen, um zu existieren – und zwar die gleiche Ration für alle.

Meine 87-jährige Mutter bekommt von ihrer Krankenkasse mitgeteilt, dass sie in Zukunft keine Post mehr bekommen wird, sondern bei Anfragen aller Art mit ihrem iPhone gefälligst den QR-Code einscannen soll. Gott sei Dank hat sie nicht einmal ein Handy.

Die neuerliche Notwendigkeit von superschnellem Broadband denunziert und ignoriert die Menschen ab 80 komplett. Diese Generation der AWM und AWF existiert in der Verwaltung im Zuge der Digitalisierung überhaupt nicht – obwohl es über sechs Millionen Bundesbürger über 80 gibt.

Du kannst doch nicht voraussetzen, dass eine Gesellschaft, die 20 bis 30 Jahre länger lebt und einen massiven Zuwachs an Demenz und Alzheimer aufweist, in der Lage ist, sich umzustellen und solche Neuerungen zu adaptieren.

Unfassbar auch für mich, als offenbar AWF, dass es kaum noch Banken und keine Postämter mehr gibt.

Glaubt jemand wirklich, dies sei ein Gewinn und die Welt wird dadurch einfacher?

Aber Hunderte von Millionen unzustellbarer Pakete und Irrläufer kreisen um den Globus und werden nach einer Weile als Retouren von Amazon nach Indien geflogen und dort verschrottet, selbst wenn es sich um riesige neue Flachbildschirme oder nicht zusammengeschraubte Schrankwände in Flachpackungen handelt.

Neulich wollte ich Briefmarken mitten in Berlin besorgen. Die Post verkauft sie nicht mehr. Es gibt Automaten auf der Straße dafür. Ich benötigte nur zwei Marken im Wert von jeweils 80 Cent. Die Marken kamen tatsächlich heraus: im Wert von 5 Cent, also in einer Stückelung von 35 Einzelmarken. Weil wohl der Einzelwert ausverkauft war und als Option nur blieb, mein Geld einzubehalten oder am Automaten den Gegenwert in anderer Form auszuwerfen. Diese Marken fanden auf dem Umschlag aber gar nicht genug Platz.

All das ist doch ein Rückschritt und kein Fortschritt.

Aber ich bin als AWF auch so blöd, dass ich überhaupt noch frankiere. Du kannst nämlich heute auch einen # draufschreiben und deine Postwertzeichen werden über eine App einmal im Monat über PayPal abgerechnet.

Nur die blöden Alten kaufen noch Briefmarken. Es gibt heute dazu verschiedene Alternativen ohne lecken! Das Lecken wurde auch abgeschafft, dafür wurde das Porto erhöht.

Wieso gibt es keine Postämter mehr?

Was passiert, wenn eines Tages per Cyberwar alle Kanäle der Banken lahmgelegt und attackiert werden?

Wo ist physisch gesehen mein Geldsack, wenn es keine Bank

mehr gibt, in der ich mein Geld abholen kann? Ich kann es
Ihnen sagen: Das Geld steckt in großen Unternehmen mit mil-
liardenschweren Eigentümern. Die hocken in Palm Beach oder
auf ihren Privatinseln in der Karibik und lachen uns alle aus.
Ich bin Romantikerin und denke voller Nostalgie an Tele-
fonzellen, Briefkästen und Postämter zurück.

Als ich Anfang der 2000er noch in Berlin-Grunewald
wohnte, konnte ich in der Boutique die Kleider zur Auswahl
mit nach Hause nehmen, habe im Postamt mit den beiden
Sachbearbeitern geschwatzt und Weihnachten ein Pülleken
rübergereicht, meine Autogrammkarte hing an der Pinnwand
und der Bankberater kannte meine Lebensumstände und besuchte meine Shows. Man hätte mir in einer Notlage das Geld
auch ausgezahlt, wenn nach einem Handtaschenraub meine
Kreditkarte just gestohlen worden wäre.

Zu dieser Zeit musste auch ein Krimineller noch redlich schuf-
ten. Heute sitzt man als Ganove auf seiner Jacht und räumt mit
einer Skimming-Software weltweit virtuelle Konten ab.

Wenn mal tatsächlich etwas schieflief, rief mich ein Bankberater an und bat um einen Termin.

Heute spricht gar keiner mehr mit dir. Du wirst nur ver-
arscht. Es stehen auf amtlichen Anschreiben Telefonnummern
und Namen, hinter denen gar keine Menschen existieren. Die
angegebenen Sachbearbeiter sind ein Fake! Rufst du an, musst
du am Display Zahlen drücken, ellenlange Fallbeispiele und
Infos abhören, die dich gar nicht betreffen, um dir letztlich
mitteilen zu lassen, du sollst alles selbst online erledigen. Der
Service besteht darin, dass Webseiten genannt werden.

Haben Sie mal versucht, das amtlich beglaubigte Original
Ihrer Geburtsurkunde zu bekommen? Dieser Vorgang führt
zu einem Verwaltungskrieg, der sechs Monate dauern kann,

denn es gibt keine Bürgerämter/Dienstzeiten in Standesämtern mehr. Machst du einen Onlinetermin, wird dir dieser in vier Monaten angeboten. Derweil bedroht dich die Rentenkasse, weil nach dreifacher Anmahnung deine beglaubigte Geburtsurkunde noch nicht vorliegt und dein Rentenanspruch in der Bearbeitung zum Erlöschen kommt.

Die Lebenswirklichkeit des Individuums und der Einzelfall wird prinzipiell abgeschafft.

Für derlei Fälle, dass ein alter Mensch bei seiner Krankenkasse anruft und sich erkundigen will, wie es in seinem individuellen Fall, ein 90-Jähriger und die Anhebung der Pflegestufe, weitergehen soll, ist einfach kein Raum vorgesehen.

Das darf es nicht geben in unserem System, dass bei der Krankenkasse ein kranker alter Mensch – egal welcher Hautfarbe – anruft!

Der alte Mensch jeglichen Geschlechtes und jeglicher Hautfarbe wird entsorgt, ab auf die Deponie.

Und ich sage euch, was ich noch hasse: Wenn ich online etwas bestelle oder gebucht habe und danach mit E-Mails bombardiert werde! Erst heißt es scheinheilig: »Wie war Ihre Erfahrung?« Dann: »Sie haben unsere Umfrage nicht beantwortet.« Schließlich: LETZTE ERINNERUNG: »KÖNNEN SIE DIE UMFRAGE BITTE BEANTWORTEN?!« Diese Online-Freundlichtuerei von irgendeinem Computer oder BOT, der einen auf Mensch macht, das kotzt mich wirklich an. Und ich pöbele bewusst immer frech zurück: »Halt die Fresse! Verpiss dich!« Wenn sie Menschen sein wollen, dann sollen sie lernen, damit umzugehen, wie Leute miteinander reden.

Algorithmen werden nie Raffinesse und Vulgarität, verrückten Humor und Herzenswärme verstehen, und deshalb will ich mit ihnen nichts zu tun haben.

Und ich kämpfe darum, dass genau diese Qualitäten – Raffinesse, Vulgarität, verrückter Humor, Herzenswärme – erhalten bleiben, denn es sind jene, die uns vom Tier unterscheiden. Wenn die Leute plötzlich alle 100 werden, muss doch die gesamte Fürsorge, das Gesundheitswesen, die Wirtschaft völlig neu überdacht werden – das tut aber niemand. Die ernsthafte Welle kommt noch, wir sind erst am Anfang mit den Babyboomern.

In ungefähr zehn Jahren haben wir 60 Prozent Alte. Und für die sollen wir die Bekloppten sein. Es gibt in Deutschland übrigens acht Millionen Menschen mit einem Behindertenausweis. Die habe ich jetzt zu den 60 Prozent noch nicht draufgerechnet. Laut Wahrscheinlichkeitsrechnung wird es dann nur noch schwer möglich sein, auf jemanden zu treffen, der weder Demenz noch Alzheimer noch eine Behinderung hat.

Sie müssen einkalkulieren, dass die verbleibende Gruppe, die jung und auf Zack ist, bigender, demisexuell, Dragking, Dyke, Fag, gender binary oder pansexuell ist. Schwul oder lesbisch wäre zu simpel.

Befasst euch damit, liebe Leser, denn die Verbleibenden sind diejenigen, die uns Alten den Arsch abwischen werden, wenn wir es nicht mehr selbst können.

Und diese Entwicklung verläuft parallel dazu, dass in den Krankenhäusern ein Abbau von Fachkräften und in der Pflege schon jetzt eklatanter Fachkräftemangel herrscht.

Die verbleibenden jungen Menschen, von denen wiederum eine geringe Gruppe für kleines Geld als Altenpflegerinnen arbeitet, werden genervt von uns sein. Denn wir sehen scheiße aus. Weil wir alt sind. Vielleicht müssen wir gefüttert werden? Werden sie uns schlagen und schubsen, wenn wir fragil und gebrechlich sind? Oder mischen sie uns Valium und Pillen ins Essen, damit wir sie nicht stören, während sie im Schwesternzimmer auf dem iPhone nach links wischen?

Als ich jung war, war 80 Jahre ein stolzes Alter. Es wurde den Alten auch vieles nachgesehen: Schrulligkeit zum Beispiel. Algorithmen kennen keine Schrulligkeit.

Man wusste einfach, dass sie nicht mehr auf der Höhe sind, und hat sie entsprechend unterstützt. Leider aber auch in Pflegeheime abgeschoben, in denen die Regel ist, dass jeder alte Mensch nur eine Pappkiste zum Sterben mitbringen darf.

Und so eine Gesellschaft nennt sich zivilisiert? In einem der reichsten Wohlstandsländer Europas wird weder etwas Grundlegendes für die Alten noch etwas gegen die Kinderarmut noch etwas für das Bildungssystem getan. Aber für Kinder und Familie hat sich schon die AWF Angela Merkel nicht interessiert. Deren Lieblingskind war die Außenpolitik. Insbesondere lagen ihr die günstigen Energiedeals und die mit den Machthabern Russlands am Herzen.

Heute ist ein Alter von 80 Jahren völlig normal, viele sind dann noch ausgesprochen agil. Und ich rede jetzt nicht von Welt- und Showstars, die auf öffentlichen Bühnen stehen und in Bel Air von einem ganzen Team von Ärzten und Visagisten betreut werden. Nein, ich rede von der schweigenden Mehrheit, die in der Trevirahose und der beigen Windjacke um die Lorelei tuckert. Die in der schönen Sächsischen Schweiz wandern geht und eine leckere Eierschecke bestellt. Die auf der Diamond Princess auf der Donau zum Geburtstag nach Bratislava tuckert und dort in der Mall einkaufen geht. Das sind schöne Bildungsreisen ohne Jetlag.

Doch die Politik ist nicht auf die Schwemme alter Menschen vorbereitet, sie hat keine Vision und ist jetzt schon hoffnungslos überschuldet, und das, ohne in die Zukunft alter weißer und bunter Männer und Frauen etwas investiert zu haben.

Als ich in den 60ern aufwuchs, gab es immerhin noch Ideale wie die Vorstellung, Politiker hätten Integrität. Sie hätten Stolz und Würde und eine Ehre oder Status zu verlieren. Aber heute, scheint es, ist alles nur noch persönlicher Ehrgeiz und geldorientierte Gier.

Wie soll Deutschland jemals wieder aus dieser Negativspirale herauskommen?

Seit den sozialen Medien dürfen die meisten von uns »nichts mehr sagen«. Wir sind rückläufig in der Meinungsfreiheit, unfrei und reglementiert. Ein kontroverses Thema anzuschneiden, wird jeder, der sich in die Materie »Social Media« auch nur ansatzweise eingearbeitet hat, tunlichst unterlassen. Schnell hast du einen Shitstorm! Negative Energien werden aktiviert und der Hate ersetzt jede lösungsorientierte Debatte. Unsere digitale Epoche bedeutet das Ende der freien Meinungsäußerung nach Artikel 5 unseres Grundgesetzes.

Man konnte sich seinerzeit über die Frisuren von Nachrichtensprecherinnen, die Hautfarbe von Roy Black und den S-Fehler einer TV-Ansagerin lustig machen oder in eine Debatte über den Nutzen von Kernenergie einsteigen, ohne auf einer elektronischen Plattform per # als Vorstadtnazi beschimpft und mit Morddrohungen übersät zu werden.

Anstatt sich am nächsten Tag im Bus über die Moderatoren von Ein Kessel Buntes oder die Kostüme von Musik ist Trumpf auszulassen, stehen heute Sprachassistenten zur Verfügung: Apples Siri, Googles Assistant, Microsofts Cortana und Amazons virtuelle Hilfskraft Alexa, mit der man reden und sich austauschen kann, während man duscht. Ich denke, die Programmierer im Silicon Valley, übrigens allesamt junge weiße

Männer, sind schlauer als die Bundesverfassungsrichter, die am Datenschutz herumschrauben.

Mir sagt der untrügliche Instinkt einer alten weißen Frau mit einer gut funktionierenden großen Nase, dass ein bei mir in der Stube aufgestelltes technisches Wunderwerk, welches mit einem ausländischen Superserver verbunden ist, nicht als Dekoration konzipiert wurde, sondern um persönliche Informationen und Daten auszuspionieren.

Ich bekomme ja schon ohne Alexa und Co. Wurfsendungen über einen Treppenlift zugestellt – weil ich Hausbesitzerin und über 60 bin. Diese Infos genügen, um mich als siech einzusortieren.

Solange es der künstlichen Intelligenz nicht gelingt zu verstehen, was die gesellschaftliche und kulturelle Lebensleistung der Las-Vegas-Freiheitskämpferin Mae West war, halte ich mich von den Dingern fern. Da quatsche ich lieber über den Gartenzaun.

Und dann das Ernährungsgedöns. Ich sage Ihnen ganz ehrlich, dass meine Enkelkinder von mir Schweinsbraten und Köttbullar bekommen werden. Ich will im Kinder-Sportwagen keine laktoseintoleranten Dörrobstdogmatiker zum Puppentheater schieben. Meine Enkel werden in ein Laugenbrötchen mit lauwarmem Leberkäs und süßem Senf beißen, ich schwöre!

Alles andere wäre doch grausam! Einen Gugelhupf kannst du ohne fünf Eier eben nicht backen und es gehört auch Sahne und Milch hinein.

Alles andere wäre Ignoranz unseres kulinarischen europäischen Kulturerbes.

Ich verbiete ja auch keinem Veganer, dass er ein Stück gefärbtes Mikroprotein essen darf, was aus fermentierten Schlauchpilzen besteht und im Deckmantel eines Wiener Schnitzels daherkommt. Ich freue mich schon auf den Tag, wo das Fallobst nicht mehr ausreicht und die hungernden Veganer aus reinem Selbsterhaltungstrieb in einen fetten Käsekrainer beißen müssen.

Sie merken es schon, ich bin kein Freund von Doppelmoral. Leider ist aber genau diese zur Basis vieler Karrieren geworden.

Politiker kommen mit allem durch! Wenn du global Erfolg haben willst, dann gehören Offshore-Konten dazu, ein Wohnsitz in Dubai, Foto-Opportunities mit VIPs, um gesehen zu werden, und im Grunde besteht eine Karriere heutzutage daraus, erfolgreich zu stehlen und zu lügen. Es ist einfach alles opportun und unverschämt geworden.

Masken-Affäre, Aserbaidschan-Affäre, Berater-Affäre um Ursula von der Leyen ... Warum wurde sie die Präsidentin der Europäischen Kommission, nachdem sie als Verteidigungsministerin gescheitert ist? Wann sieht die Frau ihre acht Kinder? Weiß sie ihre Geburtstage oder werden die auch mit einem zappelnden GIF abgehakt?

Ich finde das alles unglaublich. Den RBB, in dessen Skandalagenda nicht ein einziges Mal das ausgesprochen miese TV-Programm zur Sprache kam und wo heute am Obstteller für die kostenlos erschienenen Gäste, die im Studio 3 sitzen, gespart wird, während die Chefin immer noch 22 000 Euro im Monat fürs Nichtstun abkassiert.

Jahrelange Mitwisserschaft der gesamten Mischpoke, und keiner hat mir jemals das Pendant zu Kurt Krömer mit einer eigenen Sendung für die AWF angeboten – das kann nur ein Verein sein, der scheitert!

AFD-Spenden-Affäre, Pkw-Maut-Affäre, die Ehefrau des Frankfurter Ex-Oberbürgermeisters erhielt 10 000 Euro Gehalt

»ohne erkennbare Gegenleistung«, falsche Doktortitel, Innenstädte voller hingeschmissener Elektroroller, welche die Fahrradwege blockieren, Skateboardfahrer als Verkehrsteilnehmer, festgeklebte Jugendliche, Sitzblockaden auf Flughafenlandebahnen – es ist mir einfach ein Rätsel, wie die Politiker damit durchkommen.

Die Welt ist sehr kleinlich geworden und versucht gleichzeitig verzweifelt, Kleinlichkeit zu bekämpfen. Der Spirit ist aber kleinlicher denn je.

Das sieht man schon an der Insta-Polizei. Die Dümmsten belehren dort am meisten.

Ich habe kürzlich ein ganzes Restaurant mit Leuten gesehen, die Fotos von ihren Tellern gemacht haben – ich meine, werden die sich jemals das verdammte Essen reinpfeifen? Bis diese Food-Style-Pics bearbeitet, gefiltert, mit # versehen und gepostet waren, war das Essen kalt.

Es ist wie eine andere, neue Lebensart, nicht wahr? Sich ständig selbst sehen müssen und wollen. Das Essen posten, damit andere sehen, wie gut es einem geht, erinnert mich wahrlich an die Nachkriegszeit, als in den 50er-Jahren mit Stolz geprahlt wurde, wenn es einen Käseigel oder eine Platte mit Mettbrötchen gab. Und wie kommen diese Insta-Postings in Indien und anderen Ländern an, in denen die Kinder nichts zu essen haben?

Ich muss mir irgendwann einmal per Zufall einen Autounfall angesehen haben, denn neuerdings denkt mein Insta, es befriedige mich, wenn Hunderte von Lastwagen auf Brücken ineinanderkrachen, die Brücken einknicken und Autos in die Tiefe stürzen …. Daran sieht man doch, wie debil der Algorithmus ist! Icke und Massenkarambolagen? Gar nix weiß der gottverdammte F***orithmus von mir, deshalb bekomme ich auch massenhaft Anzeigen für Schwanzverlängerungen. Mein Insta hält mich anscheinend für einen AWM. Warum denkt Insta, ich sei ein alter Kerl? Wo ich doch so viel Kosmetik und Kostüme präsentiere. Ich glaube, der Algorithmus hat herausgefiltert, dass ich ein Transgender bin, RuPaul heiße und auf der Suche nach großen Schwänzen bin. In letzter Zeit fliegen auch zunehmend Gebäude in die Luft, wenn ich auf Social Media gehe. Ich denke dann immer an die armen Leute darin und wie viel uns das alles kosten wird. Wahrscheinlich habe ich irgendwann mal nach leer stehenden Schlössern und abbruchreifen Herrenhäusern in Brandenburg geschaut, weil ich auf der Suche nach Amphoren und Säulenkapitellen für meine Auffahrt war.

So wertet mich der Algorithmus also als gewaltbereiten ehemaligen Fernfahrer aus, der angesichts seines Jahrganges als AWM nicht nur Viagra braucht, sondern auf einen Broterwerb als Crossdresser umgesattelt ist. Ich hätte niemals meine Marlene-Dietrich-Performance posten dürfen!

Fuck Silicon Valley.

29 Kennen Sie noch das Testbild?

Wissen Sie, was ich nicht leiden kann? Wohlstandsverwahrloste Proleten à la die Geissens. Ich weiß, warum so etwas im TV läuft: Die armen Leute schauen es sich an, um mal schnuppern zu dürfen, was angeblich reiche Leute so treiben, und die wirklich Reichen schauen es, um auf die Möchtegern-Proleten herabzuschauen und sie auszulachen.

Auf diese Weise speist sich eine lauwarme Quote, die nicht überragend ist, aber mittelmäßig genug, um im dahindümpelnden TV-Betrieb das Format nicht einzustellen.

»Rooooobert« zu schreien genügt hierzulande, um ein Witz zu sein.

Ansonsten, was guckst du?

Rampenlichtgeile Castingkandidaten, toxische, talentfreie Selbstdarsteller, die sich Prinzessin nennen und einen Turban aufsetzen, verwahrloste Hartz-IVler und humorlose Moderatorinnen, deren Expertise darin besteht, einen Nationalspieler gevögelt zu haben, kommen für immer weniger Geld und teilweise sogar ganz umsonst. Weil, es rechnet sich ja anhand der Followerzahlen.

Wenn neben den Bumsformaten, besetzt mit komplett austauschbaren sandgestrahlten Kandidaten, die sich in Gewalt- und Fäkalsprache äußern, überhaupt noch etwas läuft, dann sind es Mord, Totschlag und Gewalt, dekoriert mit kryptischen Dialogen und getaucht in bräunliche Sepiafärbung. Ist es Kult oder Misswirtschaft unserer öffentlich-rechtlichen Gebühren, sodass die Kosten für Beleuchtung eklatant gekürzt werden mussten, dass ganze Folgen des Tatort nur noch schemenhaft zu erkennen sind? Ich glaube, dahinter steckt die Strategie, dass der Zuschauer auf seiner Couch vor der Glotze bei der abgedunkelt-schummrigen Beleuchtung leichter einschlafen kann.

Wann ist die flockig-leichte Unterhaltung à la Musik ist Trumpf, à la Monaco Franze, à la Kir Royal, à la Die Schwarzwaldklinik, à la Das Erbe der Guldenburgs untergegangen? Was ist gegen charmante Männer und fesche Frauen einzuwenden? Damen in schönen Seidenkleidern wie Evelyn Opela, Grandseigneure im Glencheck-Sakko wurden von der Mattscheibe verbannt.

Wieso wird die Musik von James Last belächelt? Leichtigkeit, Warmherzigkeit, befreiendes Lachen – das alles scheint für die TV-Schaffenden Teufelszeug zu sein. Das gesamte Genre, welches mich in der Jugend überhaupt vor den Fernseher gebracht hat, ist abgeschafft worden.

Der Abgesang der leichten Unterhaltung im TV begann mit der Abschaffung des Fernsehballetts. Damit einher ging der Niedergang legendärer Soloperformerinnen und Entertainerinnen, die alles konnten: Marlene Charell, Gisela Schlüter, Caterina Valente, die Kessler-Zwillinge: ersatzlos gestrichen! Im Zuge dessen folgte das Aussterben legendärer Showmaster wie Hans Rosenthal, Peter Frankenfeld, Hans-Joachim Kulenkampff, Dieter Thomas Heck: alles stolze AWM.

Mit Dagmar Frederic, Karsten Speck und Carmen Nebel hat man dann versucht, nach der Wende neues Personal einzuschleusen, was aber bereits in seinen Fertigkeiten eingeschränkter war: Wer sprach, musste nicht tanzen können, wer aus dem Osten kam, war Zielgruppe für Finanzberater und Steuerfüchse, die dem frischgebackenen Großverdiener zeigten, was ein Schlupfloch ist.

Dann entdeckte man die Vermarktung der Schadenfreude: Upps! Die Pannenshow, wo schlicht und einfach persönliche Missgeschicke privater Einsender vor einem Greenscreen banal kommentiert wurden, brachte dieselben Einschaltquoten wie aufwendige Formate mit Persönlichkeiten, die am Ende noch Forderungen stellen.

Der durchaus attraktive Markus Lanz hat dann die Unterhaltung komplett abgeschafft, indem er sich auf Dauernörgler, Denunzianten und Coronaleugner spezialisiert hat. Am liebsten Gesichter, die etwas verkaufen müssen. Die gesamte Unterhaltung ist zu einer einzigen großen Verkaufssendung geworden, angefangen bei Shopping Queen über Hot oder Schrott bis zur Höhle der Löwen und GNTM.

Alles ist inzwischen Verkaufsfernsehen, ohne dass wir es merken. Das ultimative Beweismaterial ist das Format Die Höhle der Löwen! Es geht um Produktplatzierung und geländegängige, austauschbare Protagonisten, die nicht der Gage, sondern des Mehrwerts wegen dort sitzen. Sie wollen Öffentlichkeit und zahlen noch dafür. Worauf die Moderatoren heutzutage spekulieren, das sind nämlich eine Million YouTube-Klicks, Memes und Likes, die es auf Social Media für Patzer, Pleiten, Pech und Pannen gibt.

Qualifizierte Künstler sind das Letzte, was erwünscht ist. Um die Eloquenz restlos abzuschaffen, entdeckte man hernach eine Art von Spiel ohne Grenzen, Bundesjugendspiele für Hipster, die ohne jegliche Dialoge auskommen, da es genügt, wenn eine vollschlanke Sophia im pinkfarbenen bauchfreien Tanktop eine Quarksahnetorte von einer Tortenplatte schlecken muss, während sie dabei in fünf Metern Höhe auf einem Laufband joggt.

Qualifizierte Entertainerinnen wurden durch überforderte Laiendarsteller ersetzt, die intellektuell unterversorgt bei ihren öffentlichen Paarungsversuchen scheitern.

Dies alles völlig humorfrei formatiert, da es ja vom Fernsehrat abgesegnet werden muss, der sich aus AWM rekrutiert. Die Zurschaustellung der grauen Hoffnungslosigkeit scheint der werberelevanten Zielgruppe vermitteln zu wollen, dass es Menschen gibt, denen es noch beschissener geht als einem selbst.

Hingegen speist sich die Schnulzen- und Schlagerszene aus den ewig gleichen Protagonisten, die quasi wie in einer Sekte alle zum gleichen Management gehören. Es wäre schön, wenn die mal jemanden vor die Kamera lassen würden, der ein Meister seines Faches ist: Steppen gehört dazu, Sketche, Comedy-Timing, Eleganz, Grazie, Anmut und eine Musicalröhre wie vom Broadway. Gibt es alles en masse, alles Absolventen der etablierten Musicalakademien, die danach kellnern gehen oder auf der AIDA am Tingeln sind. Teils als Animator, teils als Tauchlehrer, teils für Samba-Tanzkurse auf der MS Europa. Dort hat ja auch Guido Maria Kretschmer angefangen, als er Kimonos mit den Fernostpassagieren geschneidert hat, während sein Partner Frank Malkurse gab, um dann die eigenen Ölgemälde an die MSC-Flotte zu verkaufen.

Schließlich entdeckte man Promi-Hochzeiten via TV! Da reicht es völlig aus, wenn ein schwules Couple, komischerweise immer im barocken Outfit mit goldglänzenden Westen und einem clownesken Tigerfrack, als eitle Selbstdarsteller vor einer geschmacklosen Pseudovilla die Goldkettchen tauschen. Natürlich werden zwei weiße Haflinger-Rösser aufgetrieben, welche eine weiße Kutsche ziehen, die mit Marketingsymbolen von rosa Manner-Waffeln und Prinzenrolle überklebt ist, während der aktive Partner im Schimmersakko dem passiven Cinderello im ländlich angehauchten Landhauslook beim Einsteigen hilft. Wenn dann noch Stehgeiger André Rieu – wahrlich kein Zubin Mehta – in einem Promo-Werbeblock auf sein nächstes Klassikspektakel hinweist, dann sind die Möglichkeiten des deutschen Unterhaltungsfernsehens restlos ausgeschöpft.

Da streame ich doch lieber eine alte Peter-Alexander-Show, ein Entertainer, der ebenso wie ein Harald Juhnke wusste, was große Unterhaltung ist, und mit Talent und Können, mit Musikalität und Charme überzeugt hat.

Wo sind die zwischenmenschlichen Dramen aus feinen Hamburger Kreisen geblieben, die in den noblen Villenvierteln der Elbchaussee spielten, wo perfekt ondulierte Damen im seidenen Hemdblusenkleid um ihren ermordeten Geliebten weinten, während schmallippige Haushälterinnen aus schweren Kristallkaraffen dem Kommissar im Tweed-Anzug Cognac reichten und uns in die fremde Welt der kultivierten Upperclass einluden, um serviert zu bekommen, dass die Ehe mit einem AWM eben doch noch Wünsche offenlässt.

So konnte man beruhigt zu Bett gehen und froh sein, dass man mit dieser ganzen Mischpoke nichts zu tun hat.

Gut, mit den Streaming-Sendern samt Netflix lässt sich ein kollektiver familiärer Fernsehabend in alter Form nicht mehr organisieren, außer, wenn man es ganz bewusst drauf anlegt.

Da gelobe ich mir die wohlige Geborgenheit, die in meiner Kindheit Episoden von Zum Blauen Bock mit Heinz Schenk und Lia Wöhr verströmt haben, die ich mir – haltet euch fest: weil wir gar keinen Fernseher hatten! – bei einer Nachbarin ansehen durfte, die mir jedes Mal, wenn aus dem Bembel eine Ladung Äppelwoi nachgeschenkt wurde, ein Eierlikörglas rüberschob!

Eine Äppelwoisendung, seicht, harmlos, mit einem Moderator, der in hessischer Tracht mit feuchtem Blick und starkem Regionalakzent in die Kamera fragte:»Wo küsst uns mal die Kellnerin?«

Was Lia Wöhr als die züchtige AWF im eng geschnürten Dirndl, mit auftoupierter Hochfrisur und damals schon Mitte 60, dazu veranlasste, auf Kommando neckisch mit dem Zeigefinger drohend, singend einen Refrain anzustimmen:»Nur im Blauen Bock«, nach dem alle schunkelten.

Die AWF Lia Wöhr war nicht nur die Wirtin, sondern die Producerin des Showformates. Der AWM Heinz Schenk war hinter seiner altdeutschen Fassade die Schlagfertigkeit und Ironie in Person. Er war ein ausgemachter Komiker, wie ein Karl Valentin. Er schrieb sowohl die Lieder als auch alle seine Texte selbst. Weder brauchte er bezahlte Gagschreiber, die wie ein Micky Beisenherz selbst langsam berühmter werden als das Format, für das sie tätig sind, noch las er vom Teleprompter seine vorgegebenen Texte ab. Das Problem mit der Ironie ist leider: Sie ist nichts für Dumme!

»Was ist das denn bloß für einer?«, habe ich mich als Kind gefragt.»Und was trinken die schunkelnden Leute da?«, fragte ich die Nachbarin Frau Ziesing. Vor allem aber musste sie mich darüber aufklären, was ein Bembel ist. Wir hatten in der Bibliothek die gesamte Literatur von Sigmund Freud, Adler und Jung, aber keinen Bembel. Sie hatte mir immer Reibekuchen mit Apfelmus oder Eierkuchen mit Marmelade hingestellt, wenn ich aus der Schule kam und sowohl meine berufstätige Mutter als auch meine berufstätige Oma Anneliese verspätet vom Dienst heimkamen. Da durfte ich bei Frau Ziesing klingeln und Schularbeiten machen, bis sie mich abholten. Aber erst mal wurde eben etwas Leckeres aufgetischt. Sie war eine AWF, die es grandios fand, am Alltag eines schulpflichtigen Kindes teilzuhaben, dessen Haushalt kein TV-Gerät besaß. Deshalb kannte man in unserer Familie auch das Wort »TEST-BILD« nicht. Dafür erörterte man bei uns die Phänomenologie des Geistes nach Hegel, im Vergleich zur aristotelischen Philosophie. Oder so etwas in der Art ...

Frau Ziesing reichte mir auch Kaffee und holte dafür aus ihrer Vitrine die guten goldenen Sammeltassen. Es gab immer Marmorkuchen oder Schwarzwälder Kirschtorte.

Und so hatte ich im Alter von circa acht bis zehn Jahren mit ihr im Mietshaus in Charlottenburg regelmäßig ein Fernsehdate, nämlich immer, wenn Zum Blauen Bock lief. So etwas verbindet.

Es war also etwas Besonderes für mich, wie ein Theaterbesuch. Daher überlegte ich, was ich dafür anzog und welch selbst gesteckte Plastikperlenkette ich zu meinen streng geflochtenen Zöpfen anlegte, wenn ich mit einem kleinen Blumenstrauß zu Besuch antrat. Die Aufregung begann für mich schon mit der Fernsehansagerin und ihrer feierlichen Ansage.

Und im Alter von zehn Jahren schärfte sich mein Blick für die *Diversity* des Mannes als solchem.

Ja, anscheinend hat Heinz Schenk mein Weltbild geprägt.

Der Typus Mann war für mich das Fernsehrätsel in Person, da kommt keine Science-Fiction-Animation mit: Ein kleiner Mann mit einer viel zu großen Zunge, bemerkte ich. Mit einer schlecht sitzenden Oberkellnerjacke, permanent lispelnd, mit starkem S-Fehler und seinen provinziellen hessischen Dialekt breit zur Schau stellend, begrüßte er die Gäste live aus Wildeck-

Obersuhl. Permanent im neckischen Clinch mit der ewig grantelnden Wirtin Lia. Zwei alte, weiße Menschen, die den Saal mitrissen und zum Toben brachten.

Auf die ironische Schenkelklopferfrage, wo denn, bitte schön, der Handkäs' wie Jasmin schmecke, gab Lia singend die Antwort:»Nur im Blauen Bock!« Da mochte der griesgrämige Kellner-Sidekick Reno Nonsens (!) noch so schief gucken.

Und mittendrin, ewig kalauernd, Couplets und Trinklieder darbietend: Heinz Schenk. Er bezeichnete sich selbst als Äppelwoi-Babbler und zog sich nach Jahrzehnten mit Anfang 80 aus dem TV-Business zurück.

Ganz Fernseh-Deutschland war dabei – mit Quoten, von denen ein Thomas Gottschalk heute nur träumen kann.

Immer wieder mit von der Partie: die Weltstars der Hochkultur, Anneliese Rothenberger und Rudolf Schock. Sie sangen sich mit dem Repertoire der leichten Muse locker-jovial ebenso wie Musicalstar Dagmar Koller mit österreichischem Schmäh durch die Äppelwoi-Reihen – vorbei an den Bierbänken, an Butterbrezeln, immer nah am Publikum, wie beim Heurigen, direkt hinein in die Herzen der Zuschauer. Und das alles am Nachmittag!

Bis zu 20 Millionen Menschen schalteten damals ein. 30 Jahre lang! Zu Gast war alles, was Rang und Namen hatte. Von Vico Torriani bis Lys Assia! Von den Jacob Sisters bis Maria und Margot Hellwig. Von Schlager über Operette bis zur Volksmusik, Hauptsache, es wurde möglichst oft geschunkelt und die Frisuren waren möglichst hoch onduliert. Zum Abschied erhielt jeder Stargast einen signierten Bembel.

Für mich waren dies kleine Ausflüge in eine heimelige Welt ohne überquellende Mülltonnen, Junkies in zerrissenen Socken und leere Bierdosen im Hinterhof, wo ich entdeckte, dass es auch unter Ölgemälden vom röhrenden Hirsch in einem Eiche-Brutal-Wohnzimmer bei Eierlikör aus dem Cognacglas am tiefer gelegten Rauchertisch mit Spitzendeckchen verdammt gemütlich sein kann: einfach lieb, bürgerlich und musikalisch. Was ich dabei im Alter von zehn gelernt habe? Unterhaltung bedeutet, das Publikum abzuholen und es in eine andere Welt zu entführen. Und dann entdeckte ich Gisela Schlüter und Musik ist Trumpf! Aber das ist eine andere Geschichte. Zu gern wäre ich Fernsehansagerin geworden. Aber ich hatte einen noch stärkeren S-Fehler als der Lispelbruder Heinz Schenk. Also ging ich zum Ballett. Da drückst du dich aus, ohne gehört zu werden.

30 Fly me to the moon

Weit gereiste, polyglott gebildete Frauen kennen sich besser aus als Stubenhockerinnen. Reisen bildet. Die Generation unserer Kinder ist die erste, welche sich dies zu Nutzen machen kann. Die AWF wurde ja noch im VW durch sengende Hitze bis nach Rimini in Italien gekarrt, damit ist es nun endgültig vorbei. Inzwischen haben unsere Töchter und Söhne alle Auslandserfahrung. Oder bemühen sich darum. Wenn Deutschland da auch hinterherhinkt. Ein Austauschjahr gehört international gesehen heute dazu.

In den 60ern heuerte man als Au-pair an, heute bemüht man sich um ein Erasmus-Austauschjahr oder zieht im Gap Year mit dem Rucksack durch Asien. Und das noch dazu als Mädchen! Allein! Ist man dann eigentlich eine echte Touristin? Denn Touristen ruinieren alles! Sie sind anspruchsvoll und beschweren sich über das Wetter, sind laut und trinken zu viel. Sie kriegen Sonnenbrand und fragen an der Côte d'Azur nach Königsberger Klopsen. Sie erwarten weltweit Pizza. Sie glauben, die Einheimischen freuen sich, sie zu sehen, aber sie sind nur dazu da, um gemolken zu werden. Wenn Sie in Andalusien auf einem Gestüt arbeiten, in Languedoc Bauern auf die Schulter klopfen und in einem Stall schlafen, in der Provence bei der Weinlese helfen, dann sind Sie bestenfalls Reisende. Sind Sie aber 18 Jahre alt und nur ein kleines bisschen dumm, werden Sie Ihre kostenlose Arbeitskraft für Urlaub halten. Denn die JWF sammelt Erfahrungen und Abenteuer. Sie lernt eine Sprache und bildet sich.

Touristen buchen Touren durch Slums und Favelas, schauen sich das Elend aus der Nähe an und spenden verkrüppelten Bettlern ein »Bakschisch«. Sie treffen Land und Leute.

Dann gibt es noch Städtetouren. Immer nur geölt am Strand herumzuliegen hat ja auch etwas Plebejisches. Warum zur Abwechslung nicht mal eine Bildungsreise?

Müde von Berlin? Versuch's mal in Helsinki oder Tallinn. Wunderschöne, beeindruckende Metropolen mit einem skandinavisch-entspannten Modus. Entdecken Sie Maastricht, wie es auf der Website von Ryanair heißt.

Steigern Sie Ihr Verständnis von der Welt, indem Sie sich auf Reisen begeben.

Europa verstehen lernen.

Wenn wir uns unterwegs amüsieren wollen, müssen wir bei vielem, was uns begegnet, ein Auge zudrücken: Große Dinge wie Armut und Arbeitslosigkeit sind Anblicke, die wir nicht auf Insta-Profilen finden werden. Die JWF reist am liebsten dorthin, wo sie sich leicht bekleidet vorteilhaft vor strahlend blauem Himmel positionieren kann, damit sie neue Follower aus anderen Kulturkreisen generiert.

Okay, die authentischen Tapas, das Glas Rotwein im Hintergrund und die Nacktbilder vorm Sonnenuntergang an der Wanderdüne auf Gran Canaria haben einen folkloristischen Anstrich, aber man kann auch jahrelang auf Weltreisen sein, ohne nur irgendetwas dazugelernt zu haben. Die Welt ist voll von losen Ludern, die international unterwegs gewesen sind und nicht mehr gesehen haben als ihre eigenen Insta-Feeds.

Junge weiße Frauen sind heute im Besitz einer gefährlichen

Waffe: dem Billigflug! Dadurch landen sie an Orten, von denen sie gar nicht wussten, dass sie jemals dort ankommen wollten. Ryanair hat für 9,99 Euro so manche JWF in obskure Regionen Rumäniens gebracht, nach Cluj-Napoca zum Beispiel. Obwohl das Ziel Split war. Aber für ein Insta-Pic ist das auch egal, Hauptsache, da ist Strand und blaues Wasser.

Auf Skyscanner lassen sich mit Glück günstige Flüge ermitteln, falls sich auf Parship/LoveScout24 ein Match aufgetan hat, das zu 98 Prozent den Eingaben in der Suchmaschine entspricht. Der Typ sieht auf seinem Profilbild aus wie ein Protagonist von Love Island und hat ähnliche Tattoos wie man selbst. Er liebt Eminem und 50 Cent und gechattet hat man auch schon. Also nichts wie hin und flugs »O ja, gib's mir«, und »Mensch, so einen Großen hab ich ja noch nie gesehen« in einer neuen Sprache gelernt.

Auf geht's! Mädels, seid nicht schüchtern. Okay, es ist nicht die Lufthansa, und ihr müsst euch die Stulle und die Cola schon selbst mitbringen, denn man kann schon froh sein, wenn überhaupt noch jemand kurz vor der Landung mit einem Müllsack durch die Alley geht. Bald nämlich wird die Zeit kommen, da der Passagier seinen Müll aus Gründen der Nachhaltigkeit selbst an Land entsorgen muss.

Aber Hallo, im Cockpit, da treffen wir auf ein Update in Sachen gesellschaftspolitischer Real-Reality! Dort sitzen nämlich mehr alte weiße Frauen, als wir glauben.

Der Transport von 480 lebenden Körpern vom BER nach Split durch eine dichte Wolkendecke hat keinen frenetischen Applaus verdient, wenn dort zwei Ladys sitzen?

Ich bin der Meinung, Klatschen ist das Mindeste, was Frauen tun können, um unsere Wertschätzung für die Tatsache auszudrücken, dass wir von den beiden Blondinen im Cockpit sicher befördert und nicht wie eine Fliege an einem Berghang zerschmettert oder in den Untiefen des Mittelmeeres betonhart aufgeprallt sind.

Mädels, Insta-Bitches, Influencerinnen, ihr solltet gefälligst auf Händen und Knien den hübschen Pilotinnen für ihre heldenhafte Expertise danken, euch durch die Turbulenzen unberechenbarer Winde unter dem blauen Himmel des Schwarzen Meeres wieder auszuspucken.

Wie könnt ihr so gleichgültig gegenüber dem Wunder der modernen Luftfahrt in Kombination mit der Emanzipation sein? Ist es zu viel verlangt, dass ihr eure fleischigen Pfoten zwei Sekunden lang zusammenklatscht, bevor ihr euren Rollkoffer mit den Stringtangas und Stretchminis aus dem Gepäckfach holt?

Muss ich euch Bitches daran erinnern, dass unsere Pilotin gerade einen mächtigen Vogel aus Stahl geflogen ist und sich die Kraft des Fliegens zunutze gemacht hat, die sich der menschlichen Zivilisation jahrhundertelang entzogen hat, während Newtons Gesetz der universellen Gravitation von euch nie verstanden werden wird?

Also bitte ich um Applaus, Applaus für das, was Frauen leisten, auch wenn der Vertrag mit der Fluggesellschaft beinhaltet, dass uns ein Pilot lebend ans Ziel unserer Wahl bringt. Für nur 9,99.

Euer fehlender Applaus ist eine schwere Beleidigung für all die tapferen Menschen, die ihr Leben riskiert haben, um in die Lüfte emporzusteigen und bei vielen Fehlschlägen in einem Feuerball über dem Pazifik aufgegangen sind, damit ihr am Strand in Split 100 Jahre später den geölten Hintern in die Kamera halten könnt.

Ich klatsche immer bei der Landung von Pilotinnen. Wer wird sich mir anschließen?

Ist es nicht eine erhabene Errungenschaft der Gleichberechtigung, dass uns der Flugbegleiter nun den Tomatensaft serviert und einen einsamen Schokoladenkeks zuwirft, mit seiner Ansage auf zeitweise funktionierendes WLAN und volle drei Zoll geräumige Beinfreiheit verweist, wo wir unsere vom Schlangestehen bei der Security ermüdeten Glieder ausstrecken können, vorausgesetzt, die Person vor uns lehnt ihren Sitz nicht zurück? Wir Frauen sollten aus reiner Solidarität bei jedem Flug einen Blick ins Cockpit werfen. Ich werde mich in Zukunft nach den vollständigen Namen der Pilotinnen sowie ihren Adressen erkundigen, damit ich einen Obstkorb schicken kann, um meine Dankbarkeit auszudrücken, dass sie neues Terrain betreten. Der Co-Pilot daneben geht natürlich leer aus.

Also frage ich noch einmal in die Runde, bevor wir aussteigen: Wer klatscht mit mir?

Ein paar Hipp-Hip-Hurras könnten auch nicht schaden.

Ich zumindest mag den kollektiven Geist der Frau als solcher.

Wir sind jetzt tatsächlich amtlich mehr als eine Trolley-Dolly.

31 Wie man mit Schnauze die Welt regiert

An der Kombination aus Spaß und Femininums, noch dazu vorgetragen von einer alten weißen CIS-FRAU, scheint es aufkommende Kritik zu geben. Anscheinend werden Scherze bei der Zerstörung des Patriarchates als hinderlich betrachtet. Am Ende kommt der Feminismus noch charmant daher, indem er »lustig« und »sexy« dekoriert serviert wird. Wo bleibt bitte das Grundprinzip der Werbebranche, »Sex sells«? Okay, Wut sollte nicht verwässert werden, um sie einem breiteren Publikum schmackhafter zu machen. Ich glaube aber, dass der Feminismus niemals etwas erreichen wird, wenn er nicht sympathisch ist.

Auch Humor ist nicht gerade der sicherste Weg, um Menschen dazu zu bewegen, dass sie einen mögen. Am Humor scheiden sich oft die Geister. Er treibt neben der ohnehin schon polarisierenden und breit gefächerten politischen Überzeugung die Standpunkte der Menschen noch mehr auseinander.

Es wird befürchtet, dass Feministinnen, die lustig sind, nicht wirklich politisch sind.

Humor zu verwenden, um auf Ungerechtigkeiten hinzuweisen, kann meiner Meinung nach auch von einer Schlampe transportiert werden, die Lapdance-Kurse besucht und Pornos produziert. Wer sagt, dass sie keine Feministin ist und smarte Entscheidungen treffen kann?

Der alte weiße Mann will auf keinen Fall, dass die Frau zu lustig ist. Sie soll auch nicht zu laut sein.

Es schürt Ängste, dass du klüger bist als er, witziger als er, schlauer als er … Es sei denn, der Typ kann kontern und trifft dich auf deinem Level des Humors. Das wäre dann eine Initialzündung. Gemeinsam lachen zu können, ist eine fantastische Basis für vieles.

Der AWM muss sich jedoch sicher sein, dass er die Kontrolle behält. Da ist eine fantasiebegabte Frau nicht das, was er in erster Linie gesucht hat.

Lustige Frauen werden oft nicht als attraktiv im konventionellen Sinn empfunden. Witzig zu sein bedeutet, ein Klugscheißer zu sein, schlau, schnell und in der Lage, den Pöbler auf Social Media oder den Millionär im Kabinett zu Fall zu bringen.

Eine brillante Pointe einem Typen gegenüber hat immer etwas von Entmannung. Und wenn das schon passiert, dann sollte es bitte schön von einer Frau kommen, die äußerlich nicht unbedingt attraktiv ist. Das lässt sich leichter verschmerzen.

Lustige Feministinnen jedoch als nicht politisch zu betrachten, bedeutet, für Frauen wieder einmal andere Maßstäbe anzusetzen als für Männer.

Witzig zu sein, ist bei einem Boris Johnson oder Eddie Izzard Teil ihrer Politik!

Wahrscheinlich sind lustige Feministinnen gefürchtet, weil Comedy an den entsprechenden Stellen autoritärer Regimes – die per Definition absolut keinen Sinn für Humor haben – zu Dynamit werden kann.

Doch ausgerechnet emotionsgeladene Wut und der Ärger auf den Rest der Welt ist es, der Komik entstehen lässt. Die

Komik beleuchtet und kanalisiert die Wut und setzt sie in eine andere Perspektive.

Man sollte die Macht von Comedy und Satire nicht unterschätzen. Und gerade, weil sich auch auf diesem Terrain alte weiße Männer die Macht gesichert haben, arbeiten sie tüchtig an der Mär, es gäbe keine komischen Frauen!

Nein, der AWM lässt die komische Frau einfach nicht ans Ruder, da sie droht, ihn zu entmannen. Und wird dann doch mal eine Frau untergemischt, geschieht das erstens in der Minorität, also eine Frau auf neun Männer, und zweitens nur für die Frauenquote. Damit bloß keiner sagen kann: »Es war ja wieder keine einzige Frau dabei!« Okay, eine einzige JWF darf also mitmachen, damit sich die Männerfront nicht allzu geschlossen darstellt.

Alt zu werden ist ein großer Glücksfall, ein Status, den wir ehren sollten. Wenige Comedians können damit etwas anfangen, schon gar nicht die Typen, wenn es um das Alter der Frauen geht. Sie reden ständig über dieselben Inhalte, wagen sich aber an die AWF nicht heran. Was sollen sie auch sagen über die Muttis in der Menopause? Dazu fällt ja nicht einmal den JWF etwas ein. Für mich war es immer ein gefundenes Fressen, über die Freude am Altern zu sprechen – und wie man es vermeidet.

Angesichts dessen sorgenvoll in Depression zu verfallen, ist eine sehr schwache Antwort auf ein derartiges Geschenk.

Eine Feministin dafür zu kritisieren, dass sie eine brillante Komikerin und überhaupt eine lustige Person ist, heißt, die Macht des Humors zu ignorieren. Weil Macht eine Sache ist, welche die Männer seit Jahrhunderten für sich gepachtet haben.

Eine weibliche Satirikerin? Wahrscheinlich die kleinste Randgruppe der Welt! Denn Satire ist immer Anti-Establishment. Und Frauen sollen angepasst sein. Politischer Humor rüttelt an den Grundfesten und am System.

Humor wird Rassentrennung nicht beenden und auch keine Regierung stürzen, aber es ist ein schwer gepanzertes Fahrzeug in unserem Kulturkrieg als Frauen.

Wenigstens haben wir etwas zu lachen, während wir eine matriarchalische Utopie konstruieren.

Und wir werden allen zeigen, wie man mit Schnauze die Welt regiert. Wie der große Jimmy Fallon sagte: »Wenn in einem Saal mit zweitausend Menschen niemand dabei ist, der mich verklagt, weil er einen Witz nicht versteht und mich scheiße findet, dann bin ich als Comedian gescheitert.«

32 Über JWF, die sich bei Berührung mit Wasser in Nixen verwandeln

Bei all den Überraschungen, welche die letzte Generation mit vielfältigen Abgrenzungen für uns bereithält, ist es doch immer amüsant zu sehen, wie dieselbe Generation hart an ihren eigenen Märchen arbeitet.

Sei es der Kampf um *#bodyshaming* bei gleichzeitiger Begeisterung für Victoria's-Secret-Engel, die mit perfekten Modelmaßen über Laufstege schweben, oder parallel zum Kampf gegen den Klimawandel der allerletzte hippe Schrei: die Meerjungfrauenbewegung.

Wer also auf der Suche nach einem neuen Hobby ist oder gar nichts mehr mit sich anzufangen weiß, sollte es doch mal mit einer schillernden Monoflosse probieren. Glitzernde Schuppenschwimmschwänze, Schwimmschulen für Meerjungfrauen und Tutorials für Nixen sind als Alternative zum angeklebten Arsch auf kaltem Asphalt doch eine charmante Option. Es ist der letzte Schrei, nachdem Einhorn- und Regenbogen-Trend langsam mal abgenudelt sind.

Und damit wird eine immense Sehnsucht der JWF ausgedrückt, die Sehnsucht nach einem dreidimensionalen Paralleluniversum, einer Märchenwelt und Teil von Fantasy und Zauberei zu sein.

Auch wenn der Preis hoch ist. Also, ich möchte nicht mit

Monoflosse in Berlin-Neukölln mit dem Nachtbus nach Hause fahren – oder damit beim Gynäkologen im Wartezimmer sitzen. Beides würde heute wahrscheinlich völlig ausreichen, um eine eigene Doku-Soap zu bekommen.

Was bewegt die jungen Mädels dazu, plötzlich doch lieber halb Fisch, halb Mensch sein zu wollen – und dabei den eigenen Unterleib zu verleugnen?

In einem Diskurs um die alte weiße Frau müssen wir auch hier die junge weiße Frau betrachten, denn die wurde von uns erzogen.

Ich bin mir sicher, ohne eine massive Bewegung auf TikTok wäre es gar nicht so weit gekommen. Was sich da nicht optisch promoten lässt, hat einfach keine Chance.

Und ich meine, es hat ja auch was: Gefällt mir immerhin besser als der Monster-Trend. Gemeinschaften von professionellen Meerjungfrauen, die bei Veranstaltungen schillernd zwischen Seifenblasen im Aquarium mit dem Fischschwanz herumplanschen, machen durchaus Laune.

Sie sind quasi die Weiterentwicklung von Burlesque. Bequem ist weder das eine noch das andere. In einem übergroßen Cocktailglas zu strippen ist nicht gerade das, was ich mir als Broterwerb wünschen würde. Allein die Logistik, das gottverdammte Glas durch die Welt zu wuchten und einen auf Fabelwesen zu machen … Wahrscheinlich hat die ein oder andere kapituliert und sich gesagt: dann lieber Fischmarkt.

Es gibt Millionen Tutorials für Meerjungfrauen, die zeigen, wie man sich Netzstrumpfhosen über das Gesicht spannt, um den Effekt von Schuppen zu erzielen, wie man ohne Beine an Land robbt und wie man den Kopf in den Nacken werfen muss, damit das Wasser aus den Lolita-Extensions in hohem Bogen abperlt.

Arielle zu sein, ist durchaus mühsam!

Was reitet junge Frauen, die von Feministinnen erzogen worden sind, sich mit Meerjungfrauen zu identifizieren, die schließlich für ihre Menschwerdung auf krampfhafte, schmerzvolle Weise am Ende den Monoschwanz abstreifen müssen? Denn das ist das Märchen der kleinen Seejungfrau: Um Liebe zu finden, muss sie ihre Körperlichkeit als Nixe transformieren. Eine unbequeme Sache und alles andere als praktisch ist es auch, dass sie vorerst ohne ihre Stimme erklären muss, wer sie ist, und sie muss zusehen, wie der Prinz eine andere Frau heiratet, wohl wissend, dass sie ohne seine Liebe sterben wird. Echte Liebe in ihrer edelsten und reinsten Form ist selbstlos, bedingungslos. Es geht um den anderen, nicht um dich selbst, und das führt zu Opferbereitschaft.

Die Geschichte der Meerjungfrau ist eine Geschichte über den Verlust der Unschuld. Ist es nicht romantisch, wonach die jungen Frauen streben? Es gibt mir sehr viel Hoffnung, dass die JWF einen Weg findet, ihre Sehnsucht nach Romantik optisch zu verkörpern.

Die reinste Form der Liebe, so die Epoche der Romantik, lässt sich nur in einer anderen, höheren Dimension finden und nicht in dieser profanen Welt.

Neuerdings also wollen unsere Töchter und Enkel Sirenen sein. Ja, sie reisen weltweit mit gigantischem Übergepäck zu den maritimen Festivals und feiern sich und ihre Kreativität mit dem Verkleiden als ein Fabelwesen, das elegant durch die Untiefen der Ozeane gleitet.

Das preisgekrönte Kinderbuch Julián is a Mermaid ist eine wunderschön illustrierte Geschichte eines Jungen, der Meerjungfrauen in der U-Bahn auf dem Weg zu ihrer Parade sieht und sich zu Hause wie sie verkleiden möchte. Er ist sich nicht sicher, ob seine Großmutter zustimmen wird, aber am Ende nimmt sie ihn mit, und beide gehen gemeinsam zur Parade – es ist eine Geschichte über Selbstdarstellung und Akzeptanz. Und es liegt nahe, dass die Meerjungfrau ein Symbol für Vielfalt im Sinne von bigender ist.

Merke: In den letzten Jahren ist die Meerjungfrau zu einem Symbol für die Trans-Community geworden. Bei der Suche nach Identitätswechsel zu einem transformativen Wesen schillert die Meerjungfrau mit ihrem Schuppenpanzer als Seiltänzerin zwischen den Elementen.

Die Sehnsucht, in die Haut eines überirdischen Wesens aus einer anderen Welt zu schlüpfen, ist uns aus Literatur, Kunst und Mystik bestens vertraut. Nach einer höheren Sphäre zu streben, hat immer auch etwas Entrücktes.

Und ich bin wirklich froh über die Sehnsüchte der JWF: Eine Welt, die zum Träumen einlädt, ist eine Möglichkeit, den Grenzen des eigenen Körpers zu entfliehen, neue Sphären zu erobern – das habe ich als AWF mit den Meerjungfrauen gemein.

Mädels, die Meerjungfrauen sein wollen, nehmen ihre Sache sehr ernst. Genauso wie es ein Arbeitstag in Louboutins erfordert, kannst du dir als Frau – egal welchen Alters – Bequemlichkeit abschminken. Die riesige, schillernde Monoflosse übergestreift, gehts im Rollstuhl mit Kumpels an die Küstenlinie. Einzelflossen werden auch von Freitauchern im Pazifik verwendet, denn sie sorgen für gigantischen Vortrieb. So ein Schwanz aus Silikon ist eine echte Investition, kostet er doch an die 3000 Euro. Die JWF, die ambitioniert ist und zu den Festivals nach Australien reist, wird weltweit nach dem richtigen Schwanz suchen. Denn eine Flosse sollte zu den Nuancen und der Farbgebung der Amphibien und Flora, zum Licht und den glitzernden Schattierungen der Küstenlinie passen, in der sich die JWF ohne Unterleib präsentieren möchte.

Wer also nicht Hausfrau, Kellnerin oder Lehrerin sein möchte, der sorgt jetzt für Magie unter Wasser. Auf jeden Fall tut es etwas für die Bauchmuskeln.

Und auch hier unterteilt sich die Community in Amateure und Profis. Ein schlecht gemachter Schwanz kann schwer zu dirigieren sein und zu nichts anderem als einer Behinderung werden. Wenn die Schwanzflosse übermäßig schwer ist, wird es für eine Nixe sehr schwierig sein, ihren Kopf über Wasser zu halten. Starke Schwimmerinnen, die Freitauchen trainiert haben, sich unter Wasser ohne Tauchflaschen bewegen können, sind natürlich Meisterinnen dieser Disziplin.

Körperbeherrschung innerhalb eines feindlichen Elementes, nicht hastig nach Luft zu schnappen, wenn kein Sauerstoff verfügbar ist, all das macht die Sache zum Extremsport. Im Meer schwimmende Nixen müssen sich an die Kälte anpassen und Wellenhöhen, Gezeitenmuster und zunehmend die Strömung überwachen.

Die meisten Meerjungfrauen sind so sehr von ihrer eigenen Magie verzaubert, dass sie die technischen Fertigkeiten hart trainieren.

Junge Mädels sind berauscht von der Freiheit, der oszillierenden und anmutigen Schönheit und davon, auch nur vorübergehend in eine andere Haut schlüpfen zu können. Es ist überirdisch, unter Wasser zu sein und dort nach Liebe zu suchen. Die Nässe, das Prickeln der Gischt, sich von den Wogen tragen zu lassen – eine sinnliche Transformation in einem Element, dem all unser Leben entsprungen ist. Mehr als 70 Prozent der Erde ist von Wasser bedeckt – spirituell gesehen halte ich die Sehnsucht der jungen weißen Nixen, unter die Oberfläche zu schauen, für eine Suche nach ihrem Unbewussten. Die Meerjungfrauen tauchen in tiefere Dimensionen ab. Sie gehen sich selbst auf den Grund, indem sie sich als schillernde Nixen in der Brandung tummeln. Im Unsichtbaren findet sich der Schlüssel zur Liebe! Erst wenn auf dem Grund der Seele kaum noch Licht ist, wird eine Nixe aufgeben und ihr Glück fortan bei Landgängen suchen. Die Meerjungfrauen folgen ihrer Mission – das schenkt mir Hoffnung! Denn ich erkenne in dieser Aktion jede Menge feminine *Energy*. Was für ein Fluidum, mal eben das angestammte Habitat zu wechseln. Ich wäre auch sehr gern eine Libelle.

Unser sechsjähriges Ich wäre erstaunt darüber gewesen, was wir nicht alles werden können: sogar Nixen! Ja, der Schlüssel zur Verwirklichung unserer Kinderträume steckt in der Magie femininer Energy! Sie ist ein Zaubermittel. Deshalb wollen ja auch so viele feminine Männer mit uns Frauen tauschen. Wir sehen auch ohne Unterleib noch gut aus.

Ich glaube, ich bestelle mir jetzt gleich eine Flosse! Ob Flink mir die wohl in zehn Minuten liefert?

33 Ich und mein Mama-Blog

Im Facettenreichtum der JWF darf eine Art Superwoman nicht fehlen: Mutter, Sekretärin, Aktivistin, also drei in einem, aber eigentlich vier in einem, weil sie außerdem für den jungen oder alten Mann ihre Schönheit zu erhalten hat. Denn wenn sie ihren Job als Superwoman behalten will, muss sie ihre Jugend konservieren, vor allem in Bezug auf den Körper, was sie zum Jogging oder zum Fitnesstraining oder noch besser, zu beidem verpflichtet, und auf ein Gesicht, das nicht die geringsten Spuren des mühseligen Lebens aufweisen darf. Jung, positiv, dynamisch und verheiratet, das ist die Devise.

Das Beste ist, wenn die frischgebackene JWF dann einen Mama-Blog startet, denn das sind die Geilsten überhaupt: Es sind ausgebildete junge weiße Hausfrauen oder ehemalige GNTM-Protagonistinnen, die imstande sind, perfekte Cupcakes zu backen, sowohl was die Fluffigkeit und Cremigkeit des Gebäcks angeht als auch den Look. Denn die Cupcakes müssen sich weltweit mit den Instagram-Fotos der anderen Spießerstars messen lassen, die sich, nicht selten in einem Wettstreit enthusiastisch angespornt von ihren Ehemännern aus der Grafikdesignbranche, mit Mama-Blogs und Brotbacken ein kleines Zubrot verdienen. Wer ganz clever ist, gründet gleich noch eine Stiftung. Wozu ist man schließlich mit einem Anwalt verheiratet?

Aber bitte nichts machen, was das Interesse von anderen Männern weckt, denn das wäre suspekt.

Jedenfalls ist die moderne JWF immer von einer untadeligen natürlichen Schönheit ohne sichtbare künstliche Eingriffe, dezent geschminkt, abgesehen natürlich von den sozialen und beruflichen Events des Gatten, bei denen sie am Arm ihres nicht selten AWM untergehakt eine gute Figur abgeben muss.

Denn eine erfolgreiche Frau ist natürlich immer auch eine Trophäe, eine Staffage, die man zur Schau stellt: jung, schön, göttlich, exzellente Köchin und vor allem Konditorin. Denn Kerle und Kinder lieben Zucker. Und auf keinen Fall dick! Obwohl sie den ganzen Tag Cupcakes, Hefeschnecken und Brot backt. Dick darf man wirklich nicht sein, da verliert man Follower als Bloggerin. Man muss backen können und gleichzeitig gertenschlank sein.

Also muss die junge weiße Frau brillieren, bei der Cupcake-Deko ebenso, wie bei der Deko ihres Gesichtes.

Bis dahin wäre ich auch noch in dieses Lebensmodell geschlüpft – solange der Typ mir wirklich gefällt.

Ich frage mich jedoch, wie diverse JWF es über sich bringen, mit AWM zu schlafen? Bei all der Intoleranz, die dem AWM doch von den JWF zugeschrieben wird.

Ich frage mich, ob eine Frauenrechtlerin wie Simone de Beauvoir ein Duckface auf ihren Selfies gemacht hätte, ob sie überhaupt Zeit für Selfies gehabt hätte.

Ich frage mich, was Clara Zetkin über all das denken würde, die Jungs, die den Mädels über Facebook ihre Dick Pics schicken, die Mädels, die sexy Fotos von sich machen, um sie auf Instagram zu verbreiten.

Ich glaube, Gloria Steinem, die Mutter des Feminismus, wäre Terroristin geworden, wenn sie heutzutage jung wäre. Und vielleicht hätte sie Donald Trump einen Knallfrosch in den Hintern gesteckt.

Ich frage mich, ob Sophie Passmann überhaupt die vielen alten weißen Männer gefunden hätte, die ihr Interviews geben, wenn sie nicht hübsch wäre. Ob überhaupt ein AWM ihre E-Mail beantwortet hätte, wenn sie ein unschönes Gesicht hätte und eine Haut voller Akne.

Was ich gern machen würde, wäre, Sophie Passmann zusammen mit Luisa Neubauer zu ein paar Shots Mungomandelmilch zum Abendessen einzuladen. Ich würde ein veganes Biryani mit Tofu kochen, gefolgt von veganen grünen Enchiladas und Jalapeño-Apfel-Salsa an Glasnudelsalat und zum Schluss einen veganen Zucchini-Schokokuchen servieren. Ich würde gern mit ihnen über die wichtigen Dinge sprechen und dabei trockenen Weißwein trinken, kalt, vielleicht sogar einen Prosecco?

Es ist natürlich klar, dass ich als Schminkkünstlerin nicht widerstehen könnte, mir deren Gesichter genauer anzusehen.

Ich würde gern fragen, ob sie sich auch in die Öffentlichkeit gewagt hätten, wenn sie nicht hübsch wären. Wenn sie 100 Kilogramm wiegen und schielen würden.

In Wahrheit gibt es nämlich nicht eine einzige Frau, die darauf pfeift. Selbst wenn sie es will oder es vorgibt und behauptet. Das ist grausam. Und es sieht nicht so aus, als würde sich das jemals ändern …

Wie macht man es, darüber erhaben zu sein, über das Altern? Denn Alter ist Biologie und Natur.

Wie findet man im Spagat zwischen AWF und JWF zu Humanismus, zu Solidarität?

Ganz bestimmt nicht über reaktionären Veganismus. Dieser hat seinen Hype allein Social Media zu verdanken, ebenso wie viele Nischenprodukte, die allein durch diese Plattform ins Rampenlicht gerückt worden sind, obwohl es sich bei der eigentlichen Zielgruppe um die Unterrandgruppe einer verschwindend geringen Minderheit handelt.

Es gibt nur an die 1,5 Millionen Veganer unter den 84 Millionen Deutschen. Aber mit ihrer fanatisch-religiösen Mission erwecken sie den Eindruck, sie wären die besseren Menschen, die den Auftrag haben, die bösen Fleischesser zu bekehren.

Das ist eben die Macht der Medien: Als Klimakleber bekommst du Aufmerksamkeit, bist du einer von den knapp acht Millionen Behinderten, gehörst du fast schon zur Norm.

Natürlich ist man als Klimakleber, Blogger, Veganer gut vernetzt. Und wer gut vernetzt sein will, der muss an den richtigen Orten gesehen werden und auf Events präsent sein. Und vor allem muss man es auf den Blogs nachweisen können, dass man Spaß hatte: wie vor einem Gericht. Es nur zu behaupten, genügt nicht, es muss Beweismaterial geben.

Auf den Events selbst ist es oftmals so langweilig, dass man es nüchtern gar nicht durchstehen kann. Das wissen auch die Teilnehmer, die verkrampft mit sich selbst tanzen, damit es dann offiziell so aussieht, als hätten sie Spaß gehabt. Ob der Abend gelungen war oder nicht, das entscheidet sich nur über den Content. Um der Langeweile zu entfliehen, muss es am Ende eine Ausbeute von Super-Storys geben, am besten laufen Storys und Feeds, die Neid erwecken. In schöner Location mit der typischen Insta-Deko aus vielen, vielen künstlichen Blumen und vielen Luftballons mit VIPs gesehen zu werden, wo der Champagner fließt, und das alles in einer Verkleidung, die viel nackte Haut zeigt, das ist eine Geschäftsgrundlage.

Man muss auch jederzeit überall alles organisieren können, und zwar unauffällig. Dafür gibt es jede Menge Lieferdienste.

Wer gut vernetzt ist, dem gelingt es, an die In-Lokale der Stadt per Drogenkurier das Koks geliefert zu bekommen, ohne dass es jemand mitkriegt. Auch Überfahrer sind nicht verantwortlich für das Päckchen, das sie abholen und zustellen. Mit Drogen in der Tasche herumzurennen, das ist wirklich old school. Ich kenne JWF, die kriegen gar nicht mit, dass ihr cooler Partner voll der Junkie ist, weil, er ist doch erfolgreich und immer so gut drauf! Er hat auch keinen Stoff in der Bude oder führt ihn gar mit sich, und wenn, dann nur im Safe Space. Die AWM und die AWF, also quasi die »Kinder vom Bahnhof Zoo«, das waren die wirklichen Anfänger.

Das Schöne ist, dass die Menschen für eine Großstadtneurotikerin wie mich transparent sind. Uns AWF kann nichts mehr schrecken. Wenn ein hochrangiges Mitglied des Bundestages auf dem Folsom-Europe-Festival als Doggy zum Gassigehen an der Leine herumgeführt wird, schaut man in Berlin nicht einmal hin, während man zum Bäcker eilt.

Das Einzige, was uns nervt, ist diese Festkleberei und dieser Aktivismus von Pseudofeministinnen, die Kunstwerke und Institutionen beschmieren. Aber so etwas machen ja Mama-Bloggerinnen nicht. Die füttern ihre Kinder, teilweise vegan, um sie zu besseren Menschen zu machen.

Jetzt, wo ich als AWF hoffentlich irgendwann mal mehr Zeit haben werde, um mich für die Gesellschaft zu engagieren, werde ich auch Aktivistin. Es gibt so viele Bereiche, in denen Frauen unterrepräsentiert sind.

Ich denke, ich werde im Alter umsatteln und ab 70 in die Gastronomie gehen. Dafür habe ich sogar schon ein Konzept entwickelt: Ich eröffne ein Restaurant! Vegan. Und nur für Frauen. Also für Lesben. Ein veganes Lesbenrestaurant. Mit Darkroom – aus Gründen der Gleichberechtigung. Man muss heutzutage pragmatisch denken. Dann kommt in jede Ecke ein Leckstein und dann mache ich das Licht aus!

Oder kennen Sie etwa Zauberinnen? Auch da hat uns kein Magier ans Ruder gelassen, und wir mussten immer nur die Doofe sein, die zersägt wird. Oder die Requisiten reichen als sexy Assistentin. Wenn es um den Erfolg geht, da stehen die Herren Magier selbst im Vordergrund. Also muss ich die erste weltberühmte Zauberin werden, um Neuland zu erobern.

Worum ich die richtig erfolgreichen Bloggerinnen beneide, ist, dass sie auf der Straße nicht erkannt werden. Im Baumarkt würde sich niemand nach ihnen umdrehen, denn sie existieren als Superstars nur für die Generation Z. Und die baut sich ihr Paralleluniversum auf – es ist eine Blase, und nichts, was außerhalb dieser Blase existiert, ist für sie von Bedeutung.

Dennoch: Wenn sie ein Bildchen posten, bekommt das mehr Aufmerksamkeit als die letzte Wetten dass?-Sendung mit Thomas Gottschalk.

Ich finde es super, was die Mädels leisten, denn sie haben sich etwas zu eigen gemacht, was es bislang noch gar nicht gab. Wenn sie vielleicht einmal wegen irgendeines Werbefehlers oder falschen # vor Gericht landen, dann wird der Richter staunen, dass diese Mädels für ein einziges Posting so viel verdienen, wie der Herr Richter im ganzen Monat. Logo, dass die Leute neidisch sind.

Aber diese Mädels sind Ikonen. Nicht jeder, der mit zwei Stricknadeln in der Luft herumfuchtelt, ist ein Dirigent. Nicht jeder, der einen Führerschein hat, ist Nico Rosberg. Nicht jeder, der seine Braut nackt fotografiert, wird zum Helmut Newton. Also Hut ab, *well done, girls,* ich hoffe, ihr tut bald mal etwas für eure Schwestern: die AWF, denn das Forum dazu habt ihr ja. So viel Solidarität muss doch drin sein, oder?

Frauen, die von einem nicht auslöschbaren Feuer bewohnt

werden, aufrechte Frauen, die endlich Zeter und Mordio
schreien werden, wenn man ihnen gegen ihren Willen an den
Hintern, an den Busen grapscht oder ihre Kinder anfasst,
Frauen, die sich weigern werden, die abartigen Traditionen
fortzuführen, die von der Mutter zur Tochter weitergegeben
werden, Frauen, die es wagen werden, Missfallen zu erregen,
Frauen wie Soldaten, die die Zukunft sind und unabhängig
sein werden, die Nein sagen, zu den Dogmen und den Dikta-
ten, Frauen, die ihren Mann stehen, ihren Weg gegen Wider-
stände gehen, Frauen, die für etwas eintreten – die könnten alle
meine Töchter sein.

Aber meinen Töchtern würde ich einen Tipp geben: Ihr
Bloggerinnen habt doch eine massive öffentliche Stimme, ein
gigantisches Forum! Warum erhebt ihr nicht die Stimme gegen
die Altersdiskriminierung, gegen #ageism gegenüber der AWF?
In fünf Jahren gehört ihr selbst dazu!

Also, Ladys: *Use your voice!* Oder verlinkt mich! Warum
macht ihr das nicht? Logo, ihr wollt Geld dafür!

34 Die Welt gehört der Frau

Du weißt, dass du alt wirst, wenn deine Wegbegleiter plötzlich alle 50 werden.

Auf einmal fällt einem auf: überall nur noch Jubiläen! Von Silberhochzeiten bis zu runden Geburtstagen. Meilensteingeburtstage, die groß gefeiert werden müssen, bewegen auch das Umfeld und Familie, Freunde und Wegbegleiter, zurückzublicken.

Und dann atme ich auf und denke, »Gott sei Dank, liegt dieses Jubiläum bei mir zehn Jahre zurück!«

Und wie tröstlich ist es doch, einmal mehr bestätigt zu sehen, dass viele der Muster, die uns übergestülpt werden, einfach komplett überholt sind.

Woran denken wir, wenn wir zur Party unserer 50-jährigen Freundin gehen? Bestimmt nicht daran, dass sie ein Kleinkind zu Hause haben könnte, das selbstredend nicht ihr Enkel ist.

Es hat sich als neues gesellschaftliches Phänomen etabliert, dass eine Frau, die mit Anfang 40 Mutter geworden ist, auf Insta als Omma und alte Schachtel beschimpft wird, obwohl sie gerade mal schulpflichtige Kids zu Hause hat. Folglich wird jene eben offiziell als AWF abgestempelte Omma in ihrem Leoparden-Catsuit auf dem Abiball ihrer Kinder um die 60 Jahre alt sein und wahrscheinlich gemeinsam zu Electro abrocken.

Die meist spät gebärenden Mütter Ü40 überarbeiten den

Rentenantrag, während die Kinder gerade mit dem Studium beginnen. Während sich die Kinder auf die Abiturprüfung vorbereiten, löscht die Mutti im Catsuit zeitgleich ihren Spam-Ordner voll mit Angeboten für den kostenlosen Einbau eines Treppenlifts. Da wird einerseits der Abiball und die Studienreise organisiert, während andererseits bei der Bahn der kostengünstige Seniorenpass beantragt wird. Beim Berufsstart ihrer Kinder dürfte eine spät gebärende Karrierefrau, die mit 40 bis 45 Mutter geworden ist, also 70 sein.

Leider findet diese amtliche Lebenswirklichkeit vieler alter weißer Frauen von Seiten der Bundesregierung keinerlei Berücksichtigung. Eine Ignoranz skandalösesten Ausmaßes!

Niemand aus dieser Generation AWF wird sich in Einsamkeit isolieren, so wie es auf dem Papier in den Amtsstuben vorgesehen ist. Denn wir haben jetzt Zeit. Freizeit. Und Rente. Und Freiheit.

Umgeben von Freundschaften und den Kindern, die eine Ausbildung oder Lehre machen, wird die AWF automatisch deren Energie und Spirit übernehmen.

Und am Energiefluss hängen der Stoffwechsel, das Immunsystem und der Kreislauf.

Hast du keine Kinder, kannst du immer noch ein Achtsamkeitsseminar besuchen, dich ehrenamtlich engagieren, Asien erkunden, zum Hormonyoga gehen oder Hygge entdecken. Alles Perspektiven, die sich meinen Vorfahren nicht erschlossen hätten.

Sind es eigentlich die alleinstehenden Frauen, denen der Hygge-Hype seinen Boom zu verdanken hat? Oder hat auch hier Social Media für die Verbreitung eines Lebensstils gesorgt, der bei uns zu Hause seit jeher gepflegt worden ist? Auf einmal hat das Kind einen Namen! Wenn man Hühnerfleisch in Streifen anbrät, Mangosauce drüberkippt, noch ein bisschen Ingwer und ein wenig Zitronengras drüberraspelt und das Ganze mit Reis serviert, dann nennt es sich ja jetzt auch »Buddha-Bowl«. Nur ist es eben nicht auf dem Teller wie Huhn in Mangosauce, nein, es kommt geschichtet in einer Schale daher. Deshalb ist es hip. Und Gemütlichkeit heißt jetzt also »Hygge« und Hygge ist auch hip.

Liegt es nicht in der Natur der Frau, wie von Zauberhand einem Raum ein wenig Atmosphäre zu verleihen? Also gehört auch aus dieser Perspektive die Welt uns Frauen. Wir sorgen für Hygge, wenn wir nicht komplett abgestumpft sind und uns mit Brettern, die sich am Ende Klippan, Ängslilja und Gursken nennen, als Lebensstandard zufriedengeben. Selbst Ikea lehrt uns, dass man mit 100 Teelichtern ein bisschen Stimmung in die Bude zaubern kann, auch wenn die Yuccapalme und die Phalaenopsis aus Plastik nur leblose Staubfänger sind.

Hygge als skandinavische Philosophie des Wohlbefindens, hat inzwischen eigene Zeitschriften und Portale hervorgebracht, die Gemütlichkeit, herzliche Atmosphäre, Kräutertees, Kerzenlicht als stimmungsvollen Rahmen in den Alltag integrieren.

Sich wohlfühlen, gelassen bleiben, Zufriedenheit, Geborgenheit, Besinnung auf traditionelle Werte, Freundschaften kultivieren, und das alles bei gutem Essen und Trinken, das alles stärkt die Seele. fast wie Lomi-Lomi-Massagen. Es dreht sich im Grunde einzig darum, ein bisschen zivilisiert zu sein.

Bei Großzügigkeit des Herzens in einer Gesellschaft, in der keiner über dem anderen steht, haben Neid und Intoleranz keine Chance. Das beherrschen die Skandinavier wirklich aus dem Effeff, dass sie sich nicht brüsten und jeder als Individuum unbeobachtet in Ruhe gelassen wird. Ohne sich ständig zu vergleichen oder in Wettbewerb begeben zu müssen. Denn in der Sauna, nackt und schwitzend wie eine Brühwurst, sehen am Ende des Tages alle gleich aus.

Ich war völlig überrascht, dass die Basis meiner Erziehung, das Klima der Familie, aus der ich komme, neuerdings also ein Label hat: Hygge. Und egal, wer es erfunden hat, es ist letztlich eine Form kultivierter Gemütlichkeit, vor allem in der eigenen Häuslichkeit.

Und zwar nicht mit Klippan-do-it-yourself-Schraubmöbeln, sondern angereichert durch persönliche, ideelle Preziosen. Erbstücke, Sammelstücke, Kostbarkeiten, die dich von anderen unterscheiden und einen Teil deiner Identität ausmachen. Einzelstücke, Originale, Habseligkeiten, welche uns ans Herz gewachsen sind. Dein Schrebergarten. Dein Balkon. Selbst gezogene Kerzen. Deine handgemalten Aquarelle. Deine Lieblingsbücher. Handarbeiten, die Aufarbeitung alter, verblichener Fotografien, das alles scheint uns in der Hektik dieser unberechenbaren Gesellschaft verloren zu gehen. Hygge feiert die Kleinigkeiten.

Die Skandinavier lehren uns per Hygge, Genuss am und im Alltag zu finden, aus den kleinen Momenten des Lebens etwas Großes zu zaubern, die Natur im Wandel des Jahreskalenders bewusst zu erleben. Der alte, unbequeme Melkschemel, der immer nur im Weg stand und die Einfahrt blockierte, wird entstaubt und erstrahlt in neuem Licht mit einem Leuchter und einer schlichten Kerze. Gesten wie diese bewirken tatsächlich etwas. Denn sie drücken liebevolle Sorgfalt aus. Aber nicht wie in einem Ashram auf Bali, wo du in einer Wellnesshölle für zwei bis drei Wochen viel Geld für deinen Aufenthalt in einem Paralleluniversum bezahlen musst, sondern integriert in deine alltäglichen Rituale. Du sollst frühmorgens keinen Borkenkäferextrakt trinken, sondern einen warmen Kakao. Die Zeit mit Meditation anzuhalten, barfuß am Strand auf Bora Bora zu lernen, alles lockerer zu nehmen und in Tansania Tantra-Workshops zu buchen, mag ein Weg sein, aber die Wirkung dieser Exkursionen ist schon dann verflogen, wenn du auf deiner Rückreise mit zig Verspätungen nach der Langstrecke auf dem Mittelplatz in Reihe 180 umgeben von kreischenden Babys vor dich hin vegetierst wie im Viehtransport.

Hygge lehrt, dass das Wohlbefinden zum alltäglichen Standard erhoben wird und eine Selbstverständlichkeit sein sollte. Von allem nicht zu viel, aber auch nicht zu wenig – das ist Scandinavian.

Eigentlich sind es kleine Gesten für eine bessere Welt – ich bin überzeugt, dass dies den gleichen Effekt auslöst wie Hormonyoga.

Somit sind völlig neue Strukturen entstanden, die an dem vorbeischrammen, was für uns als Bevölkerungsgruppe »AWF« einst vorgesehen war. Schließlich ist der Briefkasten auch heute noch voll mit Prospekten für Gleitsichtbrillen und Formunterwäsche, während die AWF in Wahrheit rote Haare hat, ihre Lederröcke durchsortiert und online Tickets für »Rock am Ring« bestellt. Denn was der AWF zur Verfügung steht, ist ein kostbares Gut, welches wir nie zuvor wirklich genießen konnten: dass es endlich um uns geht! Und diese Chance nicht achtlos verstreichen zu lassen, sondern sie bewusst zu gestalten, das lässt uns zu Zauberinnen dieser neuen Lebensphase werden.

Zwischen 50 und 80 ist einfach das beste Alter im Leben einer Frau – denn ab da gehört die Welt uns!

Wir haben uns mit den Fallstricken und Klippen auseinandergesetzt, die eine weltgewandte Frau heutzutage charmant zu umschiffen hat: von Schlupflidern bis Problemzonen-Verschleierungstaktiken, von Altweibersommer bis Drei-Wetter-Taft, von Callcenter-Warteschleifen bis Acrylnägel, von Bräunungscreme bis Power-Nap. Alles tapfer durchgestanden. Bevor es an den Rollator geht, lassen wir uns gern von jungen Menschen jeglicher Hautfarbe beraten, was wir aus unseren Smartphones rausholen können und wie wir uns mit dem richtigen Filterface beim Mumien-Dating optimal präsentieren sollten. Und dennoch besitzt die AWF Erfahrungswerte, die durch nichts ersetzt werden können. Ich frage mich oft, wie einer Generation Gefühlslagen überhaupt vermittelt werden können, die sich auf Algorithmen verlässt. Für die die Nabelschnur zur Welt das iPhone ist. Die nicht mehr lebendig ist, wenn sie offline geht. Das ist wie eine Wirklichkeit, die verkennt, dass mit der Verachtung allen Analogens auch ideelle Momente der Beseelung ein für alle Mal den Bach runtergehen.

Ein Beispiel: Wer mit Playlists groß geworden ist und die Vorschläge eines Algorithmus braucht, um gesagt zu bekommen, welche Musik er gefälligst zu mögen habe, weil er vorher etwas Bestimmtes abonniert hat, der wird niemals erahnen, welche Kostbarkeit die eigene Schallplattensammlung ist.

Du kannst mit deinem Algorithmus eben niemals zu eloquenten Fachsimpeleien ausholen, wie einst mit dem etwas schrulligen Nerd im Plattenladen. Dem Fachverkäufer im Karopullunder konnte man zur Not etwas vorsummen, und er hat genau die Scheibe gefunden, nach der du suchtest.

Nicht nur, dass es haptisch ein Abenteuer war, die Folie der Platte abzupulen, die Vinylscheibe sorgsam zu entstauben, nein, man hat die beigefügten Textbücher studiert, beim Hören mitgelesen und sich auf das sorgsam ausgearbeitete Konzeptalbum rundum eingelassen. Manchmal – ich erinnere mich an Donna Summers Album »On The Radio« – war sogar ein Faltplakat beigefügt, welches man als Poster aufhängen konnte.

Heute? Denken wir nur ans Bashing einer Madonna oder der wunderbaren Debbie Harry, die mit 77 noch auf Konzerttour geht – was müssen solch richtungsweisende Künstlerinnen auf YouTube unter ihren weltberühmten Songs lesen? »Granny, go home!« Und Cher wird im Netz als »schwule Omma« diskreditiert. Dabei ist auch sie eine Magierin, eine Zauberin, welche die Welt durch ihren kulturellen Einfluss verändert hat. Social Media und das Internet sind das perfekte Forum für #altersbashing und #ageism. Was bewegt junge Leute, zu diskriminieren? Es kann nur Neid sein, weil uns AWF die Welt gehört!

Wenn Axl Rose inzwischen aussieht wie Bernhard Brink mit seiner verlausten Korkenzieherperücke aus der Scherzartikelabteilung und Mick Jagger ein Gesicht hat wie das zerfurchte Hinterteil eines alten Nashorns – warum wird diese Diskriminierung nur den Frauen übergestülpt? Die Zauberinnen von Hygge bis Kinderzimmerhokuspokus sind doch wir!

Vielleicht lieben und verehren sie uns so sehr, dass wir im Unterbewusstsein jener, die zur Diskriminierung ausholen, mit einem Ikonenstatus verankert sind und als Göttin, Ikone, Legende nun mal nicht altern dürfen. Vielleicht betet uns die JWF im Geheimen an und betrachtet es als Affront, wenn unser Antlitz gleich dem einer Madonna Risse bekommt.

Gemahnen wir diese Hater gar daran, an welchem Punkt sie in wenigen Jahren selbst sein werden, und erwecken somit ihre inneren Dämonen?

Die AWF in ihrer komplexen Gestalt provoziert nämlich all jene, die sich unerbittlich an festgefahrene Strukturen klammern. Und das tun erstaunlicherweise nicht wenige JWF. Klar, dass sie sich ein Gerüst zur Orientierung bauen, um in dieser diversen Welt nicht verloren zu gehen. Aber lasst dann doch gefälligst die AWF in Ruhe! Denn uns gehört die Welt – und übermorgen seid ihr eine von uns!

35 Home, smart home

Die haben im Silicon Valley so viel Freude an der künstlichen Intelligenz, damit wir unser Smart Home so programmieren, dass das Prinzip einer menschlich lebenden Hausfrau generell abgeschafft wird.

Also, wenn mein Dyson IRobot Braava Pro Ultra mit sieben Sensoren über den Fußboden kriecht, in die Ecken und gegen meine Antiquitäten donnert und sich an den Stuhlbeinen ausnahmsweise mal nicht verkeilt und nur noch irritiert um sich selbst dreht, dann ist das, was er abliefert, bei Weitem nicht mit dem nach Hausfrauenart sauber gewienerten Küchenfußboden zu vergleichen, den meine Oma mit der Wurzelbürste geschrubbt hat. Es ist quasi wie eine Lymphdrainage für den Fußboden, während man doch eigentlich Shiatsu bestellt hat.

Es muss schon ein bisschen wehtun, wenn es etwas bewirken soll. Den Händen und dem Fußboden.

Aber das kann die JWF ja nicht mehr. Sie ist laktoseintolerant. Sie liegt auf einer Designercouch auf Malle und denkt darüber nach, ob sie vielleicht ihre erste eigene Schmuckkollektion entwerfen soll. Schuhe kann sie nicht verkaufen, weil sie sich nicht bücken kann, der Bandscheibe wegen.

Dafür kann sie aber die Bürstenwalze ihres Saug- und Wischroboters über die App ihres iPhones von überallher steuern. Das Ding kostet 999 Euro, und jeder Lehrling hätte »früher«

für das Resultat, was der abliefert, eine Watschn kassiert. Aber egal, die App ist geil und keiner bohnert mehr. In meiner Kindheit wurde noch gebohnert.

Jetzt könnte ich stattdessen per Smart-Home-App als AWF an jedem Punkt der Erde inhaftiert sein und per iPhone noch aus dem Gefängnis heraus meine Raumtemperatur anpassen, die Jalousien im Schlafzimmer herunterlassen, den Elektroherd aus- und anschalten, um zu simulieren, dass in meinem gepflegten Heim ein glückliches Familienleben stattfindet.

Ich kann dem freundlichen Gerät in meiner Handfläche, welches in der Lage wäre, mein gesamtes Leben zu dirigieren, auch komplett die Herrschaft in meinem einstigen Reich anvertrauen.

Das Ding hat ja alle Informationen über mich in Zahlen umgewandelt und ausgewertet, das kennt mich besser als meine eigene Familie. Es weiß alles, was ich jemals gegoogelt, jemals bestellt, bezahlt, überwiesen, jemals nachgelesen oder angeklickt habe. Es speichert meine Fotos, Videos, Reiseziele nicht nur, nein, es wertet sie aus in kryptische Zahlenkolonnen und gibt diese Informationen weiter … Ja, es weiß mehr über mich als irgendein realer Mensch auf diesem Planeten. Es zählt und misst meine Schritte und Herztöne, erfasst, ob ich entgifte, ob ich turne, was ich esse, ob ich Warzen habe, ob ich Seitenschläfer bin und wenn ja, rechts oder links. Dagegen ist die Stasi nix.

Haushaltsführung auf Basis künstlicher Intelligenz hat natürlich auch ihre Tücken: Wenn die Batterie mal nachlässt, werden jedes Mal, wenn das Telefon klingelt, deine Rollläden herunterfahren. Dann sitzt deine vereinsamte Katze 24 Stunden im Dunkeln und pisst vor Stress deine schöne neue Sitzlandschaft ein.

Da dieses gottverdammte Monstrum angeblich intelligenter ist als das menschliche Hirn mit seiner begrenzten Kapazität – und es zudem nicht unkalkulierbaren Stimmungsschwankungen ausgeliefert ist –, ist es bestens geeignet, unser Leben zu optimieren.

Es gibt nur einen kleinen Unterschied: Es hat keine Seele! Wie willst du Seele imitieren als IT-Device?

Die Optimierung täglicher Aktivitäten vom Smartphone aus ist schon mal der absolute und obsolete Nachweis, dass die digitale Welt den Männern gehört. Wenn der Smart-Home-Device dank künstlicher Intelligenz in Zukunft vorgibt, eine Persönlichkeit zu haben, dann ist das generelle Delirium *the new normal.*

Und tatsächlich arbeitet die technische Optimierung ja daran, dass künstliche Intelligenz mehr und mehr wie ein von Stimmungen geleiteter Mensch agiert. Da muss natürlich auch eine gewisse Zickigkeit simuliert werden. Das KI-Ding wird Ansprüche stellen, wenn es für eine Date Night gefälligst freihaben will. Es wird protestieren, wenn es um Schichtarbeit und Überstunden geht. Das Schlimmste wird sein, wenn es anfängt, seine Rechte zu kennen.

Und wehe, wenn du krank bist, eine Grippe oder Kopfschmerzen hast. Dann begrüßt dich täglich um 17 Uhr die für dich ermittelte vorprogrammierte Blasmusik-Playlist, weil du es ja so liebst, wenn dich Spotify gut gelaunt durch den Abend begleitet.

Die Basis der Smartphone-Programmierung sind nun mal die immer gleichen Abläufe, ausgewertet nach Zahlen, Uhrzeiten und regelmäßigen Ritualen. So darfst du am Sonntag vielleicht zwei Stunden länger schlafen, aber leider musst du im Dunkeln kotzen gehen, wenn der Fisch vergiftet war. Nachts durchs Haus laufen ist nicht. Bei Bewegung im Treppenhaus geht die Alarmanlage an.

Oder stell dir vor, das Ding hat sich durch die Auswertung deines Lebenswandels so programmiert, dass am Samstagabend bei den Schnulzen vom Kuschelrock-Album Nummer zwölf dein Schlafzimmer mit der Panorama-3-D-Fototapete in rötlich schummrige Beleuchtung getaucht wird. Weil die eheliche Pflicht ruft und das Smartphone einen Puff simulieren will. Vati hat aber inzwischen einen künstlichen Darmausgang angelegt bekommen und trägt seine Kacka bisweilen im Plastikbeutel spazieren. Weil er krank ist, musst du die Reinigung übernehmen. Dir haben sie derweil schon zwölf Zähne gezogen, um Platz für die neuen Implantate zu schaffen. Jetzt springt im Wohnzimmer der große Flachbildschirm an und Dolly Buster legt einen ausführlichen Sandwich-Fick hin. Weil der Algorithmus errechnet hat, dass Vati samstags ab 22 Uhr immer geil war und alte Buster-Pornos konsumiert hat. Er stand auf anal, aber er hat es dir nie gesagt. Jetzt kommt alles heraus.

Schuld ist die KI. Sie hat weder Bildung noch Empathie noch Herzensbildung noch Feingefühl. Sie berechnet schlicht alles. Aber daran hat sich die AWF schon längst gewöhnt, weil der Umgang mit solcherlei Exemplaren sie an ihre ehemaligen stupiden Kollegen erinnert.

Und wenn die AWF einschreiten will, weil sie nun mal Kopfschmerzen hat, dann gibt es nicht einmal mehr einen Stecker, den sie ziehen könnte. Dafür liefert dir das Ding aber permanent ungefragt jede Menge Vorschläge für intelligente Raumsparlösungen und Rabattcodes für den Umzug in ein für dich intelligent ermitteltes Tiny House.

Da bleibt dir nur noch, aus Notwehr das iPhone im Klo runterzuspülen. So wie wir es früher mit den Zierfischen gemacht haben, immer wenn wir mit dem VW nach Rimini in den Sommerurlaub gefahren sind. Das war die Welt noch in Ordnung!

36 Kiss my Tiara

Kinder sagen die süßesten Dinge! An Weihnachten hat mir mein wundervoller Sohn erzählt, dass er sich noch genau daran erinnere, mich vor Jahren gefragt zu haben, warum ich Feministin sei. Es stand in irgendeiner Zeitung und er ging noch in die Grundschule.

Es war auf dem Schulweg. Ich bin kein Morgenmensch. Wahrscheinlich habe ich mehr tot als lebendig ausgesehen und im Wachkoma geantwortet. Möglicherweise erwartete er von mir eine Antwort, die sich auf die Frauenquote oder Gleichstellung bezog. Eine Antwort, die man für ein Essay verwenden kann. Aber ich sagte: »Weil Männer schreckliche, schreckliche Dinge tun. Dein Vater hat mich zum Beispiel verklagt, nur weil ich seinen Titel ›SEINE KÖNIGLICHE HOHEIT‹ auf einem Briefumschlag in ›SEIN KÖNIGLICHES ARSCH-LOCH‹ umformuliert habe. Das nennt man Ironie.«

Er war alarmiert. Er hat es sofort empathisch verstanden.

Es ist immer der beste Weg, Kindern gegenüber eine klare und deutliche Sprache zu sprechen. All das zu sagen, was wir woanders nicht aussprechen dürfen. Aus dem Bauch heraus und mit Gefühl zu agieren. Die Dinge NICHT zu umschreiben. Es macht aus Männern Frauenversteher.

Zumal sein Vater von allem, was ich sagte, Zeugnis ablegte. Tag für Tag! Durch immer neue Verfahren, in denen es um das sogenannte Kindeswohl ging, welches wir für seinen ältesten

Sohn erstreiten mussten. Ignoriert wurde allerdings, dass der edle Prinz selbst seinen Sohn um das ihm zustehende Umgangsrecht gebracht hat. Was übrigens nicht einklagbar ist. Eine gigantische Gesetzeslücke, um nicht zu sagen Verarschung des Kindeswohls. Das können nur Kerle ausgearbeitet haben, niemals eine Frau und Mutter!

Okay, es war die falsche Antwort, nicht wahr? Ein bisschen zu sexistisch?

Mein Sohn ist jetzt erwachsen und findet es sehr lustig. Das ganze Regiment lacht über eine solche Aussage. Machos, Soldaten, die Armee, Offiziere, Majore, Generäle, alle lachen darüber. Es ist ein Schenkelklopferwitz, der weltweit verstanden wird. Das wäre nicht so, wenn er nicht wahrhaftig wäre.

Bis heute bin ich froh, dass ich meinen Sohn vor dem Einfluss dysfunktionalen Terrors einer wohl degenerierten Adelsdynastie bewahrt habe.

Nicht auszudenken, wie sich despotische Vertreter der ehemaligen Fürstentümer heutzutage gebärden würden, besäßen sie immer noch ihre einstige, heute verloren gegangene Macht.

Ich habe Nobility fürs 21. Jahrhundert erzogen, einer Epoche, in welcher der Adel in Deutschland seit 100 Jahren abgeschafft ist.

Und man sollte, bitte schön, nicht so tun, als ob es den Adel noch gäbe. Die Medien hingegen interessiert nur die Schlagzeile und die Adelsexperten können nicht einmal adoptierten Fantasy-Adel von gekauftem und falschem Adel unterscheiden. Sie präsentieren Adel ohne einen Tropfen blauen Blutes als the real thing.

Der echte Uradel ist isoliert, kokettiert mit Volkstümlichkeit und betrachtet seine Verbindlichkeit mit Bürgerlichen doch immer als einen Ausflug. Er ist froh, wenn er wieder unter seinesgleichen ist. Davon gib es wahrlich entzückende Ausnahmen, sehr charmant, aber generell grenzt er sich lieber ab, lässt keinen rein, agiert mit Misstrauen, Ignoranz und Isolation. Dabei ist er gar nicht mehr existent. Um zu verdrängen, dass er keinerlei Anspruch auf Privilegien hat und dem BGB untersteht wie jeder andere Bürger auch, agiert er am liebsten in einem Paralleluniversum. Untereinander leicht identifizierbar durch untrüglichen Stallgeruch.

Und wenn deutlich wird, dass sich die Gegenseite nicht von seinen Mechanismen und Hierarchien manipulieren lässt, dann zieht er sich zurück. Er kann nur Menschen gebrauchen, die als Hofschranzen taugen. Ich hingegen tauge eher als Fürstin. Ich bin mehr Queen, als so manche klumpige Gräfin es je werden wird!

Es steht wahrscheinlich in keinem Handbuch für Kinderbetreuung, wie man Söhne und Töchter gemäß dem Feminismus erzieht, auf kommende Generationen vorbereitet. Unsere Söhne wissen, was sie erwartet: Menschenrechtsjuristinnen an Eliteuniversitäten, die den ganzen Tag in Abendkleidern mit einem Schlitz bis zum Bauchnabel und hinten bis zum Po und ohne BH herumrennen. Das ist in Oxford üblich! Man spart Zeit im Stoßverkehr, wenn man sich morgens gleich in das Gewand für die Cocktailparty am Abend schmeißt. Schließlich will man keine verbitterte Professorin im Tweedkostüm sein.

Es ist die Generation, die mit Sex and the City aufgewachsen ist und sich sagt: »Diese Mädels sind an allem selbst schuld – sie haben sich die ganze romantische Scheiße ja ausgesucht. So viel Energie für einen Kerl? Das rechnet sich einfach nicht!«

Well done, sisters! Onwards, vixen soldiers!

Die richtige Antwort wäre gewesen, dass man sich Chancengleichheit für alle wünscht. Oder ich hätte antworten können, dass jeder mit Verstand, ob Mann oder Frau oder eine Art Frau, die Notwendigkeit des Feminismus bestätigen würde. Ich hätte *Diversity* und Inklusion ins Spiel bringen können.

Ich liebe Männer – zumindest als Konzept. Es gibt ganz, ganz tolle Männer. Niemand wird mich als Männerhasserin abstempeln können.

Heutzutage passt es nicht zum Feminismus, schlechte Dinge über Männer zu sagen.

Denn was ist nun das Ergebnis dieser menschenfreundlichen, ultrafemininen, Crowdsourcing-Sexpolitik? Schaut euch um: Mit dem iPhone Selfies zu schießen, in Cafés herumzusitzen und auf Gleichberechtigung zu warten, während man sich selbst mit den Silikonimplantaten ermächtigt, das scheint ja nicht wirklich Wunder bewirkt zu haben, oder Ladys?

Der heutige Feminismus – personifiziert durch die Generation Sex and the City – verwechselt im Grunde sexuelle Befreiung mit Einkaufen: Ich shoppe, also bin ich!

Eine falsche Strategie, selbst in ihren eigenen marktgetriebenen Begriffen. Wir glauben, Glück zu erlangen, indem wir die richtigen Labels kaufen. Gratulation, Werbeindustrie, alle richtig gemacht – natürlich auf Kosten der romantischen Träume von Frauen! Und unsere Ikone Sarah Jessica Parker trägt nicht einmal ihr eigenes Kind aus, sondern lässt brüten von einer Leihmutter.

Frauen über 60 kommen ins Fernsehen! Hoppla! Eine neue Ära wird eingeläutet! Es ist ein Sieg, sicher, aber soll es das nun gewesen sein? Es ist Zeit, aufzuwachen und den Skinny Latte zu überwinden!

Es gibt stichhaltige Argumente dafür, Vergewaltigung nicht anders als andere Verbrechen zu behandeln. Aber die Polizei weiß, dass viele Frauen sich auch in Zukunft nicht melden werden und wir uns alle der erschreckend niedrigen Verurteilungsraten bewusst sind.

Noch heute ist die offizielle Reaktion darauf, wenn eine Frau ermordet aufgefunden wird, Frauen in der Region mitzuteilen, sie sollten zu Hause bleiben. Zu ihrer eigenen Sicherheit. Wobei niemand davon ausgeht, dass es eine Frau ist, die den Mord begangen hat. Wovon wir ausgehen, wissen wir selbst! Bestünde nicht auch die Möglichkeit, dass eine Frau den Mord verübt hat, weil die andere ihre Karriere und ihr Lebensglück zerstört hat? Auf dem Papier, sicherlich, aber es ist nicht in unserem Hirn programmiert.

Eine Ausgangssperre für Männer würde als ungeheuerliche feministische Idee gelten. Obwohl die meisten Frauen ohnehin mit verinnerlichten Ausgangssperren leben. Und einen unsichtbaren Maulkorb trägt dank militanter Social-Media-Überwachung jede, die auf diesen Portalen unterwegs ist.

Eine Debatte über Männerbanden, die junge Frauen für Sex rekrutieren, wird zu einem Streit über Politik, Geflüchtete, ethnische Zugehörigkeit und Glauben. Natürlich sind dies Themen, die diskutiert werden müssen, aber das zentrale Thema ist der Missbrauch von Kindern. Schwache, junge Mädchen in drogenabhängige Prostituierte zu verwandeln, ist in jeder Kultur widerlich. Aber es würde gar nicht existieren, wenn Männer keinen Sex mit diesen Kindern haben wollen würden. Die Nachfrage bestimmt das Angebot. Wer sind die Kerle, die dieses Angebot konsumieren?

Wie bei allen Argumenten über Prostitution hören wir selten von den Männern, die diese sexuellen Dienste nutzen, wir hören nur, dass die Schlepper oder Luden die Spinner sind.

Ich mag den Begriff »Sexarbeiterinnen« nicht. Wer hat das eingeführt? Wir alle sind Sexarbeiterinnen, denn Prostitution ist zum verlässlichen Konsumgut des Kapitalismus geworden. Wir sind Sexarbeiterinnen genauso wie wir Bäckerinnen und Putzfrauen, Köchinnen und Erzieherinnen sind. Denn wir alle werden durch Medien, Werbung, Gesellschaft, Industrie, Politik, Verwaltung danach beurteilt, ob wir noch *fuckable* sind. Danach gibt es für uns nur noch Barmherzigkeit.

Das gilt besonders für die AWF. Und wenn dieses Muster auf mich und die neue Generation an AWF nicht zutrifft, dann können wir nur amtliche Hexen sein.

Die JWF schließlich wird alles tun, um begehrenswert zu erscheinen. Und die Männer, die Sex mit jungen, verängstigten, verwirrten, hilflosen Mädchen haben, unterstützen und fördern dieses Konzept.

Bei solchen Konstellationen, wird uns gesagt, ginge es um Macht. Sex im Auto mit einer Heroinsüchtigen zu haben, ist wirklich sehr billig. Ich habe Mitleid mit den Männern, die so etwas tun.

Es bringt mich dazu, mich über die männliche Sexualität zu wundern.

Diese Dinge zu Papier zu bringen, heißt nicht, dass alle Männer Arschlöcher sind. Aber einige sind es. Und dies zu verheimlichen, führt nicht dazu, es zu verändern.

Es wirkt auf mich, als müsse sich der Feminismus selbst aufpeppen, um medial interessant zu bleiben. Deshalb habe ich mich ab 60 nackt ausgezogen, denn mit 18 ist das eine Banalität. Umso mehr, da ja nun per Gesetz jeder barbusig ins Schwimmbad gehen darf. Bei Nacktheit kann es in Zukunft nur um ein Politikum hinsichtlich der Frau ab 50 gehen.

Es geht um Pride, welcher der AWF vorenthalten wird.

Feministinnen am Beginn des 21. Jahrhunderts sind keine haarigen Männerhasserinnen in lila Latzhosen, die generell an den Säulen des Establishments rütteln. Wir sind selbst Teil des Establishments.

Wir sind AWF, die sich für Mode, Beziehungen, Liebe, Gesellschaft, Politik, Kunst, Kultur und echte Intimität interessieren.

Ja, ich habe ein paar kleine Probleme, wie zum Beispiel, was ich tun kann, um einen netten Kerl für meinen Lebensabend zu finden, mit dem ich reden und lachen kann, und der manchmal einen Zylinder trägt.

Es gibt neuerdings ein paar weibliche Abgeordnete mehr, unsere Mädels studieren, sind gut in der Schule und ziehen gern in die Welt hinaus. Sie sind Mitte 40 und fühlen sich immer noch als Girly. Ist das nicht großartig? Und die echten Golden Girls, das sind die AWF!

Die sogenannte dritte Welle des Feminismus bringt neuerdings jedoch erbärmliche Ergebnisse hervor. Ein Teil des Problems ist, dass das, was viele Feministinnen im letzten Jahrzehnt proklamierten, einfach nicht funktioniert hat. Wir haben keine moralische Mehrheit und unsere Lebenswirklichkeit macht die Konzepte zunichte.

Gott, wie ich diese lästigen Frauen wie Uta Ranke-Heinemann (Theologin) in ihrem lila Lederkostüm und schlechter Perücke oder Regine Hildebrandt in ihren schrecklichen Dederon-Faltenröcken in Kombination mit einem grauen Bürstenschnitt vermisse. Das war noch eine Ansage! Sie waren höllisch durchgeknallt, aber sie hatten Leidenschaft. Sie hatten EIER. Sie waren richtig wütend auf die schrecklichen Dinge, die Männer Frauen seit Jahrhunderten angetan haben.

Was ich als AWF weiß, kann »sichtbare Zeichen des Alterns« nicht aufhalten, aber jetzt ist es eh viel zu spät. Der Feminismus wurde viel zu lange auf Höflichkeit und parteipolitische Versprechungen reduziert. Und ich bin Entertainerin und nicht Politikerin.

Die Gegenbewegung findet vor unser aller Augen statt. Eine Rezession führt immer zu reaktionären Maßnahmen, und ein Teil dieser Reaktion macht die wenigen Errungenschaften zunichte, die Frauen inzwischen erkämpft haben. Wir als Frauen dürfen nämlich gar nichts für selbstverständlich nehmen. Das, worüber wir verfügen, wurde bitter erkämpft und uns nicht freiwillig vom Patriarchat zugestanden.

Wir brauchen Feuer in unserem Bauch für diesen Kampf, keine Magengeschwüre.

Was immer sich hinter verschlossenen Türen eines Hauses abspielt, ist den Frauen zuzuschreiben. Die schmutzige Wäsche, die gebrochenen Herzen, verbrannte Bratpfannen, ein voller Kühlschrank, Tischdecken, Blumensträuße, aufgeschlagene Knie und gute Manieren: Zuständig sind die Frauen.

Wir hören nicht von diesen Errungenschaften, weil generell keine Geschichten über Frauen Ü50 erzählt werden. Die AWF steht nicht im Fokus. Unsere Triumphe und Ängste werden als langweilig betrachtet oder für selbstverständlich gehalten.

Einst waren wir selbst jene chaotischen, jungen Frauen, so wie sie sich medial als Archetypen etabliert haben: Nervenzusammenbrüche wegen eines verloren gegangenen Ohrrings, eines verpfuschten Haarschnitts, unglücklicher Affären, geklauter Kreditkarten, tränenreicher Mädelsabende, geplatzter Projekte, im Taxi vergessener Handtaschen, schlafend im Nachtbus im Morgengrauen aus dem Club *back home* und vor der Tür realisierend: Mein Schlüssel ist weg! Immer getrieben von der Sorge, irgendetwas zu verpassen. Und das alles ohne Mobilphone! Wir haben noch das ganze Wochenende neben einem Kabeltelefon gesessen und auf seinen Anruf gewartet.

Und dann war es doch nur unsere Mutter, die gefragt hat: »Kind, warum meldest du dich denn nicht?«

Ich bin so froh, dass all dies hinter mir liegt. Die Jahre zwischen 20 und 30 waren die schrecklichsten meines Lebens. Je älter ich wurde, desto mehr begann ich, mein Glück selbst zu formen. Und ich habe gelernt, dass Glück ein Projekt ist, an dem man arbeiten und für das man kämpfen, ja, was man sich erstreiten muss. Zufällig und von allein kommt es dauerhaft jedenfalls nicht. Alles, was zufällig kommt, bleibt flüchtig – denn man besitzt es nicht. Sein Glück muss man sich erarbeiten wie jede andere Kunst auch. Es bedarf Millionen kleiner Fehler und Rückschläge, bis man echte Kunstfertigkeit erlangt.

Meinem Glück sind Schlachtpläne und endlose Listen vorausgegangen: wer zu verfluchen ist, welche Helden zu segnen sind und welche Idioten zu verdammen sind. Viele Scharlatane haben sich gewundert, dass ich mich umgedreht habe und gegangen bin.

Ohne uns Frauen Ü50 fällt die Welt auseinander. Wir halten alles zusammen. Weisheit ist ein Wissen, das sich erst mit dem Alter einstellt.

Hier ein Überlebenstipp einer alten weisen Frau: niemals eine Gelegenheit verpassen, um gratis zu pinkeln, und immer von vorn nach hinten wischen, nie umgekehrt. O Gott, ich musste 40 Jahre alt werden, um das zu beherrschen!

Das Leben Ü50 ist ein einziges Manifest zur Veränderung, Neugestaltung, für Fortschritt, Zukunftsgestaltung, es ist der größte Masterplan unseres Lebens. Und es ist die Krönung all jener Frauen, denen es zu verdanken ist, dass die Welt sich weiterdreht.

Viele AWM werden jetzt sagen: »Diese wütende Alte hat echt einen Vogel!« Sollen sie doch. »Angry Birds« ist übrigens eine unglaublich erfolgreiche App. Erfolgreicher als die Kardashians. Der emotionsschwangere Name eines Spiels über Vögel und Schweine. Es ist halt, wie alles jetzt, eine App. Aber ich will keine App. Ich will eine Bewegung. Die Bewegung der AWF. Alle Hautfarben dürfen mitmachen.

Wütende Vögel. Ich bin einer. Begleiten Sie mich.

Kiss my Tiara!